SOBRE A DITADURA DO PROLETARIADO

da vinci

EDITOR
Daniel Louzada

TRADUÇÃO
José Saramago

REVISÃO
Da Vinci Livros

CAPA
Maikon Nery

PROJETO GRÁFICO E DIAGRAMAÇÃO
Saavedra Edições

SOBRE A DITADURA DO PROLETARIADO

Étienne Balibar

José Saramago
tradução

da vinci

RIO DE JANEIRO, 2025.

Este livro, traduzido do original francês, foi publicado por
Editions La Découverte com o título *Sur la dictature du prolétariat*.

Primeira edição, novembro de 2025.
Rio de Janeiro, Brasil.

Dados Internacionais de Catalogação na Publicação (CIP)
Vagner Rodolfo da Silva - CRB - 8/9410

B186s Balibar, Étienne

Sobre a ditadura do proletariado / Étienne Balibar ; traduzido por José Saramago - Rio de Janeiro : Da Vinci Livros, 2025.
368 pp.; 14cm x 21cm.

Tradução de: Sur la dictature du prolétariat.
Inclui índice.
ISBN 978-65-8497-216-2

1. Marxismo. 2. Filosofia. 3. Ditadura do proletariado.
I. Saramago, José. II. Título.

CDD 335.4
2025-4180 CDU 330.85

Índice para catálogo sistemático:
1. Marxismo 335.4
2. Marxismo 330.85

DA VINCI LIVROS
Livraria Leonardo da Vinci
Av. Rio Branco, 185 - subsolo - lojas 2-4
Centro - Rio de Janeiro - RJ - 20040-007
davincilivros@leonardodavinci.com.br
www.davincilivros.com.br
www.leonardodavinci.com.br

NOTA DA EDITORA

Esta edição reproduz integralmente a tradução realizada por José Saramago para a edição portuguesa de 1977. Desta forma, optou-se por respeitar a grafia do português de Portugal da época e as convenções adotadas por Saramago a fim de preservar a integridade e o valor histórico da tradução.

Com o especial agradecimento
à Fundação José Saramago.

PREFÁCIO À EDIÇÃO BRASILEIRA

Alysson Leandro Mascaro

Um dos últimos livros clássicos da história do marxismo, *Sobre a ditadura do proletariado* é tanto o balanço mais agudo das contradições das lutas revolucionárias quanto o primeiro grande anúncio das dificuldades do novo tempo que, desde então até hoje, continuamente desconhecendo revoluções, tem impossibilitado a transformação e a superação das sociabilidades capitalistas.

As obras de Étienne Balibar representam, nos anos 1970, um avanço nos debates que envolviam a teoria marxista e as lutas revolucionárias. Numa feliz conjunção de filosofia e política levada ao máximo de seus potenciais, Balibar desponta, por meio de livros como *Cinco estudos do materialismo histórico*, como um dos mais potentes, radicais e rigorosos teóricos do marxismo. Mas, para além disso, também como um dos mais argutos intérpretes do próprio tempo histórico, capaz de realizar diagnósticos inovadores e propor horizontes de ação substanciais. As visões de Balibar tornam-se um dos índices de cientificidade do marxismo e, portanto, de contraste com posições estranhas, tipicamente liberais e reformistas, que no seio da esquerda passavam a tomar ainda maior vulto.

O pensamento marxista ganha novo fôlego a partir dos meados dos anos 1960, quando Louis Althusser publica *Por Marx* e *Para ler "O capital"*. Tais livros se lançam à afirmação da cientificidade do marxismo, empunhando a luta por um horizonte inexoravelmente revolucionário às batalhas da classe trabalhadora e dos partidos comunistas. A busca por fazer luta de classes na teoria e o avanço na junção entre ciência e revolução, além do destaque na investigação sobre a ideologia, jogam luzes sobre Althusser como propositor das reflexões mais avançadas e radicais do marxismo. Os pesquisadores que organiza em seu entorno – como Étienne Balibar, Pierre Macherey, Jacques Rancière, Roger Establet, Marta Harnecker, Dominique Lecourt, dentre outros – passam a empreender investigações que se destacam e resistem, desde então, como última fronteira e demarcadores máximos do marxismo.

*

Este *Sobre a ditadura do proletariado* trata do conceito mais combatido e aviltado da teoria marxista. E o faz sem tergiversações. Via de regra denegada liminarmente, a proposição da ditadura do proletariado é rejeitada pelas vertentes reputadas mais modernas ou democráticas das lutas socialistas. Seu reclame foi quase unanimemente abandonado pelas esquerdas. Exatamente quando o Partido Comunista Francês abraça os horizontes liberais e rejeita a ditadura do proletariado – meados dos anos 1970 –, a contrapelo, Balibar propõe uma reflexão crítica radical a seu respeito.

A análise da ditadura do proletariado por Balibar toma como ponto de partida o conhecido e histórico XXII Congresso do Partido Comunista Francês (PCF), ocorrido em 1976. Denuncia os limites e as contradições do debate dado na ocasião, já eivado de aprisionamentos à lógica reformista e liberal. No entanto, Balibar não situa no congresso dos comunistas de 1976 a origem do problema. De modo corajoso e decisivo, apresenta seu primeiro grande marco, havido quarenta anos antes: 1936, quando da promulgação da Constituição da União das Repúblicas Socialistas Soviéticas (URSS). O desconhecimento, o desacerto teórico e a rejeição à ditadura do proletariado vêm de longe; carregam consigo o sufocamento e o fenecimento do marxismo em nome de retificações pretensamente progressistas.

O XXII Congresso do PCF representou, em verdade, a definitiva capitulação dos comunistas aos horizontes não-marxistas. O mesmo processo se dava, concomitantemente, no outro grande partido com perspectivas de tomada do poder por meio de eleições, o Partido Comunista Italiano (PCI). Ao tempo, o movimento de adequação desses comunistas ao liberalismo burguês levou o nome de eurocomunismo – uma alternativa europeia, dita democrática, àquela da experiência soviética e dos países que fizeram revoluções na Ásia, África e América Latina. Logo em seguida, o eurocomunismo conhecerá sua derrocada e o fim de movimentos políticos marxistas maiúsculos na Europa.

Neste livro, Étienne Balibar denuncia as falácias que levam à rejeição da proposição da ditadura do proletariado por parte dos marxistas. Rompendo com o aprisionamento burguês do tema, não aceita a distinção entre países "orientais" e "ocidentais", como se os primeiros, por lutarem contra ditaduras exploradoras, pudessem até legitimar uma ditadura do proletariado, mas os segundos, já em sociedades democráticas, não. Para tanto, Balibar afasta a ideia de que ditadura do proletariado é sinônimo do que se deu na União Soviética e em seus países satélites; também rejeita ler a ditadura do proletariado como mais um regime político, catalogado ao lado dos demais já instalados em Estados capitalistas e com eles disputando virtudes e defeitos; e, por fim, que a ditadura do proletariado é um meio de passagem ao socialismo. Com esse núcleo teórico como guia, Balibar não busca dourar conceitos com novas roupagens linguísticas nem busca agradar a dominância ideológica burguesa do presente.

O XXII Congresso do PCF foi pautado pela proposição de Georges Marchais de que "a expressão ditadura do proletariado tem hoje uma significação insuportável para os trabalhadores e as massas". A partir dessa inferência, acreditava-se, na década de 1970, que a classe trabalhadora, rejeitando a ditadura do proletariado, mas tendo memória dos horrores das ditaduras fascistas, encaminhasse-se então, mesmo contra seu próprio interesse, a uma situação de apoiar a democracia burguesa. Décadas passadas desse tempo, é ainda pior: as classes trabalhadoras, hoje, ainda têm na ditadura do proletariado uma significação insuportável, e agora, no capitalismo em crise, preferem a ditadura fascista. Além disso, muitos nem se reconhecem na acepção de proletários e, portanto, creem que a ditadura do proletariado é uma ditadura de estranhos sobre si, não, ao contrário, a tomada do poder por si e sua classe. Tais confusões, no plano ideológico, mantêm-se pelas décadas e até mesmo aumentam quando o proletariado é submetido a novos domínios tecnológicos; as ideias deste livro auxiliam na tarefa de confirmar a necessidade de constante formação política da classe trabalhadora e de decisivo investimento na luta ideológica.

Étienne Balibar aponta a frequente associação entre ditadura do proletariado e experiência soviética, tanto entre detratores quanto apoiadores do conceito. Os detratores pretendem estender o modo soviético a todos os casos futuros; os apoiadores induzem que o fenômeno soviético não foi na verdade uma ditadura do proletariado, não sendo um índice verídico a respeito dos problemas da transição. A par desse problema, vai também a tentativa de compreender a ditadura do proletariado apenas como um regime político, à comparação de tantos outros. Tal leitura separa o político do econômico, propondo uma distinção entre ditadura do proletariado e democracia de perfil politicista, não advinda da materialidade das lutas, mas das referências liberais da ciência política.

E, ainda, Balibar denuncia a tentativa de separação entre socialismo e ditadura do proletariado, conforme argumentos como o de que este é um meio – ou um dos – para alcançar aquele. Com isso, o socialismo não teria, em sua natureza, o perfil de ditadura do proletariado; a ocorrência deste seria acidental, não-universal ou provisória. No entanto, aponta Balibar, Marx se refere à luta por uma sociedade sem classes, comunista pois. Não é um socialismo superior ou limpo de ditadura do proletariado seu fim. Abolir classes e dar por vencida a luta – e a ditadura – do proletariado é índice do comunismo, não do socialismo como etapa intermediária do processo revolucionário.

Essa confusão política e teórica não começou com o eurocomunismo, mas, sim, com a própria União Soviética, quando da proclamação de sua Constituição, em 1936. Ela declara, normativamente, o socialismo. Consolida-se, então, o vício do etapismo nas perspectivas marxistas, com possíveis sequências como revolução/ditadura do proletariado/democracia socialista/extinção do Estado, considerando todas essas fases já socialistas, afastando então uma associação intrínseca entre socialismo e ditadura do proletariado. Deixa-se de atentar às classes e suas relações de produção. Tal leitura, stalinista, compreende a transição e suas etapas dependentes da dinâmica das forças produtivas, tomando por estas até mesmo a consciência ou os dispositivos institucionais e burocráticos.

Ao voltar às leituras de Lenin, Balibar demonstra como é impossível separar o Estado, como forma social, da ditadura de classes. No capitalismo, a democracia é sempre domínio político – ditadura, ainda que sob arranjo liberal – da burguesia. Jamais é espaço institucional neutro. No socialismo, em havendo classes, o Estado será dominado por uma delas – uma ditadura do proletariado, pois. Se se propugnar o fim das classes, está-se no comunismo. Balibar, levando ao máximo as leituras de Marx e Lenin, percebe que, então, o socialismo é uma sociedade de classes, e, daí, sempre uma ditadura do proletariado, inexoravelmente. O aparelho de Estado não é elemento burocrático técnico, apartado das classes. Por isso, não há transição de modos de produção como aperfeiçoamento dos meios de produção, como melhoria da consciência ou melhor proficiência técnica da burocracia. Trata-se do problema da natureza das formas sociais.[1]

1 Desenvolvo em específico as questões referentes à forma política estatal em *Estado e forma política* (São Paulo: Boitempo, 2013).

Para Balibar, propor uma democracia socialista, contraposta a uma ditadura do proletariado, é desconhecer materialmente o Estado e o próprio poder. Afirma: "O conceito da ditadura do proletariado nada tem que ver de essencial com as condições e as formas da 'tomada de poder'. Em contrapartida, é indissociável da questão da detenção do poder, que comanda praticamente todo o curso da revolução". Por isso, dirá: "O poder de Estado não se partilha". A partir desse quadro, Balibar alcança um ponto nodal do incômodo quanto à ditadura do proletariado: a ideologia jurídica burguesa. Democracia e ditadura são referências presas ao âmbito ideológico, especificamente ao seu núcleo jurídico. Pressuposições como a da neutralidade do Estado ou a tautologia entre forma política estatal e forma jurídica aqui operam. Por isso, insiste Balibar: "Para a teoria marxista do Estado, em que se investe um ponto de vista de classe diametralmente oposto ao da ideologia jurídica burguesa, toda a democracia é uma ditadura de classe". Desde Evguiéni Pachukanis, que pagou com a vida o preço de sua inferência científica, as leituras marxistas sobre o direito reconhecem a natureza capitalista da forma jurídica estatal e da forma de subjetividade jurídica.

A delimitação do campo de conhecimento científico acerca das relações políticas nas sociedades capitalistas permite, então, inferir a natureza sempre ditatorial do Estado, ainda que "democrático". Disso decorre que o socialismo só pode ser, também, uma ditadura da classe trabalhadora. Se se considerar o Estado um campo neutro, o socialismo passaria a ser uma espécie de social-liberalismo das classes médias, apoiadas num terceiro somente burocrático que não fosse da burguesia ou do proletariado. As forças produtivas – as instituições jurídicas e estatais – resolveriam os antagonismos das relações de produção. Contra tal visão, este livro de Balibar reforça a impossibilidade de um processo revolucionário se assentar em mecanismos burocráticos ou institucionais. Não são os melhores juristas, técnicos ou intelectuais da classe média os mais aptos a conduzir a transformação social, mas a classe trabalhadora, de modo inexorável.

E, tanto quanto a burguesia é composta de frações variadas que se submetem no Estado às mais dominantes, como a do capital financeiro, também a classe trabalhadora, variada, necessita de construção política para que, em tomando o Estado, mantenha uma unidade de poder contra a exploração da classe burguesa. Daí, a ditadura do proletariado não é advinda de um capricho moral - ou falta deste -, mas de uma necessidade do processo de reprodução material da sociabilidade e do poder. Conforme se aponta desde Lenin, trata-se de oportunismo imaginar que a classe trabalhadora tomará o poder de Estado mediante sucessão legalizada do poder burguês. É necessária uma configuração revolucionária do poder assentado, tendo em vista inclusive a contraposição das forças do imperialismo. É imperioso não apenas substituir agentes burgueses por proletários, mas reconfigurar a própria aparelhagem estatal a benefício do domínio da classe trabalhadora, reconhecendo, inclusive, seu núcleo, o aparelho repressivo. Daí, reconhece Balibar, a ditadura do proletariado não é uma resposta, é um ponto de partida na ação revolucionária: "Aos comunistas, o conceito marxista da ditadura do proletariado não fornece uma solução, uma via já traçada; fornece somente a posição dum problema inelutável. Mas o problema bem posto ser-lhes-á sempre mais precioso do que dezenas de respostas imaginárias".

Neste livro, Étienne Balibar anuncia a correlação da ditadura do proletariado com a democracia proletária de massas. Inclusive, tendo em vista a reconfiguração do aparelho repressivo de Estado, isso implica o povo em armas. Afasta-se de preocupações tipicamente liberais ou idealistas sobre a natureza estatística da maioria eventualmente representada pela ditadura do proletariado: trata-se de um problema não de quantidade, mas de qualidade do poder político. E, por causa disso, não é apenas uma revolução de um núcleo proletário *stricto sensu*. Aglutinando a si setores como o intelectual, a revolução proletária é necessariamente uma revolução popular. Ela se vale da constante articulação e mudança de movimentos como os do partido, dos sindicatos e das experiências inovadoras, como a dos *soviets*. Balibar ressalta que a destruição do aparelho de Estado não é apenas uma operação em negativo – extirpar instituições. É, acima de tudo, a constituição de novas aparelhagens, dada sua orientação de buscar, já logo, o desenvolvimento de formas sociais comunistas. Isso se dá não como um impedimento democrático, mas como um investimento democrático material e concreto, voltando-se às formas de massa da democracia. A defesa da democracia burguesa contra a ditadura do proletariado é, em verdade, uma posição de oportunismo, dado que se assenta num estatismo e num burocratismo contra a expansão efetiva do poder das massas.

O núcleo da reflexão de Balibar a respeito da luta de classes é por ele enunciado em termos categóricos: "a ditadura do proletariado é o período de transição do capitalismo para o comunismo. Neste sentido, a ditadura do proletariado não é a 'passagem ao socialismo', nem a fortiori uma 'via' política particular da passagem ao socialismo: é o próprio socialismo como período histórico de revoluções ininterrupto e de aprofundamento da luta das classes até ao comunismo". Trata-se, pois, de ler a transição ao socialismo pelas lentes do comunismo. Em havendo classes em luta, a tomada de poder da classe trabalhadora organiza inexoravelmente uma ditadura do proletariado por todo o período de lutas que leva ao comunismo. Fundada em Lenin, a perspectiva sobre a ditadura do proletariado de Balibar percebe, inclusive, as retificações do pensamento leninista a partir de sua defrontação com as lutas revolucionárias russas, sustentadas em sólida autocrítica, insurgindo-se contra a constante "desforra póstuma da II Internacional", conforme a expressão de Althusser resgatada por Balibar.

A ditadura do proletariado não é um conceito livresco, apenas teórico, mas exsurgido da materialidade e das necessidades da luta. Balibar destaca a tendência à ditadura do proletariado em razão das próprias condições do capitalismo, tendentes ao imperialismo e à socialização da produção e das forças produtivas, características intrínsecas de processo de acumulação. Exatamente dadas essas tendências, Balibar percebe o "desenvolvimento simultâneo, contraditório, do imperialismo e da ditadura do proletariado". Tal ligação é decisiva: o capitalismo exacerba sua organização imperialista, o que demanda o recurso da luta socialista à ditadura do proletariado. Trata-se de uma contradição e de uma relação intrínseca. O socialismo e a ditadura do proletariado influenciaram, no século XX, as relações entre classes burguesas e trabalhadoras nas sociedades capitalistas e, ao mesmo tempo, o próprio desenvolvimento do imperialismo como estratégia de expansão e contenção do capital. Mas, também, o imperialismo escreve páginas decisivas das estratégias, fortunas e infortúnios da história das lutas socialistas em todo esse período.

Neste *Sobre a ditadura do proletariado*, Balibar repõe a compreensão do próprio socialismo a partir de rigorosas e radicais bases científicas. Não se trata de considerar o socialismo um modo de produção autônomo, como os etapistas e reformistas no seio do marxismo sempre propugnaram. É o comunismo um modo de produção, o plenamente Outro superador do capitalismo; portanto é na direção do comunismo que se aponta, não na manutenção nem na sagração nem na institucionalização de um regime contraditório, híbrido e de transição, como é o socialismo. Social-democracias, desenvolvimentismos, capitalismos de Estado, expansões de direitos e outras possíveis variáveis historicamente dadas são formas de arranjo social de classe, disputas em torno da exploração e da distribuição. O socialismo se define, materialmente, por ser uma fase de lutas das classes trabalhadoras, de antagonismos, não de desfile olímpico de conquistas institucionais ou jurídicas até chegar ao comunismo. Assim sendo, a ditadura do proletariado não é um resíduo indesejável a ser moralmente abandonado: é a própria estratégia da ação de luta da classe trabalhadora, dada a existência de enormes e constantes contratendências à sua dinâmica. A dureza da palavra ditadura, quando se impõe pelo proletariado, deve-se à dureza da própria reprodução da exploração capitalista que, historicamente, se impõe ao proletariado. *Tertium non datur*: se não a ditadura do proletariado, a ditadura sobre o proletariado.

Tomando-se o socialismo em vista do comunismo e não a partir de um autoengano de louvores à sua manutenção, há contradições fulcrais contra as quais a luta proletária deve se orientar. A primeira, a tendência à reconstituição das relações de exploração no seio das sociedades socialistas, que se amplia com a manutenção da ideologia jurídica no seio do aparelho de Estado e da própria produção. Somente a propriedade estatal ou coletiva dos meios de produção e a planificação não alteram o caráter circulacionista ou mercantil das relações. O capitalismo de Estado, por si só, tende sempre à regressão das relações à exploração burguesa. É em vista do comunismo que se entende, então, a imperiosidade do socialismo se construir como superação da separação entre a classe trabalhadora e o controle efetivo dos meios de produção. Não é o socialismo jurídico seu fim – a concentração da produção na titularidade do Estado, ainda que declarado dos trabalhadores –; é, acima de tudo, segundo Balibar, o "desenvolvimento das relações sociais e das formas de organização comunistas".

Desde a segunda metade do século XX, o contra-ataque da ideologia burguesa fez os países revolucionários retrocederem em suas lutas e mesmo em seus conceitos. A ditadura do proletariado é, exatamente, o mais abominado e atacado dos eixos da luta socialista. Dado tal quadro, este livro de Balibar, sem tergiversar, não se ocupa apenas de questões laterais ou perfunctórias nem carece de coragem de alcançar o fundamental: trata do ponto mais decisivo da luta ideológica sob o capitalismo. Quando todos não podem mais falar de ditadura do proletariado, não podem sequer pronunciar a expressão nem a reivindicar, aí está o sintoma maior da contradição de um tempo histórico.

Étienne Balibar levanta este monumento da teoria marxista exatamente no tempo em que alguns dos mais simbólicos partidos comunistas do ocidente, como o francês e o italiano, abandonavam o reclame da ditadura do proletariado para se abraçarem à democracia burguesa, ao eleitoralismo, ao chamado eurocomunismo. Seu impacto na América Latina foi imediato. A esquerda do Brasil, desde a redemocratização, fez par com o eurocomunismo contra a revolução socialista. Também as experiências revolucionárias de perfil soviético, longe de se firmarem como efetivas ditaduras do proletariado e abandonando até mesmo os laivos de assim o serem, passam por suas *glasnosts* e *perestroikas* até enfim desaparecerem mediante a retomada plena do domínio burguês. Esta *Sobre a ditadura do proletariado* foi capaz de perceber que a abominação do conceito, levando ao seu abandono pelas esquerdas, não conduziria à democracia, mas à majoração da exploração capitalista e ao retorno dos fascismos. Obra clássica do marxismo nos tempos em que as esquerdas começam a abandonar a revolução, obra clássica desde então e até que o horizonte comunista se vislumbre.

*

Em língua portuguesa, *Sobre a ditadura do proletariado* tem uma simbologia ainda maior a destacá-lo. Sua tradução foi feita por José Saramago, que depois viria a ganhar o Prêmio Nobel de Literatura – sendo até aqui o único autor de língua portuguesa a recebê-lo.

Autodefinindo-se como um "comunista hormonal", Saramago foi filiado ao Partido Comunista Português (PCP). Antifascista desde jovem, envolvendo-se nas lutas que prepararam a Revolução dos Cravos e dela advieram, Saramago contribuiu sistematicamente com a tradução de obras literárias e teóricas. Seu ofício de tradutor se exponencia na década de 1970, às vésperas de sua grande produção autoral, que tem em *Levantado do chão*, publicado em 1980, sua primeira obra consagrada.

Sobre a ditadura do proletariado é a obra mais decisiva e importante da carreira de Saramago como tradutor – e o mais radical livro dentre suas traduções –, revelando, inclusive, os traços e caracteres de sua visão filosófica, coerente com sua posição política. Sua ligação com o PCP nunca o fez alinhado aos velhos ditames stalinistas da arte, como os da orientação ao realismo socialista. Ao contrário, Saramago é um autor de fatura vanguardista. Se buscam aproximar sua obra ao realismo, ela é mais próxima do fantástico que do socialista, por não buscar fazer decalques de formas literárias pretensamente ligadas às imperiosidades populares. Sem recair em fórmulas intimistas nem relativistas nem em vagas pós-modernas, recorrentes em seu tempo, sua criação, compromissada com as perspectivas críticas mais radicais, é um lançamento ao não-dado, sendo, portanto, substancialmente vanguardista.

A posição de Saramago em suas obras representa um alinhamento às visões teóricas mais avançadas do marxismo, girando ao tempo em torno da crítica da ideologia procedida por Louis Althusser e o núcleo intelectual que em seu entorno se estabeleceu. Étienne Balibar não é um acaso profissional nas traduções de Saramago; a leitura radical e compromissada do marxismo de *Sobre a ditadura do proletariado* faz-se parelha na produção literária que Saramago desenvolverá a partir do final dos anos 1970, logo depois da tradução do pensador francês. Na mesma segunda metade dos anos 1970, outro discípulo de Althusser de relevância, Nicos Poulantzas, será também traduzido ao português por Saramago.

Althusser é referência decisiva no horizonte teórico marxista de Saramago. Rompendo com o engessamento típico do comunismo burocrático da época, Althusser avança na crítica para o resgate, a retificação e a renovação da ação revolucionária. Se para Althusser filosofia é luta de classes na teoria, para Saramago a arte também é luta de classes, não como bom ou didático ou exemplar espantalho do real, mas como refinada, criativa e sagaz agudeza artística da batalha ideológica. Não se trata de oficializar nem de sagrar posições, instituições ou jargões. Em Althusser, filosofia para inovar e tensionar; em Saramago, arte para inovar e tensionar.

Já em plenos anos 1990, às vésperas de ganhar o Nobel de Literatura, em seus diários, os *Cadernos de Lanzarote*, Saramago expressa sua condição de leitor de Althusser e sua admiração por ele, quando às voltas com a autobiografia althusseriana, *O futuro dura muito tempo*. Saramago declara que tal leitura o põe a pensar sobre sua própria autobiografia, as memórias que tem sobre si mesmo, reconhecendo que, impiedosa e descarnadamente, Althusser cavou fundo nos fatos e atos, alcançando sua medula. Tal horizonte comum de crítica marxista vigorosa e radical permite inferir que a tradução da obra de Balibar por Saramago representa uma feliz e vigorosa confluência de propósitos e sintonias.

Esta *Sobre a ditadura do proletariado*, obra clássica do marxismo mundial, em língua portuguesa é duas vezes clássica.

ALYSSON LEANDRO MASCARO é jurista e filósofo. Doutor e livre-docente em Filosofia e Teoria Geral do Direito pela Universidade de São Paulo (USP), é autor de livros como *Crítica do fascismo* (Boitempo) e *Filosofia do Direito* (Atlas).

INTRODUÇÃO

Que é a "ditadura do proletariado"?

No estudo que se vai ler, desejaria propor os primeiros elementos duma resposta à pergunta que a actualidade impõe à atenção dos comunistas. Espero contribuir assim para a abertura e para o progresso duma discussão teórica que se tornou inelutável, no partido e em torno do partido.

As decisões do XXII Congresso do Partido Comunista Francês, sobre este ponto aparentemente abstracto, tiveram um resultado que pode parecer paradoxal. Em todo o caso, esse resultado surpreendeu alguns comunistas.

A questão teórica da ditadura do proletariado não era mencionada explicitamente no Documento preparatório. Surgiu no decorrer do Congresso, quando o secretário-geral do Partido, Georges Marchais, chamou a si a sugestão de abandonar a noção de ditadura do proletariado e suprimi-la, logo que possível, dos estatutos do Partido. A partir daí, a questão dominou os debates preparatórios: a solução aparecia como desenlace necessário e expressão da linha política sancionada pelo Congresso. O relatório do comité central apresentado por Georges Marchais insistia longamente nela: para assentar a via democrática para o socialismo por que lutam os comunistas, é preciso fazer nova apresentação e nova apreciação da questão teórica da ditadura do proletariado. O Congresso, por unanimidade dos seus delegados, assim decidiu: abandono da perspectiva da ditadura do proletariado, ultrapassada pela história, e contraditória com o que os comunistas querem para a França.

Mas, no fundo, esta decisão nada resolveu. Não se pode pensar seriamente que a questão tenha sido objecto de exame profundo durante os debates preparatórios, menos ainda durante o desenrolar do próprio Congresso.[1] Não é de espantar, nestas condições, que os comunistas se interroguem agora sobre o alcance exacto da decisão. Perguntam a si próprios até que ponto ela implica a rectificação, ou a revisão, dos princípios do marxismo. Perguntam como permite ela analisar a experiência passada e presente do movimento comunista. Perguntam que luz lança ela sobre a situação actual do movimento comunista internacional, perante um imperialismo cuja crise em nada lhe diminui a agressividade. Perguntam o que pode ela mudar na sua prática, nas suas lutas de todos os dias.

Perguntam: que é exactamente a "ditadura do proletariado"? Como se pode defini-la? E, por consequência, se se "rejeita" a ditadura do proletariado, que é que se rejeita exactamente, na teoria, na prática? Esta questão de bom-senso é muito simples, não parece difícil de resolver, é evidentemente decisiva. Salta aos olhos de quem queira reflectir que "rejeitar a ditadura do proletariado", "renunciar à ditadura do proletariado" são expressões que não têm qualquer sentido preciso enquanto não se responder à pergunta feita. Salta aos olhos que o que assim se abandona, linha política ou conceito teórico,

1 Numa conferência de imprensa que precedeu a abertura do XXII Congresso, Georges Marchais pedia aos comunistas um congresso de tipo novo, cujos debates fossem ao fundo das questões postas e das suas contradições. Não foi o que aconteceu. Porquê? O peso dos hábitos de trabalho, as antigas deformações do centralismo democrático não são explicação suficiente. Há também razões que têm que ver com o próprio objecto do debate: a ditadura do proletariado. Como "abrir" uma discussão pública sobre este princípio? É este o problema que, num primeiro tempo, não soubemos resolver.

determina estreitamente o conteúdo e o sentido objectivo do que em contrapartida se adopta.

Mas, por pouco que todos os comunistas não entendam por "ditadura do proletariado" a mesma coisa, acontece precisamente que uma discussão que parece ter-se dado, no fundo, não se deu. E por pouco que o conceito, ou os conceitos, da ditadura do proletariado presentes na discussão não correspondam ao que ela é objectivamente, por pouco que, julgando falar da ditadura do proletariado, se fale de facto doutra coisa, acontecerá que a unanimidade cobrirá, de facto, tendencialmente, interpretações e práticas divergentes. Não a unidade, mas a divisão. Acontecerá ao mesmo tempo que, julgando-se ter consumado a ruptura com a ditadura do proletariado, a palavra e a coisa, se terá precisamente conservado e reforçado o que levara a pô-la em causa. São as ironias e as voltas da história real.

Quer-se um indício já? Não se fez esperar muito tempo; a burguesia imperialista francesa não perdeu a ocasião de pescar em águas turvas e explorar uma fraqueza, mesmo teórica, da nossa parte. Promovidos a doutores em marxismo, os seus ideólogos mais afamados (Raymond Aron), os seus chefes políticos (Giscard d'Estaing) pretendem assegurar-se de todas as vantagens fechando agora os comunistas neste dilema: renunciar à teoria e à prática da luta das classes, ou regressar aos becos sem saída do desvio estalinista que por muito tempo enfraqueceram o Partido. A táctica deles: opor o princípio leninista da ditadura do proletariado à política de união popular, sem a qual nenhuma vitória é possível sobre o poder do grande capital. Acessoriamente, proclamam também na decisão do XXII Congresso a confissão, feita pelos próprios comunistas, de que os comunistas se teriam até agora oposto à democracia, que se teriam batido contra ela e contra a liberdade ao lutarem pela revolução socialista.

Destes paradoxos, destas dificuldades reais, devem os comunistas saber agora que não sairão sem um grande esforço prolongado de reflexão teórica, sem uma ampla discussão colectiva. Não podem recear que ela os enfraqueça. Pelo contrário, se for ao fundo das coisas, apenas pode reforçá-los, e reforçar a sua influência. Ajudar o Partido a reflectir, esse é o dever de cada comunista, na medida das suas possibilidades. E quanto à ditadura do proletariado, o Congresso terá tido, pelo menos, uma vantagem: pode permitir libertar a reflexão teórica dos comunistas em relação a uma concepção e a um uso dogmático da teoria marxista, no qual fórmulas como "ditadura do proletariado" são extraídas do seu contexto, separadas da argumentação e das demonstrações que os subtendem, e tornam-se soluções-gazua, respostas formais sempre prontas para todas as questões. Esvaziadas do seu conteúdo histórico objectivo, são então ritualmente invocadas para cobrir as políticas mais diversas, mais contraditórias entre si. *Desse uso* dos princípios do marxismo e do conceito da ditadura do proletariado, é mais do que útil, é com efeito urgente desembaraçar-nos.

PARIS (1976)
MOSCOVO (1936)

Para que uma discussão vá ao fundo das coisas, precisa de bases claras. Definir correctamente a ditadura do proletariado, duma maneira marxista, é a primeira dessas bases, no terreno teórico. Isto não basta: não se resolvem problemas políticos com definições. Mas não podemos dispensá-las. Se com elas não nos preocuparmos explicitamente, corremos o risco de chamarmos a nós, não a definição marxista da ditadura do proletariado, mas aquela que a pressão constante da ideologia burguesa dominante tende a impor. Foi o que aconteceu no XXII Congresso, contra sua vontade. Não vou citar nem resumir o pormenor dos debates: todos os têm na memória, recorra-se a ela. Irei por caminho mais curto, de maneira a chamar a atenção para o que me parece determinante, para a posição do problema que, com diferença de poucas gradações, subtende a argumentação do Congresso. Esta problemática parece a única possível, parece "evidente" hoje a muitos camaradas. É ela que devemos primeiramente discutir.

"Ditadura ou democracia"

O problema aparece imediatamente posto no quadro duma alternativa simples: "ditadura do proletariado" *ou* "via democrática para o socialismo". Entre estes dois termos, teria de se escolher: nenhuma terceira solução, nenhuma outra alternativa. Tendo em conta as definições invocadas, esta escolha é imposta pela "lógica", mais ainda do que pela história. Na verdade, os argumentos históricos só intervêm posteriormente, vêm apenas vestir e ilustrar um esquema lógico de tal maneira simples que parece incontornável. É-nos bem explicado que a escolha não é a de uma via revolucionária e de uma via reformista, é a de duas vias revolucionárias, uma e outra assentes na luta das massas, a escolha de dois tipos de meios para fazer a revolução. Há meios de luta "ditatoriais" e meios "democráticos": não são adaptados às mesmas circunstâncias de lugar e de tempo, não levam aos mesmos resultados. A argumentação do Congresso dedica-se pois a mostrar o que distingue os meios democráticos dos meios ditatoriais, e fá-lo chamando a si uma tripla oposição corrente:

a) Em primeiro lugar, a oposição entre meios políticos "pacíficos" e meios "violentos". Uma via democrática para o socialismo exclui, por princípio, a insurreição armada contra o Estado, como meio de tomar o poder. Exclui a guerra civil entre as classes e as suas organizações. Logo, o terror branco, exercido pela burguesia, e o contraterror "vermelho", exercido pelo proletariado. Exclui a repressão policial: porque a revolução dos trabalhadores não tende a restringir as liberdades, mas a alargá-las. Para se manterem no poder democraticamente, os trabalhadores não devem recorrer ao constrangimento, à polícia e aos "métodos administrativos", mas à luta política, isto é, para o caso, à propaganda ideológica, à luta de ideias.

b) Em seguida, a oposição entre meios "legais" e meios "ilegais". Uma via democrática para o socialismo permitiria ao direito existente regular a sua própria transformação, sem recorrer à ilegalidade. A transformação do direito existente - por exemplo, a nacionalização das empresas - efectua-se apenas segundo as formas e as normas inscritas na própria lei, segundo as possibilidades que ela abre. Uma tal revolução não contradiria portanto o direito, antes faria, pelo contrário, passar para os factos o princípio da soberania popular de que ele se reclama. Em paga, seria a legalidade - portanto, a legitimidade - desse processo revolucionário que autorizaria e delimitaria estritamente o uso da violência. Porque toda a sociedade, todo o Estado têm o direito (e o dever) de reprimir pela força os "delitos", as tentativas ilegais de minorias para se oporem pela força e pela subversão à abolição dos seus privilégios.

c) Finalmente, a oposição de união e divisão, que se liga à da maioria e da minoria. Na ditadura do proletariado, o poder político é exercido apenas pela classe operária, que ainda não é mais do que uma minoria. Tal minoria está e permanece isolada: o seu poder mostra-se frágil, só pela violência se pode manter. A situação seria exactarnente inversa quando, em novas

> condições históricas, o Estado socialista representa o poder democrático duma maioria. A existência da união maioritária do povo, a "vontade maioritária", expressa pelo sufrágio universal e pelo governo legal dos partidos políticos maioritários, traria então a possibilidade da passagem pacífica ao socialismo, decerto revolucionário pelo seu conteúdo social, mas gradual, progressiva pelos seus meios e pelas suas formas.

Se aceitarmos raciocinar em função destas oposições (indiquei apenas as principais), que se recobrem e se comandam pouco a pouco, a cada passo temos de escolher um dos termos em presença: paz ou guerra civil, legalidade ou ilegalidade, união maioritária ou minoria isolada e divisão do povo. A cada passo, foi preciso dizer qual o "possível" e qual o que o não é; qual o que "se quer" e qual o que "não se quer". Escolha simples entre duas vias históricas da passagem ao socialismo, escolha entre duas concepções do socialismo, dois "modelos" que se opõem termo a termo. Ao cabo destas escolhas, a ditadura do proletariado deveria portanto definir-se assim: *o poder político violento* (no duplo sentido da repressão e do recurso à ilegalidade) duma *classe operária minoritária*, assegurando a passagem ao socialismo por uma *via não pacífica* (guerra civil). Ao que conviria acrescentar um último elemento, não o menor, que daqui deriva inevitavelmente: uma tal via conduziria à direcção política dum *partido único*, cujo monopólio ele viria a institucionalizar. Como repetem muitos camaradas: se não querem abandonar a noção de ditadura do proletariado, digam claramente que são pelo partido único, contra a pluralidade dos partidos…

Mas que deve pensar-se destas alternativas?

A sua primeira característica é não permitirem uma verdadeira análise, porque contêm já pronta a resposta à questão que se punha. Colocado nestes termos, o problema da ditadura do proletariado implica já a sua solução. É um exercício académico. Definir a ditadura do proletariado não é mais do que enumerar as vantagens que possua em relação a ela, uma via democrática. Analisar as condições concretas da passagem ao socialismo em França vem a ser felicitar-nos por a evolução histórica nos permitir (enfim) meter pelo bom caminho, o da democracia, e não pelo mau, o da ditadura. Todas as esperanças são permitidas ao socialismo desde que a própria história se encarrega de criar as condições que impõem a escolha que ele deseja fazer. Um passo mais, e dir-se-á: quando um país capitalista tem um Estado não democrático (como na Rússia czarista), não pode passar ao socialismo a não ser de maneira não democrática, com risco de comprometer-se nela; mas quando um país capitalista é *também* (como a França) um país de "velha tradição" democrática, pode passar ao socialismo de maneira também democrática. Melhor: a passagem ao socialismo surge pouco a pouco à imensa maioria como o único meio de preservar a democracia, que o grande capital ameaça. Melhor ainda: o socialismo que assim pode ser instaurado é logo uma forma superior, liberta das contradições e dos perigos que representa a ditadura (do proletariado).

As seduções deste raciocínio não bastam, por si sós, para explicar que militantes comunistas, empenhados desde anos na luta de classes, tenham podido deixar-se prender, achar "evidentes" os termos. Para o compreender, devemos interrogar-nos sobre o que, na própria história do movimento comunista e na interpretação da teoria marxista que nele se impôs desde há muitos anos, pôde produzir estas "evidências".

A este respeito, a argumentação do XXII Congresso é comandada por três ideias que não são de hoje, e que nele se manifestam claramente. Primeiramente, a ideia de que a ditadura do proletariado é, nos seus traços essenciais, idêntica à via seguida na União Soviética. Seguidamente, a ideia de que a ditadura do proletariado representa um "regime político", um conjunto de instituições políticas que asseguram – ou não – o poder político da classe operária. Finalmente, e é esse o ponto decisivo no plano teórico, precisamente a ideia de que a ditadura do proletariado é um meio ou uma "via de passagem" *ao socialismo.* Tratar-se-á aqui de mostrar que estas três ideias simples, se procedem de causas históricas reais, nem por isso são menos inexactas.

Três ideias simples e falsas

Algumas palavras sobre estas três ideias.

Basta ler as intervenções nos debates do XXII Congresso, e aquelas que o prepararam de mais longe,[1] para reconhecer que a questão da ditadura do proletariado começa por cobrir o problema posto pela evolução histórica da União Soviética. Não é por acaso que o Partido, exactamente ao mesmo tempo que afirma que o socialismo está na ordem do dia em França, vem pôr publicamente, pela voz dos seus dirigentes, a questão das "divergências" com a política dos comunistas soviéticos em termos tais que nos colocam em presença duma verdadeira contradição. Vejamos, indo além da prudência das palavras: desacordos a propósito da "democracia socialista" (logo, das estruturas do Estado e do partido); desacordos a propósito da "coexistência pacífica" (que recusamos implique o *statu quo* social para os países capitalistas como a França, passe à frente da luta das classes ou, pior ainda, leve os países socialistas a apoiar politicamente o poder da grande burguesia francesa); desacordos a propósito do "internacionalismo proletário" (de que recusamos a interpretação conhecida sob o nome de "internacionalismo socialista", e dramaticamente ilustrado pela invasão militar da Checoslováquia). Tais contradições exigem uma explicação de fundo. Esta questão obsidia manifestamente os trabalhos do Congresso. É ela, e nenhuma

1 Reportemo-nos à série dos artigos publicados por Jean Ellenstein em *France Nouvelle* a partir de 22 de setembro de 1975 sobre "a democracia e a marcha para o socialismo". Por uma presciência verdadeiramente admirável, Ellenstein adiantava já todos os argumentos invocados algumas semanas mais tarde contra o princípio da ditadura do proletariado.

outra, que subtende o argumento adiantado várias vezes por Georges Marchais: "A expressão ditadura do proletariado tem hoje uma significação insuportável para os trabalhadores e as massas". É ela, e não o exemplo das ditaduras fascistas que apareceram depois da época de Marx e de Lénine. Porque, destas, os trabalhadores e as massas não esperam mais evidentemente do que opressão e exploração reforçadas. São elas que dão mais peso à tese de Marx e Lénine: à ditadura de classe da burguesia, o proletariado deve opor a sua própria ditadura de classe.

O que pesa, portanto, em primeiro lugar, na reflexão dos comunistas, é a velha ideia em que se exprimiu a sua esperança durante dezenas de anos de lutas difíceis: a ditadura do proletariado é possível, pois é ela a via historicamente realizada na história dos países socialistas que constituem o "mundo socialista" ou o "sistema socialista" actual, e acima de tudo na história da U. R. S. S. O que quer dizer qualquer coisa de muito simples e concreto: "Se querem saber o que é a ditadura do proletariado, quais são as suas condições, porque é ela necessária, virem-se para o exemplo da U. R. S. S.!". Assim, o que serviu durante muito tempo de garantia e exemplo deve agora, sem mudança, servir de prevenção e contra-exemplo. Isto quer dizer que muitos camaradas partilham, com apreciações diversas, a ideia de que *o essencial, os traços fundamentais da ditadura do proletariado são imediatamente realizados e manifestados pela história da* U. R. S. S., logo, pelo papel do Estado na U. R. S. S. e pelo tipo de instituições que existem ou existiram na U. R. S. S.

Apresento esta ideia sob uma forma esquemática, mas creio que ninguém contestará seriamente que é assim que as coisas são percebidas por muitos dos nossos camaradas. Isto significa que não lhe introduzem eventualmente gradações e correctivos. Muitos podem pensar que a ditadura do proletariado foi assinalada na U. R. S. S. por caracteres "particulares" (bastante particulares, com efeito...): por imperfeições, erros, desvios, crimes, e que por consequência é preciso saber "extrair" dessas escórias os caracteres essenciais da ditadura do proletariado. Mas não pensam que a história da União Soviética antes, durante e depois do período de Estáline possa representar *um processo e uma tendência histórica que contradiriam a ditadura do proletariado.* Não pensam que a história da União Soviética possa manifestar, não só a possibilidade da ditadura do proletariado e a sua emergência histórica, mas também e talvez sobretudo os obstáculos à ditadura do proletariado, a força bem real e bem actual (não somente herdada do "passado" feudal...) das tendências históricas que *se opõem* ao desenvolvimento da ditadura do proletariado. Ora, esta representação da história soviética, muito pouco dialéctica, e portanto muito pouco marxista, é hoje partilhada ao mesmo tempo por camaradas que dela tiram argumento a favor da ditadura do proletariado e por outros que dela tiram argumento contra. Quer dizer, para ser claro, ao mesmo tempo por camaradas que crêem, mesmo com reservas, na validade universal do "modelo" político e social soviético, e por outros que rejeitam essa validade (quer absolutamente, quer em razão do que hoje lhes aparece como a evolução das condições históricas). Esta ideia bloqueia ao mesmo tempo toda a análise crítica e científica da história soviética, e qualquer posição do problema teórico da ditadura do proletariado, ao mesmo tempo que fornece sem custo argumentos "históricos" para justificar, posteriormente, uma decisão apressada.

Bem entendido, há poderosas razões históricas para esta identificação imediata do conceito da ditadura do proletariado e da história soviética. Resultam do lugar determinante da revolução soviética e do seu papel objectivo na história do movimento operário internacional. Duma certa maneira, esta identificação é um facto, um facto irreversível, de que não podemos não estar dependentes, porque não há teoria cujo sentido seja independente das condições da sua utilização prática. Mas se esse facto histórico é irreversível, não é por isso imutável.

A esta primeira ideia liga-se estreitamente uma segunda, subjacente aos argumentos do XXII Congresso, segundo a qual *a ditadura do proletariado não é mais do que um "regime político"* determinado. Em termos marxistas, ou de aparência marxista, "político" remete para o Estado, para a sua natureza e formas. Ora, o Estado não existe sozinho: todos sabem e dizem que é uma "superstrutura", isto é, que está ligado a uma base económica de que depende, sobre a qual reage. Mas precisamente não é essa base, não deve ser confundido com ela. "Democracia" e "ditadura" são termos que só podem designar, parece, sistemas políticos. Não chegou Lénine a dizer um dia: "A democracia é uma categoria que releva apenas no domínio político. A produção é sempre necessária, não a democracia" (*O. c.*, t. XXXII, p. 19)?[2] Porque não alargar, com bem melhor razão, esta formulação ao oposto simétrico da democracia na

2 Na continuação do texto, as referências às obras de Lénine serão dadas sob a forma XXXII, 19, ou seja, tomo 32, página 19 das *Obras completas*, tradução francesa, Edições em línguas estrangeiras, Moscovo.

linguagem corrente, a ditadura? O Estado, o nível da acção e das instituições políticas distinguem-se doutros nivéis, em particular do nível económico...

Insisto, mesmo esquematizando, nesta ideia, porque ela desempenha um papel determinante na reflexão de muitos comunistas. E vamos reencontrar a questão da União Soviética. É esta ideia que permitirá, por exemplo, dizer: do ponto de vista "económico", quanto ao essencial, o socialismo é necessariamente o mesmo por toda a parte, as suas "leis" são universais; mas, do ponto de vista "político", pode e deve ser muito diferente, porque o marxismo ensina a relatividade das superstruturas, a independência relativa das superstruturas políticas e do Estado em relação à base económica. É ainda esta ideia que permitirá dizer: a ditadura do proletariado na União Soviética teve consequências catastróficas do ponto de vista político, levou à instalação dum regime político que não é o socialismo, que contradiz o socialismo, porque, do ponto de vista político, o socialismo implica a liberdade e a democracia mais ampla. Mas, dir-se-á, isto não impediu o desenvolvimento do socialismo como "sistema económico", ou pelo menos apenas pôde retardá-lo, entravá-lo, torná-lo mais difícil, sem afectar a sua "natureza", o essencial. Prova: na União Soviética não há classe burguesa exploradora, monopolizando a propriedade dos meios de produção, não há anarquia na produção; há apropriação social, colectiva, dos meios de produção, e planificação social da economia. Logo, o regime político antidemocrático nada tem que ver com a "natureza" do socialismo, não é mais do que um "acidente" histórico. Ao que se acrescentará, com o ar de ser muito materialista: não é de espantar que a "superstrutura" se atrase em relação à "base", é a própria lei da história das sociedades humanas, que nos garante que, cedo ou tarde, o regime político alinhará pelo modo de produção, "corresponderá" ao modo de produção.

Deve-se dizer que tudo isto não é mais do que uma caricatura do marxismo, extraordinariamente mecanicista, em que conseguem conjugar-se ao mesmo tempo a separação mecanicista do Estado e das relações de produção, e a dependência mecanicista da política em relação à base económica (na figura da "natureza" e dos "acidentes", do "avanço" e do "atraso"). Numa tal perspectiva, é já impossível explicar a história do Estado capitalista. É *a fortiori* impossível pôr o problema *do que muda,* na relação da política e do Estado com a base económica, quando se passa do capitalismo ao socialismo e à ditadura do proletariado.[3]

Ora, esta ideia da ditadura do proletariado como simples "regime político" comanda imediatamente os termos em que é posto o problema do poder político da classe operária, ou do poder político dos trabalhadores. A ditadura do proletariado seria *uma forma particular do poder político dos trabalhadores,* e uma forma restritiva (uma vez que nem todos os trabalhadores são proletários). De facto, equivale a dizer: a ditadura do proletariado é *uma forma de governo* (no sentido jurídico, constitucional, do termo), representa *um sistema de instituições* determinado. Escolher entre várias vias de passagem ao socialismo, a favor ou contra a ditadura do proletariado, é escolher entre vários sistemas de instituições, particularmente entre instituições de tipo parlamentar ou, como se diz, "pluralistas" (com vários partidos políticos),

---

3 Não invento. Esta caricatura do marxismo é exposta ao longo do livro de Jean Elleinstein, *Histoire du phénomene stalinien*, Grasset, Paris, 1975.

e instituições de tipo não parlamentar, em que o poder dos trabalhadores se exerce por intermédio dum partido único. A democracia socialista opor-se-ia à ditadura do proletariado como um regime político a outro, como uma outra forma do poder político dos trabalhadores em que outras instituições organizam diferentemente a designação dos "representantes" dos trabalhadores que assumem o governo e a "participação" dos indivíduos no funcionamento do Estado.

A partir daqui, pelo menos em teoria, a passagem ao socialismo poderia ser concebida, quer por intermédio duma forma política ditatorial, quer por intermédio duma forma democrática. Dependeria das circunstâncias. Dependeria em particular do grau de desenvolvimento, de "maturidade" do capitalismo: num país onde o capitalismo estivesse particularmente desenvolvido, onde atingisse o estádio do capitalismo monopolista de Estado, o grande capital estaria já praticamente isolado, o próprio desenvolvimento das relações económicas desenharia os contornos duma ampla união de todos os trabalhadores e das camadas sociais não monopolistas, a via ditatorial tornar-se-ia impossível e inútil, a via democrática possível e necessária.

Mas esta maneira de pôr o problema supõe que haveria na história formas de Estado muito gerais, regimes de tipo diferente como "a ditadura" ou "a democracia", que preexistissem à escolha duma sociedade, à escolha duma via de passagem ao socialismo e duma forma política para o socialismo. Claramente: a alternativa da ditadura e da democracia é *exterior* ao campo da luta das classes e à sua história, não faz mais do que "aplicar-se" posteriormente, do ponto de vista da burguesia ou do ponto de vista do proletariado. O que significa que é preciso subordinar o marxismo revolucionário às categorias abstractas da "ciência política" burguesa.

Mas, por aqui, vamos tocar na mais enraizada das ideias teóricas que comandaram a argumentação do XXII Congresso, aparentemente a menos contestável, uma vez que as próprias palavras de que nos servimos imediatamente a traduzem, uma vez que essas palavras entraram a tal ponto no uso que nem sequer nos perguntamos se são justas ou não. Refiro-me à ideia de que *a ditadura do proletariado é somente uma "via de passagem ao socialismo"*, seja essa via considerada ou não como boa, seja considerada como a única possível, ou como uma via (política) particular, entre outras. Só se pusermos esta ideia em causa poderemos compreender a insistência das precedentes, a força de evidência ideológica de que beneficiam.

Perguntar-se-á: se a ditadura do proletariado não pode ser definida assim, que outra coisa pode ela ser? A esta pergunta responderei daqui a pouco, pelo menos no seu princípio. Mas é preciso ver bem o que imediatamente implica uma tal definição. Se a ditadura do proletariado é uma "via de passagem ao socialismo", quer dizer que o conceito chave da política proletária é o conceito de "socialismo". Quer dizer que basta referir-nos ao socialismo para estudar essa política e pô-la em prática. Passagem ao socialismo e, como se diz, construção do socialismo, são estas as noções chaves. Que é então o problema da ditadura do proletariado? É o problema dos *meios* necessários a essa passagem e a essa construção, nos diferentes sentidos deste termo: "período" ou "estádio" intermédio entre o capitalismo e o socialismo, e portanto conjunto dos meios estratégicos e tácticos, económicos e políticos, susceptíveis de assegurar a passagem do capitalismo ao socialismo.

De "garanti-la", segundo a expressão que acode espontaneamente a muitos camaradas. E como definir esses meios, como reuni-los numa estratégia coerente, objectivamente fundada na história? – muito naturalmente, confrontando o presente e o futuro, o ponto de partida e o ponto de chegada (isto é, o ponto onde se *quer,* onde se deseja chegar...). Definindo as "condições" decisivas, universais, do socialismo – classicamente: apropriação colectiva dos meios de produção, por um lado, poder político dos trabalhadores, por outro lado –, e examinando sob que forma estas condições podem ser preenchidas, considerando a situação actual, a história nacional de cada país. O velho Kant teria chamado a isto um "imperativo hipotético".

O que quer dizer que a política proletária está suspensa da definição dum "modelo de socialismo", de que se deduz e em que se inspira. Mesmo e sobretudo quando esse "modelo" não é colhido noutro lugar, em experiências estranhas, mas elaborado de maneira autónoma como um "modelo" nacional. Mesmo e sobretudo quando esse modelo não é a visão sentimental duma idade de ouro futura para a sociedade, mas se apresenta como um "plano" coerente, "científico", de reorganização das relações sociais, acompanhado da enumeração minuciosa dos meios e das etapas da sua realização.

O que quer dizer, mais fundamentalmente, que a questão da ditadura do proletariado não pode mais ser posta, e a própria ditadura do proletariado definida, a não ser *do ponto de vista do socialismo,* sob uma definição do socialismo e com vista à sua realização prática. Neste ponto, toda a gente, aparentemente, está de acordo: se os comunistas punham até há pouco em princípio a necessidade da ditadura do proletariado, era para caminhar para o socialismo, num país após outro; se decidem hoje renunciar a ela, e definir uma outra estratégia, é sempre para caminhar para o socialismo.

Mas, quando Marx descobre a necessidade histórica da ditadura do proletariado, não é apenas ao socialismo que ele se refere: é ao processo que conduz, do próprio seio das lutas de classes actuais, *à sociedade sem classes, ao comunismo.* O socialismo, sozinho, é um albergue espanhol para onde cada um pode levar a sua cozinha, onde a linha de demarcação entre política proletária e política burguesa ou pequeno-burguesa não pode ser traçada de maneira clara. A sociedade sem classes é o objectivo real cujo reconhecimento caracteriza a política proletária. Esta "gradação" muda tudo, como se irá ver. Definindo a ditadura do proletariado apenas em relação ao "socialismo", fechamo-nos *já* numa problemática burguesa.

Um precedente: 1936

Detenhamo-nos aqui um instante. Antes de empreender o estudo do conceito marxista da ditadura do proletariado, convém recordar brevemente os antecedentes históricos da situação que acabo de evocar. Não cai do céu essa situação. Não tanto no sentido de ser a decisão do XXII Congresso o desenlace lógico, ou o reconhecimento posterior, duma longa evolução política que conduzisse o Partido a uma estratégia revolucionária original, mas sobretudo no sentido de que *essa* concepção da ditadura do proletariado a que ele se referiu era *já*, quanto ao essencial, desde há muito tempo aceite e mesmo dominante no movimento comunista internacional. A decisão do XXII Congresso tem um precedente histórico, sem o qual ficaria em parte incompreensível.

Convém aqui recordar um facto que a maior parte dos jovens comunistas ignoram, ou cuja importância em relação ao debate actual não lhes surge muito claramente. Foram os próprios comunistas soviéticos, sob a direcção de Estáline, os primeiros a "abandonar" historicamente o conceito da ditadura do proletariado, duma maneira absolutamente explícita e argumentada. Fizeram-no *em 1936*, por ocasião do estabelecimento da nova Constituição soviética. A Constituição de 1936 proclamava solenemente, menos de vinte anos após a revolução de Outubro, *o fim da luta das classes na* U. R. S. S. Segundo Estáline, que era o seu inspirador e lançava assim as bases do que continua a constituir a teoria oficial do Estado na U. R. S. S., existiam ainda classes distintas na União Soviética: classe operária, campesinato sovkhoziano e kolkhoziano, intelectuais e quadros da produção ou do Estado.[1] Mas essas classes não eram já antagonistas, entravam em parte igual numa união, numa aliança de classes, que constituía a base do Estado soviético. Desde logo, o Estado soviético não lidava mais com as classes, como tais, mas, para além das suas diferenças, com os *indivíduos*, todos trabalhadores. Tornava-se *o Estado de todo o povo.*

Podia-se já – pode-se sempre retrospectivamente – interrogar-nos sobre a validade (e mesmo sobre a boa fé) desta afirmação: "Os antagonismos de classe desapareceram". Era feita apenas alguns anos depois, por exemplo, de a colectivização agrária ter visto desencadear-se uma confrontação de classes tão aguda como as do período revolucionário, na qual o Estado socialista teve de quebrar a resistência do campesinato capitalista dos kulaks, e sem dúvida também a de massas inteiras do campesinato pobre e médio, utilizando todos os meios da propaganda e do constrangimento. E sobretudo intervinha no momento em que se desenvolvia em todo o país, e em todas as classes, o que sabemos agora ter sido uma sangrenta repressão de massa, de que os grandes "processos de Moscovo" constituíam apenas a face visível e espectacular. Como explicar de maneira materialista essa repressão (que então apenas começava!), senão ligando-a à persistência, ao desenvolvimento duma luta de classes talvez imprevista, não dominada, mas por isso tanto mais real? Como interpretar a proclamação do "fim" das lutas de classes e a decisão administrativa de pôr termo à ditadura do proletariado, senão como

---

1 A questão de saber se essas "classes" são em número de duas ou três nunca foi resolvida claramente. O que abriu um campo de estudos inesgotável à "sociologia marxista".

a surpreendente negação do estado de coisas existente, que vinha redobrar com os seus efeitos mistificadores, e portanto reforçar e cristalizar, um trágico desvio teórico e prático? Este exemplo, se dele houvesse necessidade, bastaria já para nos advertir de que o abandono do conceito da ditadura do proletariado pode não representar em nada uma garantia contra as violências da história; pode mesmo fazer-nos recear que o desencadeamento delas seja nessas condições infinitamente mais brutal, mais prejudicial ao povo e à revolução.

Bem entendido, Estáline não rejeitava retrospectivamente a ditadura do proletariado (dedicava-se, pelo contrário, a justificar e idealizar em bloco toda a história dos anos precedentes): afirmava simplesmente que a União Soviética acabara com ela. E, portanto, mantinha integralmente a necessidade dela... para os outros, para todos os outros países que tinham ainda de efectuar a sua revolução. A maneira particular como proclamava o fim da ditadura do proletariado permitia, pois, ao mesmo tempo, sancionar o papel de "modelo" exercido pela União Soviética em relação a todas as revoluções socialistas em curso ou futuras.

Se a justificação estaliniana da noção de "Estado de todo o povo" ignorava – obviamente – as formas agudas da luta das classes na U. R. S. S., condescendia no entanto em reconhecer e discutir, formalmente, os problemas *teóricos* levantados por tal decisão, de um ponto de vista marxista. Marx, Engels e Lénine tinham com efeito mostrado que *a existência do Estado apenas está ligada ao antagonismo de classes* e tinham falado do desaparecimento das divisões de classes e do "enfraquecimento do Estado" como de dois aspectos inseparáveis de um só e único processo histórico. Na sua perspectiva, a ditadura do proletariado, constituindo a transição necessária ao desaparecimento das classes, só podia concluir-se com ele; não podia resultar no *reforço* e na perenização do aparelho de Estado, mas pelo contrário no seu desaparecimento, mesmo que este não pudesse dar-se efectivamente antes de um longo período.

Para evitar esta objecção, Estáline adiantava dois argumentos. O primeiro tomava a questão obliquamente. Estáline inflectia a tese justa do "socialismo num só país", verificada pela revolução de Outubro e pela fundação da U. R. S. S. Em lugar de ver aí a possibilidade de a revolução socialista começar e se desenvolver num país após outro, conforme as "rupturas" da cadeia imperialista, e em função das condições próprias de cada país, afirmava que a revolução socialista podia chegar a seu termo na U. R. S. S. *independentemente* da evolução no resto do mundo capitalista. Desde logo, um país socialista (mais tarde o "campo socialista") constituía um mundo ao mesmo tempo fechado e ameaçado do exterior, mas do exterior somente. O Estado não tinha mais razão de ser como instrumento da luta de classes *no interior* – uma vez que esta não existia –, mas conservava toda a sua necessidade como instrumento da luta de classes *para o exterior*, a fim de proteger o socialismo contra a ameaça e a agressão do imperialismo. Marx e Engels, o próprio Lénine (embora sobre este ponto Estáline fosse mais prudente) não tinham podido prever tal situação: e disso se aproveita para lembrar doutoralmente que o marxismo não é um dogma petrificado, mas uma ciência a desenvolver e um guia para a acção.

No entanto, este primeiro argumento não podia bastar: admitindo mesmo a sua validade (isto é, deixando completamente na sombra a questão do *tipo de Estado* que podia convir a uma tal defesa exterior: *é* certo que Estáline disso se aproveitava para designar todos os opositores à sua política como "agentes do estrangeiro"), pressupunha *uma outra tese: a da vitória completa do socialismo na* U. R. S. S.

> A vitória total do sistema socialista em todas as esferas da economia nacional é doravante um facto consumado. Isso significa que a exploração do homem pelo homem foi suprimida, liquidada, e que a propriedade socialista dos instrumentos e meios de produção se afirmou como a base intangível da nossa sociedade soviética. [...] Pode-se depois disto chamar à nossa classe operária proletariado? É claro que não, [...] o proletariado na U. R. S. S. tornou-se numa classe absolutamente nova, a classe operária da U. R. S. S., que aniquilou o sistema capitalista da economia, consolidou a propriedade socialista dos instrumentos e meios de produção; e que orienta a sociedade soviética na via do comunismo (Relatório sobre o projecto de constituição da U. R. S. S. In: *Les Questions du léninisme*, Éditions sociales, Paris, 147, t. II, pp. 214-215).

É esta segunda tese o aspecto mais importante da argumentação desenvolvida por Estáline, porque põe em evidência o desvio teórico subjacente à decisão de 1936. É um desvio de carácter evolucionista, em que os diferentes aspectos do processo revolucionário são isolados uns dos outros, e apresentados como simples momentos sucessivos, "estádios" históricos distintos. A revolução, tal como Estáline a representa, começa por derrubar o poder da burguesia, por eliminar a propriedade capitalista, substitui o antigo aparelho de Estado por um novo:

é um primeiro estádio, transitório, o da ditadura do proletariado. Uma vez este período *acabado*, entra-se num estádio novo, o do socialismo: o socialismo *é* construído sobre um "modo de produção" particular, comporta um Estado estável, o Estado socialista, que não é mais um Estado de classe, mas o Estado de todo o povo constituído por diferentes classes de trabalhadores colaborando pacificamente entre si. E é no seio do socialismo, sob a direcção do Estado socialista, que se preparam, mais ou menos depressa segundo o ritmo do progresso das forças produtivas, as "bases" duma sociedade futura, o comunismo, no qual o Estado se tornará inútil ao mesmo tempo que as classes desaparecerão. Ao todo, pois, três estádios sucessivos, cada um dos quais só podendo começar quando o precedente acabou a sua carreira, e cujo encadeamento, na teoria de Estáline, se explica finalmente pela grande necessidade histórica do desenvolvimento das forças produtivas, à qual o materialismo mecanicista de Estáline atribui o papel de motor da história.

Desta maneira, o que se achava eliminado, ou acantonado num lugar secundário, era ao mesmo tempo a dialéctica das contradições históricas, e a luta de classes.

A dialéctica desvanecia-se, uma vez que Estáline, com a sua teoria dos estádios sucessivos, suprimia pura e simplesmente a contradição tendencial posta em evidência por Marx e Lénine: a revolução proletária é *ao mesmo tempo* a "constituição do proletariado em classe dominante", o desenvolvimento dum poder de Estado que realiza esse domínio, *e* a revolução que empreende, sobre as bases materiais criadas pelo capitalismo, a abolição de todas as formas de domínio de classe, e portanto a supressão de todo o Estado. O que Marx e Lénine tinham analisado como uma contradição real, dissolvia-o Estáline duma maneira escolástica (no sentido próprio), *distinguindo* mecanicamente aspectos e etapas separadas: *primeiro*, a abolição do antagonismo, *depois* a das classes; *primeiro*, a construção dum Estado "de tipo novo", socialista, *depois* o desaparecimento de todo o Estado (Estáline não respondia à questão que aqui se podia pôr legitimamente : porquê esse desaparecimento, se "o Estado socialista" representava já o poder e os interesses de todo o povo? Ou pelo menos contentava-se com deixar entender que esse desaparecimento fora "previsto por Marx"). A estas distinções mecânicas, pode-se acrescentar mais uma: *primeiro*, a ditadura (ditadura do proletariado, passagem ao socialismo), *depois* a democracia (o socialismo).

A luta de classes deixava, simultaneamente, de constituir na teorização estaliniana o motor das transformações históricas, e em particular das transformações revolucionárias. Não constituía mais do que um aspecto particular de certas etapas. Há portanto uma conexão necessária entre a tese geral exposta por Estáline (cf. *Materialismo histórico e Materialismo dialéctico*, 1938), segundo a qual o motor da história é o desenvolvimento das forças produtivas, constituindo a luta de classes apenas efeito ou manifestação deste, e a sua teoria do socialismo: o socialismo é uma transição para a sociedade sem classes que se efectua, não sob o efeito da luta de classes, mas *depois* de ela ter acabado, e sob o efeito duma outra necessidade, uma necessidade técnico-económica tomada a cargo pelo Estado. E há uma conexão necessária entre esta concepção do socialismo, a proclamação da "vitória total do socialismo" na U. R. S. S., e o abandono da ditadura do proletariado coincidente com o reforço do aparelho burocrático e repressivo do Estado. Tal como há uma conexão necessária, na teoria marxista, entre teses inversas: o reconhecimento das contradições reais na relação histórica do proletariado com o Estado, e a demonstração da impossibilidade de abolir as divisões de classes sem ser pelo desenvolvimento da luta das classes, uma vez que as classes, historicamente, não são mais do que os efeitos de relações de classes antagonistas, efeitos que aparecem, se transformam e desaparecem com elas. A decisão de 1936 (que não revestia por acaso a forma *estatal*, profundamente penetrada de ideologia jurídica, duma decisão constitucional) selava assim o encontro, depois a fusão íntima, duma prática e duma teoria. Aqueles que se surpreendem de que a constituição mais "livre", mais democrática (restabelecendo o sufrágio universal) tenha podido acompanhar a instalação do aparelho burocrático e policial mais antidemocrático, *a fortiori* aqueles que se tranquilizam vendo ali a prova de que, "no plano dos princípios, pelo menos", o socialismo mantém a sua ligação com a democracia, proíbem-se de alguma vez ver claro na história real do socialismo, com as suas contradições e os seus retornos atrás. É preciso tomar nota deste paradoxo: a fusão tendencial da teoria marxista e do movimento operário, que é o grande acontecimento revolucionário da história moderna, estende-se também aos seus desvios. O desconhecimento e a negação da luta das classes na teoria não se opõem ao seu desencadeamento na prática: porque, precisamente, como bem se recorda hoje àqueles que fazem cara de que duvidam, a luta das classes não é uma ideia, é uma realidade incontornável. Mas o desconhecimento teórico da luta das classes não é um simples acontecimento teórico; condena o proletariado a perder a iniciativa prática custosamente adquirida, faz dele o joguete das relações sociais de exploração e de opressão, e não mais a força capaz de transformá-las.[2]

Claro que não se pensa em proceder aqui a uma amálgama entre a decisão tomada em 1936 por Estáline e os comunistas soviéticos, e aquela que acaba de tomar o XXII Congresso do Partido Comunista Francês. Nem as intenções (o que pesa pouco na história), nem sobretudo as condições históricas, e portanto os efeitos previsíveis, são os mesmos. No entanto, a decisão do XXII Congresso não pode ser nem compreendida nem discutida a sério independentemente deste precedente.

Em primeiro lugar, porque constitui realmente *uma das suas consequências longínquas*. Para nos mantermos no plano teórico, foi essa decisão de 1936 e mais geralmente o conjunto da produção ideológica que a preparava e rodeava, que impuseram então a todo o movimento comunista internacional o domínio duma concepção mecanicista e evolucionista do marxismo, assente no primado do desenvolvimento das forças produtivas, em que a ditadura do proletariado não

---

2 É certo que a deformação mecanicista do marxismo, *depois* de Lénine, não pertence em particular a Estáline e não surge bruscamente em 1936. No que se refere ao conceito da ditadura do proletariado, pode-se assegurar que ela está *já* presente nos famosos enunciados de 1924 e 1926 sobre os "princípios do leninismo": em especial, sob essa forma muito significativa que consiste em *transpor para um terreno jurídico* as análises de Lénine sobre o papel dos Sovietes e do partido na revolução russa, e em definir a sua "superioridade histórica" sobre o parlamentarismo burguês como próprio dum certo *sistema de instituições*. Mas não é meu objectivo estudar aqui os problemas que esses textos levantam. O leitor pode reportar-se igualmente com interesse ao *Manual de economia política* da Academia das Ciências da U. R. S. S.

desempenhava mais do que o papel de um meio, e mesmo de uma "técnica" política para a instalação do Estado socialista (qualquer que fosse, por outro lado, a insistência com que a sua necessidade se visse relembrada, martelada mesmo, por parte dos guardiães do dogma). Porque esta decisão fornecia – à custa dum gigantesco esforço de idealização e de mascaramento da realidade soviética, para o qual foram alistados, com vontade ou sem ela, os milhões de comunistas de todos os países – o meio da sua própria "verificação" imediata. A prova de que o marxismo na sua versão evolucionista e tecnicista estaliniana era "verdadeiro", "científico", estava justamente no fim da ditadura do proletariado, na vitória "definitiva" sobre o capitalismo, na instauração duma sociedade e dum Estado socialista doravante confrontados com outras tarefas, fundamentalmente pacíficas, técnicas, culturais e económicas. Por outras palavras, esta prova à escala da história inteira não era, na realidade, mais do que a projecção imaginária nos "factos" da própria teoria que era suposta verificar.

Ora, forçoso é reconhecê-lo, no próprio momento em que para responder às exigências da sua própria luta revolucionária o Partido Comunista Francês procura arrancar-se das redes desta mistificação, tomar finalmente uma visão crítica da história do socialismo, fica mais do que nunca prisioneiro da *base teórica* sobre a qual ela se desenvolve: põe *sob a mesma forma* geral *a questão* da "passagem ao socialismo", embora se esforce por lhe dar uma *resposta* diferente. Infelizmente, a questão é mal posta e a ela é preciso que nos arranquemos.

Mas a decisão do XXII Congresso não é apenas por isto uma consequência longínqua do precedente de 1936, constitui também, em condições novas, uma *repetição*. Simplesmente, o que Estáline e os Soviéticos aplicavam ao socialismo, *após* a conquista do poder pelos trabalhadores, o XXII Congresso aplica-o, *antes* dessa conquista, ao próprio processo da "passagem ao socialismo". Mas a atitude é a mesma: ao afirmar que as condições económicas e sociais estão "maduras" para tal, declara que chegou o momento de renunciar aos meios excepcionais da ditadura, trocando-os pelos da democracia, da legalidade e da soberania popular. Idêntica a rectificação (ou a revisão) que deve por isto ser dada à concepção marxista do Estado: o Estado *não é somente, não é sempre* o instrumento da luta de classes, comporta também um "outro" aspecto, rechaçado no capitalismo, por onde pode tornar-se o instrumento da gestão dos assuntos públicos no interesse comum dos cidadãos. Idêntica a restrição do conceito de ditadura do proletariado ao seu aspecto repressivo, e, ao mesmo tempo, a sua identificação imediata com as particularidades institucionais da revolução russa (o partido único, a limitação do sufrágio universal e das liberdades individuais para os representantes da burguesia). Idêntica a restrição feita ao papel da luta das classes, do antagonismo do capital e do proletariado, no processo histórico do desaparecimento das classes. Desde logo, não se pode deixar de pôr a questão: ao repetir assim o precedente de 1936, pode-se esperar verdadeiramente rectificar o desvio que ele representa? Não se será conduzido, antes, a sancioná-lo retrospectivamente, no quadro dum compromisso insustentável hoje? E sobretudo: não nos exporemos uma vez mais às más surpresas que a luta das classes reserva quando não se consegue avaliar em toda a sua medida as contradições que comporta, os antagonismos de que está pejada no período histórico das revoluções socialistas?

Estas questões levantam-se, e levantar-se-ão cada vez mais. Só a prática nos permitirá dar-lhes respostas satisfatórias.

Mas só se conseguirmos "fazer as nossas contas" com a teoria da ditadura do proletariado cujo desvio estaliniano nos transmitiu uma imagem truncada e deformada, que reproduzimos sem o sabermos. E, porque cinquenta anos de história dos partidos comunistas e de lutas revolucionárias, assinalados de vitórias e de derrotas, trouxeram a sua sanção objectiva e contraditória ao leninismo, que o próprio Estáline não errava ao definir formalmente como "o marxismo da época do imperialismo e da revolução proletária" e como "a teoria e a táctica da ditadura do proletariado", trata-se também, necessariamente, de fazer as nossas contas com o leninismo. Logo, para começar, trata-se de restabelecê-lo e de estudá-lo para descobrir as verdadeiras questões que levanta.

AS TRÊS TESES TEÓRICAS DE LÉNINE SOBRE A DITADURA DO PROLETARIADO

Escusado será dizer que Lénine nunca escreveu um "tratado" da ditadura do proletariado (como foi possível fazê-lo depois), assim como Marx ou Engels. No que toca a Marx e Engels, a razão é evidente: à parte as experiências breves e frágeis das revoluções de 1848 e da Comuna de Paris, cuja tendência souberam descobrir e analisar, não puderam estudar "com documentos" os problemas da ditadura do proletariado. No que toca a Lénine, a razão é diferente: *pela primeira vez, Lénine está envolvido na experiência real da ditadura do proletariado*. Ora, esta experiência é extraordinariamente difícil e contraditória. São *as contradições da ditadura do proletariado*, tal como começa a realizar-se na Rússia, o objecto da análise e das teses de Lénine. Se esquecermos isto, caímos no dogmatismo e no formalismo: figuramos o leninismo como uma teoria acabada, um sistema fechado – o que por tempo demasiado fizeram os partidos comunistas. Mas se, inversamente, nos contentarmos com uma visão superficial dessas contradições e das suas condições históricas, se nos contentarmos com a ideia néscia e falsa segundo a qual é preciso "escolher" entre o ponto de vista da teoria e o da história, da vida real e da prática, se virmos nas teses de Lénine um simples reflexo das circunstâncias sempre em mudança, tanto menos interessante quanto mais afastado estiver no tempo e no espaço, então as causas reais dessas contradições históricas tornam-se ininteligíveis e a relação que mantemos com elas não pode mais aparecer. Cai-se no domínio da fantasia subjectiva. Nas análises concretas de Lénine, nas suas palavras de ordem tácticas, há um esforço permanente para apreender tendências históricas gerais, e para formular o seu conceito teórico. Se não se apreender este conceito, não se pode estudar de maneira crítica e científica a experiência histórica da ditadura do proletariado.

Para ser tão claro quanto possível, vou primeiramente enunciar em bloco o que me parece constituir o concentrado da teoria, tal como o encontramos em Lénine.

A teoria da ditadura do proletariado contém-se em tudo e para tudo, em *três teses*, ou três grupos de teses, que são incansavelmente repetidas e postas à prova por Lénine. Encontramo-las sob uma forma idêntica nos termos ou no conteúdo em cada página dos textos de Lénine no período da revolução russa, e em particular de cada vez que uma situação crítica, uma viragem dramática da revolução, obriga a rectificar a táctica baseando-a nos princípios do marxismo, para realizar a união da teoria e da prática. Que três teses são essas?

A primeira tese tem por objecto o poder de Estado.

Pode-se enunciá-la dizendo que, na história, *o poder de Estado é sempre o poder político duma só classe*, que o detém como classe dominante na sociedade. É o que Marx e Lénine exprimem antes de tudo ao dizer que todo o poder de Estado é uma "ditadura de classe". A democracia burguesa é uma ditadura de classe (a ditadura da burguesia), a democracia proletária das massas trabalhadoras é também uma ditadura de classe. Precisemos ainda: esta tese significa que, na sociedade moderna, assente sobre o antagonismo da burguesia capitalista e do proletariado, o poder de Estado é detido duma maneira absoluta pela burguesia, sem que esta possa jamais partilhá-lo com qualquer outra classe, nem dividi-lo entre as suas próprias fracções. E isto quaisquer que sejam as formas históricas particulares sob as quais se realize o domínio político da burguesia, as formas particulares a que a burguesia tenha de recorrer na história de cada formação social capitalista para conservar o poder de Estado constantemente ameaçado pelo desenvolvimento da luta das classes.

Esta primeira tese traz a consequência seguinte: a única "alternativa" histórica possível ao poder de Estado da burguesia, é a detenção do poder de Estado, duma maneira igualmente absoluta, pelo proletariado, a classe dos trabalhadores assalariados explorados pelo capital. Tal como a burguesia não pode partilhar o poder de Estado, o proletariado não pode partilhá-lo com outras classes, e esta detenção exclusiva é a essência de todas as formas da ditadura do proletariado, quaisquer que sejam as suas transformações e variedade histórica. Falar duma alternativa é, aliás, equívoco: antes se deve dizer que a luta das classes conduz *inevitavelmente* ao poder de Estado de classe do proletariado. Mas não se pode prever de antemão, de maneira certa, nem o momento em que o proletariado poderá apoderar-se do poder de Estado, nem as formas particulares sob as quais o fará. Pode-se ainda menos "garantir" o êxito da revolução proletária como se ele tivesse de ser "automático". O desenvolvimento da luta das classes não pode ser planificado ou programado.

A segunda tese tem por objecto o aparelho de Estado.

Pode-se enunciá-la dizendo que o poder de Estado da classe dominante não pode existir historicamente, não pode realizar-se e manter-se, *sem se materializar no desenvolvimento e no funcionamento do aparelho de Estado*. Ou ainda, segundo uma metáfora de Marx constantemente retomada por Lénine, no funcionamento da "máquina de Estado", cujo núcleo (o aspecto principal: mas não o único, Lénine jamais o disse) é constituído pelo aparelho ou pelos aparelhos *repressivos* do Estado, que são: por um lado, o exército permanente, assim como a polícia e o aparelho judiciário; por outro lado, a administração de Estado ou a "burocracia" (estes dois termos, em Lénine, são sinónimos quanto ao fundo). Esta tese traz a consequência seguinte, que é dela indissociável: a revolução proletária, isto é, o derrubamento do poder de Estado da burguesia, é impossível sem *a destruição do aparelho de Estado existente*, que materializa o poder de Estado da burguesia. Sem essa destruição – que é uma tarefa complexa e difícil –, a ditadura do proletariado não pode desenvolver-se e cumprir a sua tarefa histórica, o derrubamento das relações de exploração e a criação duma sociedade sem exploração nem classes. Sem essa destruição, a revolução proletária é inevitavelmente vencida, e a exploração é mantida, quaisquer que sejam as formas históricas sob as quais essa manutenção pode realizar-se.

Como se vê, as teses de Lénine têm logo por objecto *ao mesmo tempo o Estado e a ditadura do proletariado.* Os dois problemas são indissociáveis. Não há, no marxismo, de um lado, uma teoria geral do Estado, e, do outro, uma teoria (particular) da ditadura do proletariado. *Há apenas uma só teoria.*

As duas primeiras teses que acabo de enunciar figuram já com todas as letras em Marx e Engels. Não foram descobertas por Lénine, embora Lénine tivesse tido de restabelecê-las em consequência da deformação e da censura de que tinham sido objecto na teoria marxista oficialmente ensinada pelos partidos social-democratas. Não quer isto dizer que, neste ponto, o papel de Lénine e da revolução russa não tenha sido decisivo. Mas, se nos conservarmos no núcleo teórico de que se trata aqui, esse papel consistiu, antes de tudo, em inscrever a teoria de Marx e Engels, pela primeira vez duma maneira efectiva, na prática. Permitiu a fusão da prática revolucionária do proletariado e das massas com a teoria marxista do Estado e da ditadura do proletariado, que não fora, ou por assim dizer não fora realizada antes. Quer isto dizer que, na história do movimento operário, entre Marx e Lénine, pôde ter havido ao mesmo tempo uma formidável progressão da sua organização, e uma regressão considerável da sua autonomia, da sua independência teórica e prática em relação à burguesia, logo, da sua força política real. Foi a transformação do marxismo em leninismo que permitiu ultrapassar essa regressão histórica efectuando um novo passo em frente.

Leva-nos isto à terceira tese que enunciei.

Essa terceira tese tem por objecto o socialismo e o comunismo.

Há dela precedentes, elementos preparatórios na obra de Marx e Engels. Não foi evidentemente por acaso que Marx e Engels nunca deixaram de apresentar a sua posição como uma posição *comunista*, e só explicitamente adoptaram o nome de "socialistas" (*a fortiori* de "social-democratas") como uma concessão. Pode-se dizer que, sem esta posição (e a tese que ela implica), a teoria de Marx e Engels seria ininteligível. Mas não pôde ser desenvolvida longamente por Marx e Engels. Só o pôde ser por Lénine, com base no desenvolvimento das lutas de classes do período da revolução russa, de que é por consequência *produto*, no sentido forte do termo. Esta tese conhece hoje uma sorte comparável àquela que as duas precedentes conheceram antes de Lénine e da revolução russa: foi "esquecida", deformada (com consequências dramáticas) na história do movimento comunista, do leninismo, como as duas precedentes o tinham sido na história do marxismo.

Uma primeira formulação, muito abstracta, é esboçada por Marx no *Manifesto comunista* e na *Crítica do programa de Gotha*: *só o comunismo é uma sociedade sem classes,* uma sociedade donde desapareceu toda a forma de exploração. E como as relações capitalistas representam a última forma histórica possível para as relações de exploração, isto quer dizer que só as relações sociais comunistas, na produção e no conjunto da vida social, são realmente antagonistas com as relações capitalistas, só elas são realmente incompatíveis, inconciliáveis com as relações capitalistas. O que traz uma série de consequências de imensa importância teórica e sobretudo prática. O que traz que *o socialismo não é outra coisa que a ditadura do proletariado.* A ditadura do proletariado não é uma "transição para o socialismo", não é uma "via de passagem ao socialismo", mas é idêntica ao próprio socialismo. Dura, como época histórica particular, tanto tempo como o próprio socialismo. Isto quer dizer que não há dois objectivos diferentes, a atingir separadamente, "seriando as questões", que seriam primeiro o socialismo, e depois, uma vez ele construído, acabado, uma vez "desenvolvido" (ou "altamente desenvolvido"), isto é, perfeito, uma vez criadas, como se diz, "as bases do comunismo", um segundo objectivo que seria a passagem ao comunismo, a construção do comunismo. *Há apenas um objectivo,* cuja realização se estende por um longuíssimo período histórico (muito mais longo e mais contraditório sem dúvida do que os trabalhadores e os seus teóricos imaginavam), mas que logo de entrada comanda a luta, a estratégia e a táctica do proletariado.

O proletariado, as massas do proletariado e o conjunto das massas populares que o proletariado arrasta consigo não se batem pelo socialismo considerado como um fim autónomo.

Batem-se pelo comunismo, de que o socialismo não é mais do que um meio e uma forma inicial. Nenhuma outra perspectiva pode *interessá-los*, no sentido material do termo. Batem-se pelo socialismo como meio que é de chegar ao comunismo. E batem-se pelo socialismo com os meios que lhes fornecem já a consciência comunista, a organização comunista (direi *as* organizações comunistas: porque o partido não é mais do que uma entre elas, embora o seu papel seja evidentemente decisivo). Em última análise, as massas lutam desenvolvendo *a tendência para o comunismo* que está objectivamente presente *na sociedade capitalista*, e que o desenvolvimento do capitalismo reforça e multiplica.

Daí esta consequência muito importante, que enuncio abstractamente: a teoria do socialismo só é possível do ponto de vista do comunismo, a realização efectiva do socialismo não é possível senão do ponto de vista do comunismo, sobre uma posição prática comunista. Se esta posição está ausente, se é perdida de vista, se as extraordinárias dificuldades da sua realização levam a ignorá-la e a abandoná-la na prática, mesmo que continue a figurar na teoria ou antes nas palavras como um ideal distante, então o socialismo e a construção do socialismo tomam-se impossíveis, pelo menos na medida em que o socialismo representa realmente uma ruptura revolucionária com o capitalismo.

Trata-se agora, não de desenvolver completamente estas teses, mas simplesmente, para preparar uma análise mais concreta, de explicar a sua formulação, afastando, ao mesmo tempo, certas falsas interpretações e objecções não fundadas.

QUE É O PODER DE ESTADO

A questão do poder é a primeira que temos de examinar. É a mais geral: na detenção histórica do poder por tal ou tal classe concentram-se as condições que fazem que, ou as relações sociais existentes (relações de produção e de exploração) são reproduzidas, perpetuadas, ou transformadas de maneira revolucionária. É também a mais imediata, aquela que se levanta quotidianamente assim que os trabalhadores entram em luta pela sua libertação, aquela que deve ser resolvida a breve prazo num sentido ou no outro logo que uma situação revolucionária os conduz à confrontação aberta com a classe dominante, no terreno político.

Lénine não deixou, após Marx, de o repetir, a questão fundamental da revolução, é a questão do poder: quem exerce o poder? Por conta de que classe? É a questão das semanas que precedem imediatamente Outubro (a questão das "duas revoluções", burguesa e proletária): os bolcheviques tomarão o poder? Isto é: serão os bolcheviques o instrumento da tomada do poder pelas massas dos trabalhadores tornados conscientes do antagonismo inconciliável entre os seus interesses e os da burguesia? Ou conseguirá a burguesia, juntando a si os restos do czarismo, impondo pelo terror e pela mistificação a sua hegemonia à massa campesina e mesmo a uma fracção do proletariado, sustentada financeira e militarmente pelos seus comanditários imperialistas, esmagar a revolução e reinstalar o Estado burguês graças ao qual o essencial (a exploração) se perpetua na própria mudança da sua forma política? Todas as revoluções e todas as contra-revoluções que se desenrolaram depois, na própria diversidade das suas condições, das suas formas e da sua duração, não fizeram mais do que confirmar a evidência maciça desta tese. Equivale isto a dizer que ela atravessa toda a história moderna: que é com efeito essa história senão a das revoluções e contra-revoluções, cuja confrontação ressoa até no seio dos países que, transitoriamente, "beneficiam" duma aparente tranquilidade? Por isso se não encontra nenhum revolucionário que não reconheça, pelo menos em palavras, o carácter decisivo da questão do poder.

Há mais. Basta seguir o curso de qualquer revolução socialista (e em particular da revolução russa) para nos convencermos de que esta questão, que deve ser resolvida imediatamente, não se arruma contudo de uma vez. Prolonga-se ou, melhor, reproduz-se ao longo do processo revolucionário, que lhe traz, sob as formas impostas por cada nova conjuntura, uma resposta determinada. Conservar ou perder o poder de Estado é a questão com que começa o período histórico da ditadura do proletariado. Mas é também aquela que outra vez se levanta ao longo dele, por tanto tempo quanto conservar uma base na existência das classes, isto é, na existência das relações de classes na produção e em toda a sociedade. Por tanto tempo quanto essa base exista, a ditadura do proletariado é necessária para desenvolver as tendências revolucionárias e vencer as tendências contra-revolucionárias, cuja unidade contraditória se prolonga muito depois da tomada do poder.

Isto mostra-nos que o problema do poder não pode absolutamente ser reduzido a uma questão *táctica*. As formas sob as quais se efectua *primeiro* essa tomada do poder (insurreição armada, guerra popular prolongada, vitória política pacífica, outras ainda talvez inéditas) dependem estreitamente da conjuntura e das particularidades nacionais. Sabe-se que, mesmo nas condições russas, entre abril e outubro de 1917, Lénine julgara por um instante reunidas as condições duma tal vitória pacífica (mas não "parlamentar") da revolução, quando lançou pela primeira vez a palavra de ordem: "Todo o poder aos sovietes!". De facto, não existe nenhum exemplo histórico de revolução que se reduza a *uma só* destas formas, que não represente uma combinação original de várias formas. Mas, de toda a maneira, essa diversidade não afecta a natureza do problema geral do poder de Estado, ou antes representa antes um seu aspecto, que não pode ser tomado pelo todo. *O conceito da ditadura do proletariado nada tem que ver de essencial com as condições e as formas da "tomada de poder". Em contrapartida, é indissociável da questão da detenção do poder,* que comanda praticamente todo o curso da revolução.

Se assim é, é porque, em última análise, o poder de Estado não é o poder de um indivíduo, dum grupo de indivíduos, duma camada particular da sociedade (como a "burocracia" ou a "tecnocracia"), ou duma simples fracção de classe mais ou menos larga. O poder de Estado é sempre *o poder duma classe.* Produzido na luta de classes, o poder de Estado tem de ser o instrumento da classe dominante.[1]

---

1 Kautsky argumentou longamente para mostrar que o termo de "ditadura duma classe" não pode ser tomado "no sentido próprio", porque uma classe como tal não pode *governar.* Apenas indivíduos, partidos podem governar... Consequência: "por definição" toda a ditadura é acto duma minoria, a ideia de ditadura da maioria é uma contradição nos termos. Recusando-se a confundir o governo, que não é mais do que um dos instrumentos, com o poder de Estado, Lénine mostrava em 1903 ("Aos camponeses pobres") que na autocracia czarista não é o czar, não são os funcionários "omnipotentes" que detêm o poder de Estado, *mas a classe dos grandes proprietários fundiários.* Não há "poder pessoal": não mais o de Giscard d'Estaing que o dos vinte e cinco presidentes-directores-gerais dos maiores monopólios capitalistas! Porque esse "poder pessoal" não é senão a expressão política do poder da classe burguesa, isto é, da sua ditadura.

Porquê esse termo "ditadura"? Lénine aponta-o o mais claramente que é possível com uma frase constantemente repetida, cujos termos basta explicar bem: "A ditadura é *um poder que se apoia directamente na violência e que não está ligado por nenhuma lei.* A ditadura revolucionária do proletariado é um poder conquistado e mantido pela violência, que o proletariado exerce sobre a burguesia, poder que não está ligado por nenhuma lei, [...] verdade muito simples, clara como o dia para todo o operário consciente [...], para todo o representante dos explorados em luta pela sua libertação indiscutível para todo o marxista..." (XXVIII, 244). Noutro lugar, Lénine emprega uma expressão sinónima, muito esclarecedora (cito de memória): "A ditadura é o poder *absoluto*, acima de toda a lei, da burguesia *ou* do proletariado". O poder de Estado não se partilha.

Marxismo e ideologia jurídica burguesa

"Claro como o dia para todo o operário consciente", diz Lénine. É isto verdade, porque esta tese não representa outra coisa que o desenvolvimento consequente do reconhecimento da luta das classes, e porque esse reconhecimento se efectua na experiência quotidiana dos trabalhadores explorados, em luta contra a exploração. Mas isso não quer dizer que este desenvolvimento consequente não tenha nenhum obstáculo a vencer. Pelo contrário, não cessa de chocar com a influência da *ideologia jurídica burguesa*, que é consubstancial ao seu funcionamento, e que a burguesia tem um interesse vital em manter. A ideologia jurídica burguesa influencia inevitavelmente os próprios trabalhadores. Estes não estão "vacinados" contra a inculcação por todas as práticas dos aparelhos ideológicos do Estado burguês, desde a escola primária da infância até ao funcionamento das instituições políticas em que participam como cidadãos. Desenvolver a análise do Estado, do ponto de vista proletário da luta de classes, é pois, ao mesmo tempo, criticar a sua representação jurídica burguesa constantemente ressurgente.

Toda a questão da "democracia" e da "ditadura" está profundamente presa na ideologia jurídica, cujo retorno se efectua, no próprio seio do movimento operário, sob a forma de oportunismo: é impressionante ver a que ponto, dum período para outro, os termos em que ele se formula são estáveis. Não o compreenderemos se não remontarmos à sua condição, a reprodução pelos aparelhos do Estado burguês da ideologia jurídica.

A ideologia jurídica remete para o direito; mas embora ela seja indispensável ao seu funcionamento, não é o próprio direito. O direito é apenas um sistema de regras, isto é, de constrangimentos materiais a que se encontram sujeitos os indivíduos. A ideologia jurídica interpreta e justifica esse constrangimento, apresentando-o como uma necessidade natural inscrita na natureza humana e nas necessidades da sociedade em geral. O direito, na prática, "ignora" as classes, isto é, assegura a perpetuação de relações de *classes* codificando e fazendo respeitar regras que apenas se dirigem aos *indivíduos*, "livres" e "iguais". A ideologia jurídica "prova" que a ordem social não assenta na existência das classes, mas precisamente na dos indivíduos a quem o direito se dirige. Culmina na representação jurídica do Estado.

A ideologia jurídica burguesa esforça-se (com bom resultado) por fazer crer que o Estado, em si mesmo, está acima das classes, e apenas tem que ver com os indivíduos. Que os indivíduos sejam "desiguais", de facto, em nada a embaraça portanto, porque, sendo eles "iguais" em direito, isso significa simplesmente que um Estado digno desse nome deverá aplicar-se a combater as desigual dades... Desde logo, o poder de Estado não pode ser o domínio exclusivo duma classe, porque esta expressão, efectivamente, *é um contra-senso jurídico*. A ideia do domínio duma classe opõe-se, mais precisamente, na ideologia jurídica, à representação do Estado como a esfera, a organização dos interesses *públicos* e da força *pública*, por oposição aos interesses *privados* dos indivíduos ou dos grupos de indivíduos, à sua força *privada*. É capital apreender bem este aspecto fundamental da ideologia jurídica burguesa, se não quisermos encontrar-nos, voluntariamente ou não, presos na sua "lógica" implacável.

Disse já que o direito não é idêntico à ideologia jurídica que se lhe cola à pele; eis aqui a verificação imediata disso mesmo: a distinção do "público" e do "privado" é uma relação jurídica bem real, constitutiva de todo o direito, cujos efeitos materiais são incontornáveis por tanto tempo quanto o direito exista. Mas a ideia de que o Estado (e o poder de Estado) deve ser definido *por* esta distinção, como a esfera ou o sector "público", o órgão do serviço "público", da segurança e da ordem "pública", da administração "pública", do ministério "público", etc., representa uma formidável mistificação ideológica. A distinção jurídica do "público" e do "privado" é o *meio* por que o Estado pode subordinar todos os indivíduos aos interesses da classe que representa, deixando-lhes – na época burguesa – a plena liberdade "privada" de vender e de comprar, a plena liberdade de "empreender"... ou a de vender a sua força de trabalho no mercado. Esta distinção não é a causa histórica da existência do Estado. Ou então temos .de admitir que, como o Deus omnipotente dos nossos priores e dos nossos filósofos, o Estado é a sua própria causa e o seu próprio fim.

Encontramos este círculo a propósito da maneira como a ideologia jurídica burguesa apresenta a oposição entre "ditadura" e "democracia": como uma oposição geral e absoluta entre dois tipos de instituições, de organização do Estado, em particular dois tipos de *governo*. Um Estado democrático *não pode*, do seu ponto de vista, ser uma ditadura, uma vez que é um "Estado de direito", em que a fonte do poder é a soberania popular, em que o governo exprime a vontade da maioria do povo, etc. A ideologia jurídica burguesa realiza assim um acto de prestidigitação extraordinário: não pára de explicar, de se convencer e sobretudo de convencer as massas (se a experiência das lutas lhes não ensinasse o contrário) que a fonte do direito é o próprio direito, ou, o que vem a dar o mesmo, que a posição entre a democracia (em geral) e ditadura (em geral) é uma oposição absoluta. Assim é, diz ela, uma vez que a democracia é a afirmação do direito, da legitimidade jurídica (e a "democracia até ao fim" é a afirmação e o respeito do direito até ao fim), ao passo que a ditadura seria a negação desse mesmo direito. Em suma, *donde vem o direito? Da democracia. E donde vem a democracia? Do direito.* À noção do Estado como esfera e serviço "públicos" vem agora juntar-se, para a fechar sobre si mesma, a noção de "vontade popular" (e de "soberania popular"): a ideia de que "o povo" é *um todo* (colectividade, nação, etc.) *unificado* para além das suas divisões, reunindo a "vontade" dos indivíduos e dando-lhe a forma duma "vontade" única no governo legítimo da maioria.

É preciso portanto escolher: ou o sistema das representações da ideologia jurídica burguesa, que *exclui* a análise do Estado em termos de luta de classes, mas que a exclui *para* conduzir a luta de classes do ponto de vista da burguesia de que o Estado actual é instrumento; ou do ponto de vista proletário, que denuncia esta mistificação para poder lutar contra o domínio da classe da burguesia. Entre estas duas posições, não há compromisso possível: não se pode "fazer o seu lugar" do ponto de vista da luta de classes no seio da concepção jurídica burguesa do Estado. Como dizia Lénine, a propósito de Kautsky:

> Kautsky raciocina da seguinte maneira: "Os exploradores constituíram sempre apenas uma pequena minoria da população". Isto·é uma verdade indiscutível. Como deveremos raciocinar a partir dela? Podemos raciocinar como marxistas, como socialistas;

> haveremos então de basear-nos na relação entre exploradores e explorados. Podemos raciocinar como liberais, como democratas burgueses; haveremos então de basear-nos na relação entre maioria e minoria. Se raciocinarmos como marxistas, teremos de dizer: os exploradores transformam inevitavelmente o Estado (ora, trata-se da democracia, isto é, de uma das formas do Estado) em instrumento de domínio da sua classe, da classe dos exploradores, sobre os explorados. Por isso, mesmo o Estado democrático, enquanto houver exploradores que dominem sobre uma maioria de explorados, será inevitavelmente uma democracia para os exploradores. O Estado dos explorados deve distinguir-se por completo dele, deve ser a democracia para os explorados e a sujeição dos exploradores; e a sujeição de uma classe significa a desigualdade em detrimento seu, a sua exclusão da "democracia". Se argumentamos como liberais, teremos de dizer: a maioria decide e a minoria submete-se. Os desobedientes são castigados. E nada mais (XXVIII, 259).

Para a teoria marxista do Estado, em que se investe um ponto de vista de classe diametralmente oposto ao da ideologia jurídica burguesa, *toda a democracia é uma ditadura de classe.* A democracia burguesa é uma ditadura de classe, ditadura da minoria dos exploradores, a democracia proletária é também uma ditadura de classe, ditadura da imensa maioria dos trabalhadores e dos explorados. Segurando firmemente a relação imediata do Estado com a luta das classes, temos o único fio condutor da sua análise materialista.

Regressemos então à formulação de Lénine, que citei acima: "Poder absoluto acima das leis". Significará esta definição que possa existir um poder de Estado sem lei, sem direito organizado – incluindo a ditadura do proletariado, uma vez que a ditadura do proletariado é *sempre*, ainda, um poder de Estado, *como* a ditadura da burguesia? De modo algum. Significa, pelo contrário, que todo o Estado impõe o seu poder à sociedade por intermédio de um direito, e que, por essa mesma razão, o direito jamais pode ser o alicerce desse poder. Esse alicerce real só pode ser uma relação de forças entre as classes. Só pode ser *uma relação de forças históricas*, que se alarga ao conjunto das esferas de acção e de intervenção do Estado, isto é, ao conjunto da vida social, uma vez que não há nenhuma esfera da vida social (sobretudo não a esfera dos interesses "privados" delimitados pelo direito) que escape à intervenção do Estado; uma vez que a esfera de acção do Estado é por definição universal.

Podemos então afastar uma "objecção" corrente, que evidentemente nada tem de inocente, e que cria a confusão reintroduzindo obliquamente o ponto de vista da ideologia jurídica. Segundo esta objecção, *a definição do Estado por Lénine seria uma definição "demasiado estreita"*: restringiria o poder de Estado à repressão, à violação brutal da lei. Esta objecção, além de não ter absolutamente nada de novo, ao contrário do que nos afirmam para dar a uma revisão teórica a aparência dum progresso e dum "ultrapassamento" do leninismo, é particularmente absurda dum ponto de vista marxista, e muito simplesmente materialista.

Na definição de Lénine, com efeito, não se trata da repressão, da violência repressiva tal como é exercida pelo aparelho de Estado de que falaremos daqui a pouco, e pelos seus órgãos especializados que são a polícia, o exército, os tribunais, etc. Não se trata de dizer que o Estado *só* age pela violência, mas de dizer que *o Estado assenta numa relação de forças entre as classes*, e não no interesse público e na vontade geral. Esta relação é inteiramente "violenta" no sentido de que não é efectivamente limitada por nenhuma lei, uma vez que só na base dessa relação de forças sociais, durante a sua evolução, podem ser instituídas leis e uma legislação, uma legalidade, que, longe de pôr em causa essa relação violenta, não fazem mais do que sancioná-la.

Digo que esta objecção corrente é particularmente absurda, porque o que caracteriza historicamente a repressão, por exemplo a repressão policial, é justamente o facto de *não estar* "acima das leis". Pelo contrário, na imensa maioria dos casos, está prevista e organizada pela lei (uma lei que, se preciso for, é fabricada para esse efeito pela classe dominante com a ajuda do seu aparelho de Estado legislativo e judiciário). Lembremos aqui que o encerramento das usinas postas em "liquidação judicial" ou simplesmente "transferidas" para outro local, o despedimento dos operários, a penhora dos devedores insolventes e o espancamento das manifestações populares "proibidas", são práticas perfeitamente legais, salvo excepções muito raras, ao passo que a instalação de piquetes de greve tendentes a impedir operários não grevistas ou amarelos de entrarem numa usina, a ocupação desta, a oposição organizada aos despejos nas H. L. M.,[1] as manifestações políticas perigosas para o poder, constituem, como se diz, "entraves à liberdade do trabalho", "ataques ao direito de propriedade", "ameaças contra a ordem pública", e são perfeitamente ilegais.

1 Habitações de renda média. [N. T.]

Basta reflectir um pouco no alcance destes exemplos quotidianos para compreender o que quer dizer a fórmula de Lénine: "a ditadura de classe é um poder acima das leis". Não o facto de esquecer as leis, e de reduzir o poder de Estado aos seus meios repressivos, mas o reconhecimento da verdadeira relação material entre o poder de Estado, a lei e a repressão.

Notar-se-á ao mesmo tempo o absurdo que é apresentar a burguesia, em particular a burguesia imperialista actual, como uma classe empurrada pela história, pela crise do seu sistema, a "violar a sua própria legalidade"! Pode acontecer, acontece certamente que os trabalhadores, defendendo-se palmo a palmo contra a exploração e utilizando nessa luta todos os meios de que dispõem, utilizem contra tal patrão, contra tal decisão administrativa as "lacunas" da legislação existente, as contradições que a actividade incansável dos juristas teria conseguido introduzir. Nenhum militante sindicalista ou comunista ignora as extraordinárias dificuldades dessa acção, os limites que ela não consegue nunca atravessar, e sobretudo o facto de não poder resultar sem se apoiar numa relação de forças, numa pressão das massas. Mas sobretudo o que essa luta sempre recomeçada ensina aos trabalhadores, é justamente o facto de que a classe dominante, *porque detém o poder de Estado*, continua senhora do jogo: do ponto de vista da classe dominante, se não a quisermos confundir com a consciência moral dos seus juristas e dos seus ideólogos pequeno-burgueses, a lei não é um absoluto intangível: aplicar e fazer aplicar a lei, pode ser por vezes virá-la, é sempre transformá-la e adaptá-la às necessidades da luta da classe capitalista e da acumulação do capital. E se essa adaptação não puder fazer-se sem pôr em causa *a forma* constitucional (as instituições públicas parlamentares, judiciárias, administrativas) sob a qual se exerce o poder da classe dominante, então a burguesia não irá fazer a sua primeira "revolução" política: a história do nosso país, de 1830 a 1958, fornece bastantes exemplos disso.

Nenhuma relação de forças entre as classes pode ser mantida *sem* a repressão institucionalizada. Mas nenhuma relação de forças pode ser mantida *só* pela repressão e assentar nela, identificar-se com ela. Seria uma visão completamente idealista. Uma relação de forças histórica entre as classes só pode assentar sobre o *conjunto* das formas da luta das classes, e dura ou transforma-se em função da evolução de todas as formas da luta das classes. Em particular, assenta na relação das forças *económicas*, em que a burguesia possui a vantagem do monopólio dos meios de produção, logo, do controlo e da pressão permanente sobre as condições de vida e de trabalho das massas. E assenta na relação das forças *ideológicas*, em que a burguesia possui a vantagem da ideologia jurídica (incluindo o que Lénine chama as "ilusões constitucionais" e a "religião supersticiosa do Estado" que são mantidas pelo direito burguês), a vantagem de toda a ideologia burguesa materializada na prática quotidiana dos aparelhos ideológicos de Estado, em que são apanhados os próprios trabalhadores explorados.

A definição de Lénine não poderia pois ser "demasiado estreita", no sentido de reter apenas um único aspecto do poder de Estado (o aspecto repressivo). Tem justamente por objecto mostrar que *todos* os aspectos do poder de Estado (repressivos e não repressivos, de facto indissociáveis) são determinados pela relação de domínio de classe e contribuem para reproduzir-lhe as condições políticas. Neste sentido, todas as funções do Estado são políticas de uma parte à outra: incluindo, bem entendido, as funções "económicas" e "ideológicas". Mas a definição de Lénine é "*estreita*" o *suficiente* para excluir que, numa sociedade de classes, qualquer aspecto do Estado e do poder político, seja qual for, possa situar-se fora do antagonismo de classes.

Na realidade, a distinção entre uma definição "estreita" e uma definição "larga" do Estado é coisa velha na história do movimento operário. Era a ela que invocavam já os teóricos da socialdemocracia contra as teses marxistas sobre o Estado e a ditadura do proletariado: "O Estado, em Marx e Engels, não é o Estado no sentido largo, o Estado órgão de gestão, o Estado representante dos interesses gerais da sociedade. É o Estado poder, o Estado órgão de autoridade, o Estado instrumento de domínio duma classe sobre outra", dizia já o socialista belga Vandervelde, citado por Lénine (XXVIII, 333). A necessidade, afirmada por Marx, de derrubar o poder de Estado da burguesia *destruindo* o aparelho de Estado burguês, refere-se, evidentemente, nesta perspectiva, ao "Estado no sentido estreito"... Quanto ao "Estado no sentido largo", órgão de gestão e serviço público, não se trata de destruí-lo, mas de desenvolvê-lo: trata-se de efectuar "a transição do Estado, no sentido estreito, para o Estado no sentido largo", "a separação do Estado, órgão de autoridade, e do Estado, órgão de gestão, ou, para retomar as expressões saint-simonianas, do governo dos homens para a administração das coisas" (id., XXVIII, 334-335). A referência ao tecnocracismo humanista de Saint-Simon é esclarecedora.

É exactamente a mesma atitude para que são empurrados agora aqueles nossos camaradas que procuram, depois, à pressa, fundamentos "teóricos" para o abandono do conceito da ditadura do proletariado. Eis um exemplo típico. François Hincker, imediatamente após o XXII Congresso, publica uma série de três artigos e escreve:

Ao longo da história da movimento operário marxistaleninista, correm, entrecruzando-se, duas apreciações [sic] do conceito de Estado. [...] Uma apreciação "estreita": o Estado é um aparelho repressivo; é um aparelho que foi produzido pela classe dirigente [sic], desligou-se da base (relações de produção) social e intervém sobre ela do exterior. [...] Uma apreciação "larga": [...] a essência do Estado é a organização do funcionamento da sociedade de classes no sentido da reprodução das relações de produção existentes, no sentido da reprodução do domínio da classe dominante, [...] tudo indica que, precisamente, "fazer política", para o pessoal político da classe dominante, é ultrapassar o interesse imediato e concorrencial dos indivíduos burgueses. Este domínio, esta hegemonia, exerce-se por meio da repressão, por meio da ideologia, mas também por meio da organização, até e inclusive porque presta serviços que, tomados separadamente, têm um valor de uso universal. Este último aspecto não foi suficientemente posto em evidência pelos clássicos antigos ou contemporâneos do marxismo,[2] [...] a classe dominante deve representar o seu interesse universal, [...] construir estradas, escolas, hospitais, fazer uma arbitragem pela justiça, em geral a favor da classe dominante [sic], mas também, quer se queira ou não, assegurando uma certa segurança, uma certa

2 Notar-se-á com que elegância o autor fabrica aqui, por medida, a concepção "estreita" dos clássicos de que precisa para introduzir triunfalmente o seu propósito de "alargamento".

> ordem (*Nouvelle Critique*, abril de 1976, p. 8. Sublinhado por mim, E. B.).

Por aqui se chega a esta pérola ideológica estatal: "*Quebrar o Estado, é desenvolver o Estado* democrático com o fim de fazê-lo assumir plenamente a sua função social" (id., p. 9).

De facto, se o Estado "no sentido largo" fosse irredutível ao domínio de classe, que só o afectaria posteriormente, o puxaria e deformaria "no sentido" da sua reprodução, e assim entraria cedo ou tarde em contradição com as "necessidades da sociedade", a luta revolucionária não seria uma luta contra o Estado existente, mas mais fundamentalmente uma luta *para* esse Estado, para o desenvolvimento das suas funções universais, para o arrancar à "apropriação" abusiva da classe dominante... Não é nada de espantar então que esta definição do Estado encontre muito simplesmente a imagem tradicional que dele dá a ideologia jurídica burguesa. A tese marxista diz: é *porque* as relações sociais de produção são relações de exploração e de antagonismo que um órgão especial, o Estado, é necessário à sua reprodução; é por isso que a manutenção dos trabalhadores *de que o capital precisa*, que as condições do desenvolvimento das forças de produção *de que o capital precisa* – incluindo a construção das estradas, das escolas e dos hospitais – devem *inevitavelmente tomar a forma do Estado.* Mas eis que nos voltam a servir a tese burguesa (cujo valor os clássicos do marxismo não teriam percebido "suficientemente bem"): o Estado é *outra coisa* que a luta das classes, escapa-lhe por uma parte (a parte essencial), *limita* o campo da luta das classes (submetendo-o às exigências do "todo" social). É por sua vez quando muito *limitado* (entravado e pervertido) por ela.[3] Portanto, será tanto mais "livre" de pretender as suas funções universais (democráticas) quanto se fizerem saltar esses limites... Mas tudo isto assenta unicamente no sofisma seguinte: desde que, na base das relações de produção actuais, a sociedade não pode passar sem o Estado, assim será sempre, mesmo quando essas relações desaparecerem! A ideologia burguesa parte do pressuposto de que o Estado, o seu Estado, é eterno, e a ele chega outra vez, sem surpresa.

É preciso lembrar aqui as palavras de Marx, no *Manifesto*, que valem *a fortiore* para o Estado: "Tal como, para o burguês, o desaparecimento da propriedade de classe equivale ao desaparecimento de toda a produção, assim o desaparecimento da cultura de classe equivale ao desaparecimento de toda a cultura". Assim o desaparecimento do Estado equivaleria ao desaparecimento de toda a sociedade!

Por outras palavras, é impossível separar realmente o reconhecimento da luta das classes e o reconhecimento da natureza de classe do Estado *como tal* (daí deriva a necessidade da ditadura do proletariado). Desde que se admita que o Estado em tal ou tal das suas funções possa escapar à determinação de classe, desde que se admita que possa constituir um simples "serviço público" e representar os interesses de toda a sociedade *antes* de representar os da classe dominante, *diferentemente* de como interesses históricos da classe dominante, é-se inevitavelmente levado a admitir que a luta de classes entre exploradores e explorados tem limites, pára

3 Variante oportunista: a ideia da "apropriação dos interesses privados" sobre o Estado, do "desvio" do poder público apenas em proveito de alguns. Daí a palavra de ordem: que o Estado encontre o mais depressa possível a sua liberdade e a sua universalidade natural!

num certo ponto. É-se levado a admitir que os exploradores e os explorados têm "também" certos interesses históricos em comum (os da "colectividade nacional", por exemplo), que a sua luta não determina o conjunto das relações sociais, que ela está circunscrita a uma certa esfera da vida social ou se apaga diante de certas exigências superiores. E o cúmulo é que se faz intervir essa limitação (logo, esse abandono) do ponto de vista de classe precisamente a propósito *do desenvolvimento actual do Estado*, que representa historicamente a extensão, o reforço e *a concentração do poder da classe dominante*, à medida do desenvolvimento do imperialismo e da acentuação das suas contradições.

Acabo de falar dos interesses de classe da burguesia no seu conjunto. De facto, a burguesia como classe tem apenas um só interesse fundamental em comum. Fora *desse* interesse, tudo a divide. Esse interesse, é a manutenção e o alargamento da exploração do trabalho assalariado. Compreende-se então o que exprime a tese de Marx e de Lénine sobre o poder do Estado: o poder só pode pertencer a uma classe porque a raiz do poder de Estado é o próprio antagonismo de classe, o carácter inconciliável desse antagonismo. Ou, melhor: é a reprodução de conjunto das condições desse antagonismo. Não há "meio termo" entre o desenvolvimento da exploração para que tende a classe burguesa, porque a sua existência depende disso mesmo, e a luta pela sua abolição, que o proletariado conduz. *Não há conciliação possível entre as duas tendências históricas correspondentes.* Marx e Lénine não cessam de pô-lo em evidência: o alicerce da ideologia pequeno-burguesa do Estado, inclusive quando ela penetra no socialismo e nas organizações da classe operária, é a ideia de que o Estado representaria no seu nível próprio a conciliação da luta das classes entre exploradores e explorados. E o ponto nodal nº 1 da concepção proletária do Estado, absolutamente inadmissível para a ideologia burguesa e sobretudo pequeno-burguesa, é o facto de o Estado resultar do carácter inconciliável, antagonista, da luta das classes, e constitui o instrumento da classe dominante nessa luta. A existência do Estado na história está ligada apenas à da luta das classes, inclusive e sobretudo quando se trata de preencher as "funções gerais" da sociedade, quer sejam económicas ou culturais: uma vez que precisamente se trata de subordinar essas funções gerais ao interesse da classe dominante e de fazer delas outros tantos meios do seu domínio. Quanto mais importantes e diversificadas forem essas funções, mais esse carácter de domínio duma classe do Estado se afirma.

Desapareceu o proletariado?

Digamos as coisas doutra maneira: os únicos "limites" que a luta de classes encontra provêm dessa própria luta de classes, dos meios materiais que ela fornece aos explorados para organizar e mobilizar as suas forças. Sabemo-lo bem, de resto: todas as atenuações que podem ser introduzidas na exploração não são o resultado duma conciliação entre interesses de classes antagonistas, dum ultrapassamento do conflito. São, pelo contrário, o resultado duma relação de forças imposta com grande luta pelo proletariado. Para dar um só exemplo, que por duas vezes levantou discussões no movimento operário e requereu a vigilância ou as rectificações dos comunistas: o facto de os representantes dos trabalhadores serem *eleitos* para os organismos públicos (Parlamento, municipalidades) constitui o índice e a sanção do seu reforço na luta, um meio entre outros de desenvolvê-la ainda mais; não significa que os trabalhadores deteriam por aí *o menor resquício do poder de Estado*, como se o poder de Estado pudesse ser dividido em diferentes "poderes" locais ou particulares, partilhado entre as classes proporcionalmente à sua força política, e deixar de ser *absolutamente* detido pela classe dominante. É a própria experiência das lutas, se for desenvolvida de maneira consequente, que conduz inevitavelmente ao reconhecimento do poder de Estado como instrumento da classe dominante, ao que Marx e Lénine chamam a sua ditadura de classe.[1]

Se o poder de Estado é realmente a ditadura duma classe, no sentido que acabo de indicar, só pode ser a da burguesia,

---

1 Os comunistas combateram assaz a mitologia dos "contrapoderes" para a não ressuscitarem por sua vez.

ou a do proletariado, que são tendencialmente as duas classes da sociedade moderna, as duas classes produzidas e reproduzidas pelo desenvolvimento do capitalismo. Estado de classe, ditadura da burguesia, ditadura do proletariado são três conceitos que representam os momentos dum mesmo processo antagonista. Verificamo-lo uma vez mais na discussão actual, em que, como acabamos de ver, a rejeição da ditadura do proletariado leva imediatamente, pela lógica do raciocínio ideológico por onde mete, a rodear, a atenuar e finalmente a rever também a ideia da ditadura da burguesia, do Estado como instrumento de classe. Primeira verificação do facto de que o conceito da ditadura do proletariado é indissociável da teoria marxista do Estado e da luta das classes: tirem-no, e o resto desaba!

A revolução proletária é o derrubamento da relação de forças sociais existente, o estabelecimento durante a luta duma nova relação de forças, inversa da precedente. Pensar que esse derrubamento poderia ser outra coisa que a ditadura do proletariado, seria o mesmo que pensar que existe diante da burguesia *uma outra força* histórica antagonista além do proletariado, *uma "terceira força" independente dele, susceptível de unir e de arrastar o povo trabalhador contra o capital.* Divina surpresa cada vez mais improvável, essa "terceira força" é o salvador que a ideologia pequeno-burguesa espera desde sempre para escapar ao antagonismo de classe em que se sente esmagada, e que julga "reconhecer" sucessivamente no campesinato, nos intelectuais, nos técnicos ou tecnocratas, na "nova classe operária", e mesmo (variante esquerdista, anarquizante) no "subproletariado", etc. Isto seria o mesmo que pensar, contra toda a experiência histórica do movimento operário, que, à parte a ideologia burguesa e a ideologia proletária, uma "outra" ideologia poderia desenvolver-se na sociedade e "ulrrapassar" o conflito daquelas. Seria, finalmente, o mesmo que pensar que a exploração capitalista pode desaparecer sem ser pela abolição tendencial do trabalho assalariado, e, por aí, de toda a divisão de classe na sociedade. Mas então, como explica Lénine, há que renunciar a dizer-se marxista!

Sei o que me vão dizer aqui: apresentar o antagonismo da burguesia e do proletariado como *absoluto*, incontornável e inultrapassável (por tanto tempo que o próprio capitalismo exista, e portanto se desenvolva), não será a negação mesma da história, não será apresentá-lo como imutável? E se os "factos" nos mostram que a burguesia de hoje não é já a de ontem, que a classe operária de hoje não tem a fisionomia nem o estatuto social daquela de que falava Marx (ou de que nós cremos que falava)? Vamos nós, por amor do conceito, recusar-nos a tirar as consequências desses "factos"? O inconveniente desta objecção, que faz que imediatamente se destrua a si própria, é assentar num completo desconhecimento da teoria marxista e do seu carácter dialéctico. A teoria de Marx não assenta na definição dum proletariado "puro" (perante uma burguesia "pura"): tanto não há proletariado "puro" como não há revolução "pura" e comunismo "puro". Também não assenta no retrato de classes sociais fixadas nos traços duma época dada (o século XIX, o começo do século XX, etc.). Pela excelente razão de que a teoria marxista não tem por objecto traçar esse retrato, à maneira duma qualquer ideologia, mas *analisar o próprio antagonismo*, descobrir as leis tendenciais da sua evolução, da sua transformação histórica, e por consequência explicar a necessidade dessas mudanças na estrutura das classes sociais, incessantemente impostas pelo desenvolvimento do capital. Recordemos Marx, no *Manifesto*:

diferentemente de todos os modos de produção anteriores, o capitalismo é "revolucionário" no interior de si mesmo, não pára de transformar todas as relações sociais, inclusive as que ele próprio cria.

A partir daqui, vê-se bem o que cobre inevitavelmente a confusão entre o carácter *absoluto* do antagonismo de classes (que é o fundo da questão) e uma pretensa *imutabilidade* das classes sociais, que depois se tem a atenção de invalidar pelos "factos": essa confusão cobre muito simplesmente a dissolução do antagonismo, a sua extenuação progressiva, e por conseguinte o escamoteamento da necessidade duma ruptura revolucionária com o capitalismo. Como, noutras circunstâncias, a própria mudança dos conhecimentos científicos nas ciências da natureza permitiu à filosofia idealista proclamar que "a matéria desaparece", vêm aqui, de maneira mais ou menos aberta, explicar-nos que as classes desaparecem: não mais "burguesia" no sentido próprio, não mais "proletariado" no sentido próprio. No lugar da burguesia, como classe, algumas famílias, que digo eu, vinte e cinco ou trinta indivíduos, os presidentes-directores-gerais dos grandes grupos monopolistas: o mesmo que dizer nada, ou antes um *simples* sistema políticoeconómico abstracto, que só deve o seu persistente poder sobre os homens, sobre o povo, a um atraso da tomada de consciência destes! No lugar do proletariado, como antítese deste sistema, toda a gente, ou quase: uma vez que, por uma razão ou outra, todos são trabalhadores! O proletariado não é mais do que *uma categoria de trabalhadores,* entre outras.[2]

---

2 Apreciar-se-á a seriedade e a solidez duma teoria que, depois de ter esvaziado a classe operária dos atributos que fazem dela a classe dirigente, *continua* a falar dela como classe dirigente.

Os factos, uma vez que são invocados, são muito outros. Mostram que, com o desenvolvimento do capitalismo, e particularmente do imperialismo actual, o antagonismo se aprofunda e se alarga progressivamente a todas as regiões do mundo, deixando cada vez menos margem às classes sociais herdadas do passado para guardarem uma posição económica e política autónoma. A centralização do poder de Estado da burguesia, a sua dependência em relação do processo de acumulação do capital vão crescendo. A proletarização dos trabalhadores, mesmo quando teve atrasos históricos – é particularmente o caso da França –, estende-se inexoravelmente.

Bem entendido, há na história do capitalismo uma evolução real incessante da relação real que diferentes fracções da burguesia mantêm com o poder de Estado da sua classe. Há uma evolução no que respeita ao recrutamento do pessoal que, por intermédio do aparelho de Estado, realiza a detenção do poder. Há, o que é muito mais importante, uma evolução no que respeita à maneira como a política posta em prática pelo Estado favorece os interesses de tal ou tal fracção da burguesia. Mas isto não significa absolutamente que o poder de Estado possa cessar de ser o poder de Estado de toda a burguesia, como classe, para se tornar de alguma maneira propriedade privada de tal ou tal fracção. Na verdade, seria contraditório nos termos e levaria inevitavelmente na prática ao desmoronamento do poder de Estado (como pode acontecer numa situação revolucionária, desde que o proletariado e os seus aliados saibam aproveitá-lo). O poder de Estado é necessariamente "monopolizado" pelos seus detentores históricos, mas só é monopolizável por uma classe social.

Na verdade, em cada época da história do capitalismo, há sempre uma profunda desigualdade política entre as fracções da classe dominante, mesmo quando se traduz por compromissos e equilíbrio instáveis. Há sempre uma fracção que, para manter o poder de Estado da classe dominante, tem de desempenhar nos factos o papel dirigente, um papel de "vanguarda", e que utiliza o aparelho de Estado em seu proveito, uma fracção cuja hegemonia é a condição do domínio da classe como tal. E eis-nos no ponto essencial, a que tudo isto diz respeito: *o poder de Estado não tem qualquer autonomia histórica*, não tem a sua fonte em si mesmo. Resulta, em última análise, do domínio de classe na produção material, da apropriação dos meios de produção e de exploração. Por isso, *na época do imperialismo, o capital monopolista domina no Estado* e transforma os meios da "política económica" do Estado para reforçar esse domínio. Mas domina enquanto, pela força e pelo constrangimento material, *se impõe como o representante dos interesses de classe de toda a burguesia.*

O que implica uma consequência muito importante para a revolução proletária e a ditadura do proletariado: a burguesia como classe não é um todo homogéneo; é atravessada – hoje mais do que nunca – por uma multidão de contradições de interesses, algumas das quais muito profundas, que opõem a grande burguesia monopolista à média burguesia capitalista e à pequena burguesia produtora ou intelectual de proprietários ou de empregados assalariados. É justamente a detenção do poder de Estado pela burguesia que lhe permite vencer essas contradições, obrigando a média burguesia e a pequena burguesia a aceitar a hegemonia do grande capital financeiro e industrial. Por tanto tempo quanto a burguesia como classe detiver o poder de Estado, é muito difícil, e mesmo impossível, dividir duradouramente a burguesia, isolar definitivamente a grande burguesia e assegurar a unidade revolucionária da pequena burguesia e do proletariado. Em todo o caso, não basta evidentemente para isso *mudar de governo*, sem tocar na estrutura do Estado: a experiência histórica mostra que o governo, quer queira quer não, está sempre submetido à relação de forças de classes, não está colocado acima do aparelho de Estado de que faz parte, mas antes subordinado a ele. "O aparelho do poder de Estado", como diz por vezes Lénine, não é *exterior* à unidade de luta da classe dominante, é-o tanto menos quanto mais centralizado, mais autoritário. Colocado aparentemente, bem à vista, no "cimo" da hierarquia do Estado, um governo só é poderoso graças a esse aparelho; é impotente contra ele e não "governa" mais do que fantasmas. Que representantes dos trabalhadores cheguem ao governo pode ser um momento importante da luta política, mas não significa que o proletariado e todos os explorados com ele *detenham o poder*. Lembram-se disto os franceses, que viveram 36 e a Libertação, as suas conquistas e aquilo a que se deve chamar (para daí tirar as lições objectivas) a sua derrota provisória: o seu revés em passar dum governo popular que agia a favor dos trabalhadores e das suas reivindicações para a detenção revolucionária do poder de Estado. Por pouco que consintamos olhar um pouco para além das nossas fronteiras, do Chile da Unidade Popular ao Portugal do M. F. A., uma experiência mais recente se encarregou de nos lembrar *a existência desse limiar* crítico, para aquém do qual todas as conquistas da luta das massas, por numerosas e heróicas que sejam, são sempre reversíveis, e pior. A lição da revolução russa não era diferente.

Podemos agora voltar-nos para o lado do proletariado. Se a estrutura de classe da burguesia se transforma historicamente, à medida que o capital se acumula, se concentra, alarga o seu domínio a toda a sociedade, o proletariado não fica exterior a este processo, inalterado. Torna-se tendencialmente a classe social de que a manufactura, as primeiras revoluções industriais apenas tinham criado o primeiro núcleo. Mais ainda, *a tendência histórica para a ditadura do proletariado não poderia realizar-se sem esta transformação histórica do proletariado.* Marx percebera-o no próprio momento em que a experiência prática das revoluções de 1848-50 fazia surgir, num mesmo movimento, a questão do poder dos proletários e a teoria científica capaz de formular o seu conceito: "Nós dizemos aos operários: tendes de atravessar quinze, vinte, cinquenta anos de guerras civis e de lutas internacionais, não só para mudar a situação existente, mas para vos mudardes a vós próprios e vos tomardes aptos ao poder político" (Comité Central da Liga dos Comunistas, setembro de 1850). Pôr o problema da ditadura do proletariado, é dar, agora ou nunca, do proletariado uma definição *histórica* (e dialéctica).

Definir as classes, e particularmente o proletariado, duma maneira histórica, não é levantar uma definição sociológica, um quadro de classificação dos indivíduos – mesmo adicionando os critérios "económicos", "políticos" "ideológicos" – e *aplicar* esta definição a "dados históricos" ·sucessivos. É uma coisa muito diferente: estudar *o seu processo de constituição tendencial* em classes, a sua relação com a luta histórica pelo poder de Estado. "Toda a luta de classes é uma luta política", dizia já Marx no *Manifesto*: isto não quer dizer que ela se exprima unicamente na linguagem da política, mas que a constituição das classes antagonistas é o efeito da própria luta, em que a questão da detenção do poder está sempre já inscrita como o alvo determinante. Não se pode estudar separadamente a "polarização" da sociedade em duas classes antagonistas e a luta histórica pelo poder de Estado.

O proletariado não é um grupo homogéneo, imutável, com o seu nome e o seu destino inscritos na fronte de uma vez para sempre. É o resultado histórico do processo permanente de *proletarização* que constitui a outra face da acumulação do capital. Processo desigual, contraditório, e no entanto irreversível em última análise.

Será preciso recordar quais as bases materiais desse processo histórico, na sua continuidade? É o desenvolvimento do salariato na esfera da produção, à custa da produção individual e familiar. É a concentração dos trabalhadores nas grandes empresas, sob o efeito da concentração do capital: e portanto a subordinação da força de trabalho ao "sistema de máquinas" em que se materializam as relações de exploração, doravante irreversíveis para os indivíduos. É pois *a formação do "trabalhador colectivo" da grande indústria capitalista*, cuja produtividade constantemente aumentada ao ritmo das revoluções tecnológicas, tornadas outros tantos meios de sugar a sua força de trabalho, assegura a acumulação alargada do capital. Depois, é a extensão tendencial das formas industriais da exploração da força de trabalho a outros sectores do trabalho social, quer "produtivos" – para aumentar directamente a mais-valia (agricultura, transportes) –, quer "improdutivos" – para reduzir ao mínimo as inevitáveis "falsas despesas" da produção capitalista (comércio, banca, administrações públicas e privadas, mas também ensino, medicina...). E por consequência é, à escala social, a redução do consumo individual dos trabalhadores à simples reprodução da força de trabalho, nas condições históricas e nacionais dadas – inclusive sob a forma do "consumo de massa", isto é, o *consumo forçado*, em que as necessidades da reprodução do capital determinam não só a quantidade mas a "qualidade" dos meios de consumo necessários à reprodução da força de trabalho. Finalmente, é a constituição do *exército industrial de reserva*, alimentado e mantido pela sobrepopulação relativa, que proporcionam ao capital o desemprego periódico, a ruína dos pequenos produtores, o colonialismo e o neo-colonialismo.

Estes elementos não agem igualmente, embora estejam ligados no seio de um mesmo mecanismo, efeitos históricos da mesma relação de produção. Vemos nós que eles se tenham atenuado, que se tenham tornado menos determinantes na época imperialista em que nos encontramos? Não assistiremos, pelo contrário, a um formidável avanço do processo de proletarização, em que as "crises" e as "reestruturações" do capital imperialista são outros tantos novos degraus? E, em particular, num país como a França, que a sua posição no grupo das potências imperialistas, as suas coutadas coloniais, tinham longamente permitido *atrasar* e *circunscrever* a proletarização, portanto manter uma pequena burguesia numerosa, "inútil" economicamente, mas politicamente indispensável ao capital, não estaremos nós a assistir à ruptura dos equilíbrios seculares, à aceleração brutal da proletarização?

No entanto, este processo não conduz automaticamente à constituição duma *classe* proletária autónoma, ou antes só conduz através do jogo das contradições imanentes à sua lei tendencial. Justamente por isso, não é possível ver o proletariado como um simples "núcleo" da constelação dos trabalhadores, preservado dessas contradições. A exploração do trabalho assalariado assenta na concorrência entre os trabalhadores, sem a qual não há salariato, o que explica o papel essencial do exército industrial de reserva no modo de produção capitalista. Esta concorrência existe em cada época sob formas novas, que dependem da luta de classe do capital (concentração, revoluções industriais, desqualificação dos trabalhadores), mas também da dos trabalhadores (desde que se associam contra o capital para defender as suas condições de trabalho e de vida). O *imperialismo acentua esta concorrência.* Na própria esfera da produção, as novas revoluções tecnológicas e a organização "científica" do trabalho que a concentração monopolista permite, revolucionam as qualificações, e finalmente aprofundam a divisão do trabalho manual e do trabalho intelectual. Simultaneamente, empregados, técnicos são proletarizados, mas assiste-se à formação de novas "aristocracias operárias". Estas divisões são repetidas e agravadas pela maneira como o capital explora agora um mercado mundial da força de trabalho, quer exportando indústrias inteiras para os países "subdesenvolvidos", quer importando exércitos industriais inteiros de trabalhos "imigrados", isolados e sobreexplorados. Falar do proletariado, é também ter em conta as *divisões* mantidas pelo capitalismo entre os trabalhadores, e particularmente na classe operária.

Mas é também tomar em consideração a luta dos trabalhadores contra essas divisões, luta reivindicativa e luta política: luta que, *já* como luta reivindicativa, é um fenómeno *político* decisivo à escala da história inteira do capitalismo, pois tem por primeiro objectivo e resultado principal o ultrapassamento das divisões internas, a união dos trabalhadores explorados contra o capital, em suma, a constituição duma *classe* antagonista da classe burguesa. A existência de *organizações* da classe operária, sindicais e políticas, a sua passagem do ponto de vista corporativo ao ponto de vista de classe, da pequena seita à organização de massa, do reformismo à posição revolucionária, não é um fenómeno que venha juntar-se posteriormente à existência de um proletariado: é pelo contrário um momento da sua constituição em classe, que influi directamente nas condições da exploração e da proletarização, com o qual o capital deve contar, contra o qual tem de encontrar novos meios de luta, mais poderosos do que aqueles que bastam contra *indivíduos*, mesmo numerosos, mesmo "maioritários".

Como se vê, portanto: definir o proletariado de acordo com o seu conceito histórico completo conduz em linha recta a uma dupla conclusão, que nos importa directamente.

Em primeiro lugar, que o desenvolvimento do poder de Estado da burguesia, o reforço dos seus meios materiais e o alargamento das suas intervenções nada têm que ver nem com simples necessidades técnicas e económicas, nem com uma fatalidade ligada ao poder político em geral, mas são directamente função da constituição histórica do proletariado como classe. *O Estado da época imperialista* não é apenas o produto do antagonismo de classes inscrito desde a origem na relação capitalista, é *o Estado da época das revoluções e das contra-revoluções*, organiza-se directamente como Estado da contra-revolução preventiva.

Em segundo lugar, o processo de constituição do proletariado em classe é, pelas razões de fundo que acabam de ser apontadas, um processo *inacabado*, a que se opõe o capital que, no entanto, o suscita. Este processo não pode precisamente ser acabado *sem a revolução proletária*: o proletariado acaba de se constituir em classe na medida em que consegue constituir-se *em classe dominante,* pela ditadura do proletariado. Pressentimos por isso que a ditadura do proletariado é ela mesma uma situação contraditória, num sentido novo: uma situação em que o proletariado pode acabar de vencer as suas divisões, de se constituir em classe, na medida em que deixa de ser explorado. Isto permite-nos compreender porque, como neste momento observamos, as teses sobre a ditadura do proletariado se repercutem imediatamente em *teses sobre o proletariado*, porque o abandono do conceito da ditadura do proletariado tem imediatamente como resultado fazer "desvanecer-se" o conceito do proletariado. O círculo fecha-se: os trabalhadores, se não são um proletariado, não tendem a deter o poder de Estado como classe, têm simplesmente interesse em que o Estado se preocupe enfim com as suas necessidades... É um bem bonito sonho, mas não é mais do que um sonho.

DESTRUIÇÃO DO APARELHO DE ESTADO

Para a utilização revolucionária das formas revolucionárias do Estado.

Lénine, *Cartas de longe*, XXIII, 351.

A ditadura do proletariado é uma luta pertinaz, sangrenta e não sangrenta, violenta e pacífica, militar e económica, pedagógica e administrativa, contra as forças e as tradições da velha sociedade. A força do hábito nos milhões e dezenas de milhões de homens é a força mais terrível.

Lénine, *A doença infantil do comunismo*, XXXI, 39.

O Estado assenta numa relação de forças entre as classes, acentua-a, reprodu-la. Disso depende a sua manutenção. Mas *não é* essa relação de forças, puramente e simplesmente. Precisa de um "órgão especial" criado e desenvolvido para esse efeito. É a segunda tese de Marx e de Lénine: não há poder de Estado *sem um aparelho de Estado.* O poder de Estado que uma classe detém, realiza-se no desenvolvimento e na acção do aparelho de Estado.

O desvio oportunista

Podemos explicar imediatamente, em algumas palavras, a maneira como se apresenta no interior do movimento operário e do marxismo o desvio oportunista sobre a· questão do Estado, que, como vimos, solicitada pela pressão constante da ideologia jurídica burguesa, vem a reencontrar os próprios termos dela. Lénine não cessou de repetir e de provar que o essencial do oportunismo tinha por objecto precisamente a questão do aparelho de Estado. Tem por objecto a questão da *destruição revolucionária do aparelho de Estado existente*, e não a questão apenas, abstracta, do exercício do poder. Também não tem por objecto a simples referência à *palavra* "ditadura do proletariado": porque o oportunismo da social-democracia, de Kautsky e Plékhanov a Léon Bium, não cessou de referir formalmente à "ditadura do proletariado", ao mesmo tempo que a esvaziava do seu conteúdo prático, a destruição do aparelho de Estado.

> "Um abismo separa Marx de Kautsky", escreve Lénine, "na sua atitude para com a tarefa do partido, que é preparar a classe operária para a revolução...". De facto, quando Kautsky trata da revolução socialista, "fala constantemente da questão da conquista do Estado, sem mais nada; isto é, o autor admite uma fórmula que é uma concessão aos oportunistas, pois ela admite a conquista do poder sem a destruição da máquina de Estado. Kautsky ressuscita em 1902

> precisamente o que em 1872 Marx declarava caduco no programa do Manifesto Comunista".[1]

E Lénine prossegue:

> Kautsky troca o marxismo pelo oportunismo, porque escamoteia precisamente por completo a destruição da máquina de Estado, absolutamente inaceitável para os oportunistas, e deixa assim a estes uma escapatória que lhes permite interpretar a "conquista" do poder político como uma simples aquisição da maioria (xxv, 517, 523).

Deixemos de lado o aspecto puramente histórico desta crítica, embora lhe não falte interesse, porque o oportunismo não parou, até hoje, de censurar a rectificação do *Manifesto comunista*, e de explicar que o conceito de "ditadura do proletariado" em Marx não cobria "outra coisa", na verdade, que a "conquista da democracia" evocada em termos muito gerais no *Manifesto*. Mais importante ainda é o aspecto teórico.

O que Lénine mostra é que o oportunismo não consiste no facto de ignorar a conquista do poder de Estado, a necessidade do poder político dos trabalhadores. Pelo contrário, o oportunismo consiste precisamente no facto de admitir essa necessidade, proclamá-la, mas *sem* falar da natureza de classe do aparelho de Estado, portanto *sem* falar da necessidade

---

1 Propus uma explicação desta *rectificação* histórica do *Manifesto comunista*, fora da qual a teoria marxista do Estado e da ditadura do proletariado é ininteligível, no cap. 2 dos meus *Cinq études du matérialisme historique*, colecção "Théorie", Maspero, Paris, 1974.

absoluta para o proletariado de destruir o aparelho de Estado burguês, e depois destruir *todo* o aparelho de Estado, a pretexto de que essa necessidade seria uma tese "anarquista" (ou "esquerdista"). Por outras palavras, o oportunismo consiste precisamente no facto de manter a ilusão de que a burguesia e o proletariado podem exercer o poder por intermédio dum aparelho de Estado semelhante, um aparelho de Estado *do mesmo tipo* histórico, à custa, eventualmente, de arranjos, de transformações nas instituições e no seu funcionamento, mas sem *ruptura histórica*, sem passagem revolucionária de um tipo de Estado a outro. A teoria marxista *não diz mais*, não profetiza, não diz antecipadamente como essa ruptura histórica vai efectuar-se em cada situação concreta, como vão as suas modalidades *transformar-se* com o desenvolvimento da contradição entre o imperialismo e a ditadura do proletariado. Mas também *não diz menos*: é impossível economizar essa ruptura. Tal é o conteúdo preciso da tese que enunciei há um instante: existe um limiar material aquém do qual, mesmo que sejam levados representantes dos trabalhadores ao governo, a burguesia não deixa verdadeiramente de deter o poder de Estado, quer porque utilize para os seus próprios fins um governo "socialista", quer porque o abata e esmague o movimento das massas.

O oportunismo consiste assim no facto de crer e de fazer crer que o aparelho de Estado é um instrumento à vontade vergável às intenções, às decisoes duma classe. Consiste no facto de crer que o governo é o senhor do aparelho de Estado. E de agir em função dessa crença.

Estamos aqui em pleno delírio idealista. Uma classe social não "decide" absolutamente nada, não é um indivíduo, mesmo com milhões de cabeças. O que faz que exista um poder de

Estado de classe, não é uma decisão ou uma vontade subjectiva: é a organização, são as práticas objectivas do aparelho de Estado, são as *relações sociais* independentes da vontade dos homens materializadas na estrutura do aparelho de Estado. E como é exactamente isso que diz a teoria marxista do Estado, o oportunismo é obrigado a censurar este aspecto da teoria marxista, que é justamente o mais importante.

Mas isto não tem, evidentemente, apenas consequências teóricas. O oportunismo *age* em função da sua concepção idealista da "conquista do poder". Os comunistas devem meditar sobre as experiências históricas em que a vanguarda revolucionária não conseguiu escapar à ilusão de poder utilizar o aparelho de Estado burguês, ou não conseguiu encontrar os meios de construir um novo. Porque são as massas que pagam muito caro, e durante muito tempo, essa ilusão ou essa incapacidade.

Mas isto não é tudo. Porque, como disse há pouco, a questão do poder dos trabalhadores, do exercício real do poder pelos trabalhadores, não fica resolvida duma vez para sempre com a primeira "tomada" do poder. E como esta questão se reproduz ao longo da ditadura do proletariado, o oportunismo pode também reproduzir-se, renascer sob formas novas durante esse período. Será preciso interrogar-nos longamente a que leva então a incapacidade duma revolução para instalar *um outro* aparelho de Estado que não o aparelho de Estado burguês, um aparelho de Estado que tenda não a perpetuar-se e a reforçar-se, mas a extinguir-se progressivamente em virtude da sua própria forma? A que leva a incapacidade de ao menos conceber esta necessidade – no entanto inscrita com todas as letras na teoria marxista? Apenas pode levar à deformação, à regressão e à degenerescência da ditadura do proletariado.

Leva ao facto de a ditadura do proletariado se transformar no seu contrário, e ao que me será permitido chamar a ditadura dum aparelho de Estado burguês *sobre* o proletariado, apesar das objecções que este termo pode suscitar quando se obstinam a negar a existência do problema.

Acrescentarei sobre este ponto apenas uma breve observação. Pode-se pôr a questão: fora das causas gerais – divisão tendencial da classe operária, explorada e agravada pelo imperialismo, desigualdade do processo histórico de proletarização –, a tendência para o oportunismo nas organizações de luta da classe operária não terá também uma causa *interna*, resultante das condições da luta política sob o capitalismo, e da forma que esta confere ao partido revolucionário? Lénine desenvolve precisamente essa hipótese, quando tenta analisar as razões que fazem que "a social-democracia revolucionária da Alemanha se assemelhava *mais* ao partido de que o proletariado revolucionário precisa para vencer" (XXXI, 28). Assemelhava-se mais, mas não era, na prática, esse partido: forçoso era reconhecê-lo. É que um partido político da classe operária está inevitavelmente apanhado no jogo duma contradição que pode conseguir dominar, se a reconhecer, mas a que não poderá escapar espontaneamente. Por um lado, representa o acesso (a única via de acesso) do proletariado à autonomia política. Representa a forma sob a qual o proletariado pode dirigir a sua própria luta de classe, a partir da sua própria base social, nas suas próprias posições ideológicas de classe, libertando-se do domínio da ideologia burguesa dominante, em lugar de não ser mais que o "cão morto por água abaixo" de tal ou tal política burguesa. Por esse meio, "a emancipação dos trabalhadores será obra dos próprios trabalhadores" (Marx). Mas, no mesmo momento, porque a luta de classe do proletariado não se desenrola fora das relações sociais existentes – e para lhe conferir todo o conjunto das suas dimensões políticas, de alto a baixo da prática social –, é preciso que o partido da classe operária se insira no jogo do aparelho ideológico de Estado *político* (de que releva o parlamentarismo, o "sistema dos partidos"). Pode inserir-se numa máquina como uma roda dentada, ou como o grão de areia que a gripa. Tendencialmente, à escala da história do capitalismo e do imperialismo, à escala do processo histórico da constituição do proletariado em classe, o partido da classe operária não é um simples elemento do aparelho ideológico de Estado da política burguesa. Mas forçoso é reconhecer a existência da tendência inversa, o risco permanente a que o partido está submetido, e a que não escapa sem uma luta interna sempre recomeçada, de tornar-se prisioneiro do aparelho de Estado que ele combate.

Pode-se então compreender por que razão o aspecto decisivo do desvio oportunista tem por objecto precisamente este ponto, que empenha *ao mesmo tempo* o objectivo histórico da sua luta *e* a prática quotidiana da sua luta. Este ponto toca no vivo da questão do partido revolucionário. Precisamente o ponto a partir do qual divergem as duas vias da política comunista e da política social-democrata.

A organização do domínio de classe

Que é pois o aparelho de Estado? Essencialmente a organização material, produto duma "divisão do trabalho" particular sem a qual não existe qualquer poder de Estado: ao mesmo tempo organização da classe dominante e organização de toda a sociedade sob o domínio duma classe. Antes de qualquer análise mais pormenorizada, é preciso compreender bem esta dupla função de organização donde vem a eficácia histórica do aparelho de Estado, mas donde vêm também a maior parte das ilusões que daí resultam quanto à natureza do Estado.

Dizer que o aparelho de Estado é a organização da classe dominante, é dizer que sem o aparelho de Estado – força armada, administração, aparelho judiciário impondo o respeito do direito, e todos os aparelhos ideológicos de Estado –, a classe dominante (hoje a burguesia) não poderia jamais conseguir unificar os seus interesses de classe, conciliar ou esmagar as suas contradições internas e prosseguir uma política unificada em relação às outras classes da sociedade. Bem entendido, essa unificação, que toma a forma da *centralização* do poder de Estado no sistema das instituições políticas, não é o resultado dum livre contrato, duma discussão pacífica entre as diferentes fracções da classe dominante. Ou antes, se tais discussões se dão, por exemplo quando representantes de diferentes partidos elaboram uma constituição, essas discussões contratuais não fazem mais do que homologar uma relação de forças materiais já adquiridas.

Mas é preciso ver igualmente o segundo aspecto: a organização de toda a sociedade no aparelho de Estado, em função das necessidades da reprodução da exploração. Se o aparelho de Estado não fosse mais do que uma organização da classe dominante em circuito fechado, daí resultariam obstáculos consideráveis à detenção do poder pela classe dominante, porque levaria imediatamente ao isolamento da classe dominante perante a massa da sociedade. O que nós vimos a propósito do *direito* há um instante, permite já compreender como as coisas se passam, uma vez que o direito é já, por intermédio do aparelho jurídico (código, tribunais, homens de lei, jurisprudência...) um aspecto essencial do aparelho de Estado na sociedade capitalista. Mas a história do Estado permitiria ilustrar este ponto em pormenor. Na sociedade feudal, o aparelho de Estado comporta ao mesmo tempo formas de organização próprias da classe dominante (como as relações de parentesco feudal e os laços de vassalagem) que dela fazem uma "casta" relativamente fechada sobre si mesma, *e* formas de organização muito mais gerais, que corrigem ou compensam esse isolamento, organizando *com* a classe dominante, numa ordem única e constritiva para todos, todo o conjunto das classes dominadas, até ao mais humilde dos carregadores. É a ordem religiosa, que dá à Igreja um papel determinante no funcionamento do aparelho de Estado feudal.

Que é que caracteriza o aparelho de Estado na época burguesa, neste aspecto? Que é que permite compreender em que sentido, segundo a fórmula de Marx, representa um "aperfeiçoamento" contínuo do aparelho de Estado legado pelas classes dominantes do passado? É justamente, além do formidável alargamento do aparelho de Estado, da multiplicação dos seus órgãos e das suas capacidades de intervenção na vida social, além do aumento do número dos seus empregados especializados, o facto de realizar muito melhor e mais completamente do que as formas anteriores a fusão ou a integração das duas funções de que falo, organização da classe dominante e organização de toda a sociedade. A burguesia, em virtude do seu papel directo, interno, na produção e na circulação das mercadorias, já não precisa absolutamente de se organizar como uma "casta" social fechada. Precisa, pelo contrário, de se organizar como uma classe aberta à circulação dos indivíduos, na qual eles podem entrar e sair no decurso da evolução histórica. Decerto há sempre formas de organização próprias da classe burguesa, formas "corporativas", por exemplo as organizações patronais (como o Conselho Nacional do Patronato Francês), os sindicatos de quadros, os partidos políticos burgueses. Mas já este último tipo de organização funciona muito mais como meio de sujeitar à hegemonia política e ideológica da burguesia massas inteiras de pequeno-burgueses e de trabalhadores, do que como meio de agrupar fracções burguesas entre si duma maneira corporativa. E os próprios partidos políticos burgueses não são mais do que um aspecto do funcionamento do aparelho político da burguesia, com as suas instituições parlamentares, municipais, etc.

Notemo-lo já: esta dupla função simultânea do aparelho de Estado, aperfeiçoado pelo capitalismo, permite compreender porque a luta de classes se dá não só *entre* o aparelho de Estado e as classes exploradas, mas também em parte, *no* próprio aparelho de Estado. O aparelho de Estado é apanhado na luta de classes de que é produto.

Estas observações esquemáticas permitem-nos sobretudo compreender um facto muito importante, no qual Lénine não pára de insistir: o facto de cada grande época histórica, assentando sobre um modo de produção material determinado, comportar tendencialmente *um tipo de Estado*, isto é, uma forma *geral* do Estado igualmente determinada. Uma classe dominante não pode servir-se de qualquer tipo de aparelho de

Estado; é obrigada a organizar-se sob formas historicamente constritivas, que resultam das formas novas da luta das classes em que está apanhada. A organização feudal-eclesiástica é completamente inoperante para organizar o domínio da classe da burguesia. O mesmo se passa, bem entendido, no que respeita à ditadura do proletariado. Se a luta de classe que ela trava é uma luta muito diferente da da burguesia, e mesmo se para isso precisa de *um* aparelho de Estado, não pode utilizar pura e simplesmente, como um instrumento vergável à vontade, o exército permanente, os tribunais profissionais, a polícia secreta e especializada, o parlamentarismo, a administração burocrática que escapa praticamente a todo o controlo popular, a escola segregadora e separada da produção, etc. Para fixar isto numa imagem, digamos que, se o poder de Estado é um instrumento ao serviço do interesse da classe da burguesia, o aparelho de Estado em que se materializa não é um simples instrumento: é uma "máquina" em que a classe dominante é apanhada, a que está duma certa maneira submetida, pelo menos nas suas formas históricas gerais. E essa "máquina" determina as possibilidades de acção política da classe dominante, exactamente da mesma maneira que a necessidade do lucro, da acumulação, da força constritiva da concorrência capitalista determinam as suas possibilidades de acção económica. Não se trata já de fugir a uma mais do que a outra: a "vontade" dos capitalistas, tal como a do povo, nada pode neste caso.

Para o fazer compreender, vamos buscar um exemplo limitado, mas significativo, à actualidade imediata. Há actualmente, na Alemanha Federal, por um lado, e em França, por outro lado, uma questão política dos direitos e dos deveres dos *funcionários*. O governo e a administração alemães, retomando a tradição do Império prussiano e do nazismo, identificam o serviço do Estado com o serviço do governo e da sua política, e expulsam da função pública os opositores, baptizados de "extremistas", "inimigos da Constituição". Ao mesmo tempo, apesar das veleidades de um Poniatowski para imitar este aliciante exemplo, a continuidade das lutas democráticas impõe ainda em França a distinção entre o "serviço do Estado" e o de determinado governo encarregado de fazer a política da grande burguesia dominante. Importante diferença, que não se poderá desprezar, uma vez que assegura aos indivíduos de um lado do Reno direitos e garantias que lhes são suprimidos do outro lado. Mas isto significa apenas que esses indivíduos, como cidadãos privados, podem pensar o que quiserem da política de classe de que são os executantes – e não que possam opor-se-lhe; porque, em França como na Alemanha, caem então não sob a alçada do *Berufsverbot*, mas sob a da "falta profissional", e o resultado é o mesmo. Mas isto não é tudo: que é, com efeito, historicamente, o "serviço do Estado", distinto do serviço deste ou daquele governo particular? Um serviço apolítico, acima ou por baixo da política de classe? De modo algum: *é o serviço de não importa que governo cuja política seja compatível com a manutenção da ordem existente*, a das relações de propriedade e do direito burguês. Preservando-se com relativa independência das mudanças de governo, o corpo dos funcionários do Estado burguês, quaisquer que sejam as ideias que cada um dos seus membros possa ter na cabeça, assegura precisamente o primado do aparelho de Estado sobre o governo. Em vez de a detenção do poder pela burguesia estar exposta às contingências duma eleição, duma moção de censura, ao capricho ou aos erros de apreciação dum presidente da República, pode apoiar-se na base sólida do "sentido do dever" e da "moral profissional" de milhares de funcionários (e bem entendido também, mais prosaicamente, na sua total dependência financeira em relação ao Estado).

Mas fiquemos ainda um instante neste mesmo terreno. Para replicar às provocações do ministro da polícia, que acusa os altos funcionários socialistas de desviar "para fins partidários" as informações de que têm conhecimento no exercício da sua função, isto é, de quebrar o segredo da administração, um dirigente do Partido Socialista crê poder revelar que a classificação dos alunos da Escola Normal de Administração é inflectida em função das suas opiniões políticas. A polémica que se trava então é cheia de interesse: porque se encontra precisamente por trás desta crítica "de esquerda" a ideologia do serviço público independente da política e dos antagonismos de classe que nos apareceu já. Encontramo-la sob esta variante acomodada: como na realidade não existem funcionários apolíticos, é preciso que as diferentes tendências políticas estejam equitativamente representadas na administração, como o estão na nação! Mas como esta ideologia é justamente aquela que professam os altos funcionários e lhes é inculcada na Escola de Administração, a acusação lançada, seja verdadeira ou falsa, vem a ser uma cavalada: levanta geral indignação, inclusive entre os alunos socialistas! A continuação é mais interessante ainda: *L'Humanité* (31 de maio de 1976) quer recolocar o debate no seu verdadeiro terreno: releva "uma certeza: a origem social dos alunos não é à imagem da nação. A parte (quase nula) dos alunos vindos da classe operária sublinha caricaturalmente a que ponto o maior número dos produtores de riquezas está afastado da direcção dos assuntos do Estado". Dois dias depois, um professor de direito socialista desenvolve a mesma argumentação em *Le Monde* (2 de junho de 1976):

> Os criadores da E. N. A. afirmavam querer fazer dela o instrumento da democratização do recrutamento da alta função pública. O revés é total. A E. N. A. recruta os seus alunos numa franja muito estreita da sociedade francesa, a mais privilegiada no plano económico e cultural; como, mais tarde, a realidade do poder económico e político no Estado e fora dele lhes é confiada, a Escola aparece como um dos instrumentos da conservação do poder por aquilo a que devemos chamar a classe dominante. Não se trata aqui duma opinião, mas dum facto que se pode medir. [...] Vê-se melhor, desde logo, quem são os altos funcionários que saem da E. N. A., e adivinha-se o uso que farão do seu poder. [...] Este sistema deu ao Estado funcionários de alta qualidade, [...] mas um recrutamento tão limitado conduz necessariamente a um corte profundo entre a alta administração e a grande massa dos cidadãos.

Citei longamente estes textos porque são exemplares: neles se vê esboçar-se, após a utopia duma administração independente do poder político graças ao contrapeso feito pelos funcionários de opinião diferente, *a utopia da administração ao serviço do povo pela democratização do seu recrutamento*, finalmente refeito à "imagem da nação". E, por contragolpe, pode ver-se nela, se ouso dizê-lo, a ausência da posição revolucionária sobre a administração e o aparelho de Estado: filhos de trabalhadores, ou antigos trabalhadores, que se tornassem funcionários *não seriam mais trabalhadores*, por definição. A "origem de classe" que levariam consigo não mudaria estritamente nada na característica fundamental do aparelho de Estado: a "divisão do trabalho" entre a administração, a gestão dos assuntos públicos, o governo dos homens, e a produção material; *a separação do aparelho de Estado e do trabalho produtivo.* Quando se faz notar que, desde o século XIX, o número dos funcionários se multiplicou, que os funcionários deixaram desde então de constituir uma camada "privilegiada" – supondo que o tenha sido alguma vez, na sua maioria – e representam hoje uma massa de empregados mais ou menos mal pagos pelo Estado, quando daí se tira argumento para afirmar que o aparelho de Estado poderia pender *como tal* para o lado da revolução, "esquece-se" muito simplesmente que esse aumento representa *um formidável alargamento da "divisão do trabalho" estatal.* Esta divisão do trabalho é uma relação social material, feita de instituições, de práticas e de "hábitos" ideológicos (como dizia Lénine): é preciso, para inscrever uma revolução política e social *dos trabalhadores* nos factos, "quebrá-la" por meio de uma luta de classe longa, difícil e obstinada. O problema da revolução proletária não é que os governos e os administradores sejam *recrutados* entre os trabalhadores ou os antigos trabalhadores: é que, tendencialmente, os trabalhadores "governem" e "administrem" eles próprios.

Lénine tira a consequência deste facto quando pergunta: de que tipo de Estado precisa a revolução proletária para se apoderar do poder e conservá-lo? Não é o *tipo do Estado burguês*, de que a república parlamentar representa a forma política mais elevada, mais acabada na história, qualquer que seja a extensão das "reformas" que podem ser encaradas *no interior* deste tipo. Mas é "*um tipo de Estado novo*, cujas formas políticas sejam as da Comuna de Paris, ou dos Sovietes, ou *outras formas* políticas ainda futuras na história" (XXVIII, 246, 255, 264-266, 332, etc.). Lénine não cessou de dizê-lo (particularmente a propósito da famosa questão, cujo papel se viu em Estáline, da Constituição soviética, e da privação do direito de voto para a burguesia); as *instituições particulares* da revolução soviética não são elas próprias um "modelo" de Estado: com efeito, não são mais do que um efeito da tendência geral das revoluções proletárias para engendrar esse novo tipo de Estado. A sua importância – a dos Sovietes – vem de terem *provado* a realidade dessa tendência. Mas todas as revoluções, desde então, mesmo quando foram vencidas por um adversário mais poderoso, mesmo quando não foram mais do que "ensaios gerais", retomaram à sua maneira essa tendência: desde os "conselhos de fábrica" italianos até aos "cordões" operários do Chile e às "comunas populares" chinesas.

O que se trata de "destruir"

A ditadura do proletariado é a destruição do aparelho de Estado burguês, a construção dum aparelho de Estado de tipo novo; mas nem todos os aspectos do aparelho de Estado burguês podem ser destruídos da mesma maneira, pelos mesmos métodos, ao mesmo ritmo.

Sabe-se que Lénine insiste particularmente (após Marx) no facto de o núcleo do aparelho de Estado ser constituído pelo *aparelho repressivo* do Estado, e de por consequência a prioridade das prioridades para toda a revolução socialista consistir justamente em atacar esse aparelho repressivo, utilizando as possibilidades objectivas que oferece a este respeito toda a situação verdadeiramente revolucionária, em que as massas de trabalhadores entram em luta pela conquista do poder, sobre o fundo duma crise grave do capitalismo.

Porquê a insistência de Lénine no aparelho repressivo do Estado, e portanto na sua destruição imediata, ao mesmo tempo condição e primeira consequência da revolução? Por duas razões, que são uma só.

Primeiramente, porque é acima de tudo o aparelho repressivo que materializa e garante, nas conjunturas de luta de classes aberta, aguda, a relação de forças favorável à burguesia sobre a qual assenta o seu poder (absoluto) de Estado e de classe. É já assim de *cada vez* que, mesmo num terreno limitado – greves, manifestações, por exemplo – a luta de classes se torna aberta e aguda. Força deve ter a lei para que força tenha a classe dominante, acima das leis.

Em segundo lugar, porque o aparelho repressivo é tendencialmente o mesmo em todas as formas particulares do Estado burguês, em todos os regimes políticos particulares de que toma forma, quer se trate de regimes "democráticos" republicanos ou "autoritários" ditatoriais, monárquicos, fascistas nos nossos dias. Bem entendido, não se trata de um aspecto "invariante", sem evolução histórica: mas, *numa época dada*, é um aspecto do aparelho de Estado que se desenvolve e reproduz para além das diferenças de regime político. São os exércitos das repúblicas democráticas que participam nos golpes de estado fascistas. E a polícia de Poniatowski, a de Helmut Schmidt ou a do franquismo não têm outros princípios de organização: não depende delas poder ou não pô-los em prática nas mesmas condições, ter a mesma liberdade de acção.

Dizer que o aparelho repressivo é o núcleo do aparelho de Estado burguês, quer dizer: entre regimes "democráticos" e regimes abertamente "ditatoriais", no sentido que a própria "ciência política" burguesa dá a estes termos, há enormes diferenças no que diz respeito ao "peso" relativo da repressão aberta e da hegemonia ideológica, no que diz respeito finalmente às possibilidades deixadas à luta de classe proletária para se desenvolver "livremente" como luta política. Mas há só diferenças insignificantes no que respeita à forma de organização dos aparelhos repressivos de Estado, que são o "último recurso" da classe dominante.[1]

---

1 Que significa este "último recurso" da classe dominante? Ao mesmo tempo o meio a que recorre em última extremidade, em caso de ameaça revolucionária mortal para o Estado de classe burguês, e aquele cuja utilização só pode intervir por derradeiro, quando foi *preparada* por uma luta de classe política conveniente. Quero citar aqui os termos de Dominique Lecourt, no seu comentário do notável filme sobre a Unidade Popular chilena, *La Spirale*: "A burguesia chilena [...] conseguiu forjar a base de massa que lhe faltou gravemente em 1970, [...] por um instante isolada, concebeu e aplicou a sua "linha de massa" para minar as posições conquistadas pelos seus adversários..." (*Le Monde*, 13 de maio de 1976).

Como disse Lénine: "*É dos mais fáceis regressos*, a história provou-o, o da república parlamentar burguesa à monarquia, porque todo o aparelho de opressão, polícia, exército, burocracia, permanece intacto. A Comuna e os Sovietes [...] *quebram* e suprimem este aparelho" (XXIV, 61). A história prova também diante de nós (da Grécia ao Chile passando pela Espanha e por Portugal) que *é dos mais difíceis* o regresso dos regimes totalitários e fascistas à república parlamentar burguesa "normal". Resulta isto de que, *na época do imperialismo*, o agravamento da luta de classes e da ameaça que pesa sobre o poder da burguesia é tal, a acuidade das contradições na luta pela partilha política e económica do mundo é tal, que em todos os países capitalistas se assiste a um novo desenvolvimento da militarização e mais geralmente do aspecto repressivo do aparelho de Estado. Daí que, como dizia ainda Lénine com uma insistência verdadeiramente premonitária: "Quanto mais desenvolvida for a democracia, mais perto está, em caso de divergência política profunda e perigosa para a burguesia, da chacina ou da guerra civil" (XXVIII, 254). E isto não em virtude da "força" ou da "fraqueza" das tradições democráticas dum país: porque as tradições democráticas são sempre fortes nas classes populares, sobretudo no proletariado, e fracas na classe dominante. Mas precisamente em virtude do que confere a sua realidade (e o seu preço) à democracia burguesa: o facto de a democracia burguesa permitir o "livre" desenvolvimento da luta política de classes, a constituição de organizações políticas do proletariado "a céu aberto" que *podem*, quando preservam a sua independência ideológica, conduzir uma propaganda e uma acção de massa para a abolição da exploração capitalista. O que faz a imensa vantagem da república democrática do ponto de vista do proletariado, o que faz do seu estabelecimento ou da sua defesa um objectivo permanente do proletariado, não é, como julga o oportunismo, o facto de que ela conferiria ao aparelho de Estado uma forma utilizável tal qual pela revolução proletária. É unicamente – e é considerável, pode ser historicamente decisivo – o facto de a luta pela democracia política, quando se torna uma luta de classe contra uma classe burguesa reaccionária, permitir ao proletariado organizar-se, educar-se a si mesmo, e arrastar com ele as massas do povo para além desse próprio objectivo.

Que o núcleo do aparelho de Estado seja o aparelho repressivo não significa pois nem que o Estado se reduza a esse aspecto, nem que ele possa funcionar sozinho. Logo, não significa absolutamente que *todos* os aspectos do aparelho de Estado possam ser "destruídos" da mesma maneira, segundo a imagem vulgar e mecânica de um partir em bocados à martelada, de que a burguesia se serve contra o marxismo como de um espantalho. Esta destruição histórica é uma luta sem compromisso, que não deixará finalmente pedra sobre pedra do aparelho de Estado burguês, incompatível com a libertação real dos trabalhadores. Mas a destruição de todo o aparelho de Estado, e a sua substituição por novas formas políticas de organização da vida material e cultural da sociedade, não pode ser *imediatamente acabada*, apenas pode *começar imediatamente*. Não pode ser realizada por um decreto ou por um golpe de força, mas somente pela utilização de todas as contradições políticas da sociedade capitalista, postas ao serviço da ditadura do proletariado.

Lénine apontava-o em 1916, contra as concepções mecanicistas duma parte da "esquerda" social-democrata:

O capitalismo em geral e o imperialismo em particular fazem da democracia uma ilusão, e ao mesmo tempo o capitalismo engendra aspirações democráticas nas massas, cria instituições democráticas, agrava o antagonismo entre o imperialismo negador da democracia e as massas que aspiram à democracia. Não se pode derrubar o capitalismo e o imperialismo por reformas democráticas, por "ideais" que sejam, mas unicamente por uma revolução económica; mas o proletariado é incapaz de realizar a revolução económica se não for educado na luta pela democracia. Não se pode vencer o capitalismo sem tomar conta dos bancos, sem ter suprimido a propriedade privada dos meios de produção arrancados à burguesia, sem fazer intervir toda a massa dos trabalhadores – proletários, semiproletários e pequenos camponeses na organização democrática das suas fileiras, das suas forças, da sua participação no Estado. [...] O despertar e o crescimento do levantamento socialista contra o imperialismo estão indissoluvelmente ligados ao crescimento da resposta e da efervescência democráticas. O socialismo leva à desaparição de todo o Estado, e por consequência de toda a democracia, mas o socialismo só pode ser realizado através da ditadura do proletariado, que associa a violência contra a burguesia, isto é, contra a minoria da população, ao desenvolvimento integral da democracia, isto é, à participação realmente igual e realmente universal de toda a massa da população em todos os assuntos do Estado e em todas as questões complexas da liquidação do capitalismo. [...] Foi nestas "contradições" que

> P. Kievski se meteu, por ter esquecido a doutrina do marxismo sobre a democracia. [...] A solução marxista da questão da democracia consiste na utilização, pelo proletariado que conduz a sua luta de classe, de todas as instituições e aspirações democráticas contra a burguesia, com vista a preparar a vitória do proletariado sobre a burguesia, com vista a derrubá-la. Esta utilização não é coisa fácil. [...] O marxismo ensina que "lutar contra o oportunismo" recusando utilizar as instituições democráticas da sociedade capitalista actual, criadas pela burguesia e desnaturadas por ela, é capitular sem condições perante o oportunismo! (XXIII, 23-25).

Quer-se a confirmação, desta vez na própria véspera da tomada do poder? Releiamos *O Estado e a Revolução*, esse texto pretensamente "utopista" e "anarquista":

> O meio de sair do parlamentarismo não consiste em destruir os organismos representativos e o princípio electivo, mas em transformar esses moinhos de palavras que são os organismos representativos em organismos actuantes (XXV, 457).

E retomando o exemplo da Comuna, precisa:

> Ao parlamentarismo venal, podre até à medula, da sociedade burguesa, a Comuna substitui organismos em que a liberdade de opinião e de discussão não degenere em logro, porque os parlamentares devem trabalhar eles próprios, aplicar eles próprios as suas

> leis, verificar eles próprios os efeitos delas, responder por elas directamente perante os seus eleitores. Os organismos representativos permanecem, mas o parlamentarismo como sistema especial, como divisão do trabalho legislativo e executivo, como situação privilegiada para os deputados, acabou. Não podemos conceber uma democracia, mesmo uma democracia proletária, sem organismos representativos; mas podemos e devemos concebê-la sem parlamentarismo, se a crítica da sociedade burguesa não é para nós uma palavra vã... (XXV, 459).

Igualmente, a propósito da burocracia:

> Não se pode pensar em suprimir logo, por toda a parte e completamente, o funcionalismo. É uma utopia. Mas quebrar logo a velha máquina administrativa para começar sem demora a construir uma máquina nova, permitindo suprimir gradualmente todo o funcionalismo, não é uma utopia; [...] é a tarefa urgente do proletariado revolucionário (XXV, 460).

Fez-se muita ironia fácil, e de lados aparentemente muito opostos, sobre a frase de Lénine de que o objectivo da ditadura do proletariado era chegar a que as cozinheiras dirigissem o Estado. Essa ironia cheira mal, não só por que não tem qualquer vergonha em anexar em proveito da contra-revolução os milhões de vítimas com que o proletariado e o povo soviético pagaram a sua revolução, mas também porque traduz um sólido desprezo pelas cozinheiras. E uma vez que acabo de citar uma passagem de *O Estado e a Revolução* sobre a destruição do funcionalismo, acrescentarei mais esta, escrita alguns meses mais tarde (e que, quanto ao fundo, nada perdeu da sua actualidade).

> Não somos utopistas. Sabemos que o primeiro servente ou a primeira cozinheira que apareçam não são imediatamente capazes de participar na gestão do Estado. [...] Mas o que nos distingue, é que exigimos a ruptura imediata com o preconceito segundo o qual só estariam em condições de gerir o Estado, de cumprir o trabalho corrente, quotidiano, de direcção, os funcionários ricos ou provenientes de famílias ricas. Exigimos que a aprendizagem em matéria de gestão do Estado seja feita pelos operários conscientes e pelos soldados, e que se comece sem demora a fazer participar nessa aprendizagem todos os trabalhadores, todos os cidadãos pobres. [...] O essencial é romper com o preconceito dos intelectuais burgueses, segundo o qual só funcionários especiais, que dependem inteiramente do capital por toda a sua posição social, podem dirigir o Estado... (XXVI, 109-110).

Lénine voltará a este tema ainda em 1920, quando tiver de precisar o que, no desenrolar da revolução russa, tem um alcance universal, tendo em conta as diferenças na história política dos diferentes países europeus. O que é particularmente interessante aqui, é o facto de Lénine, precisamente por que não cede *jamais* uma polegada quanto à necessidade da destruição do aparelho de Estado burguês, rejeitar inteiramente a ideia de que essa destruição pudesse ser feita doutra maneira que não por uma luta de classe prolongada, que se prepara *antes* da revolução, e que atinge toda a sua acuidade *depois*, sob a ditadura do proletariado de que é condição. A ideia "esquerdista" da abolição imediata das instituições burguesas e do surgimento *ex nihilo* de novas instituições "puramente" proletárias, não é somente um mito inoperante na prática, leva a uma inversão mecânica do cretinismo parlamentar que o oportunismo governa: não é exagerado falar também dum cretinismo "antiparlamentar", para o qual determinada *forma* de organização (os Sovietes, os "conselhos", a autogestão, etc.) se torna uma panaceia, cuja "introdução", "aplicação" imediata permitiria passar dum salto do capitalismo para o socialismo, poupando finalmente a luta de classe política. É esta luta complexa, de rodeios impostos pelo próprio radicalismo da sua tendência, que passa agora ao primeiro plano das análises de Lénine. Instaura-se então uma dialéctica notável entre a descoberta das *tarefas* políticas imensas que, após a revolução russa, se impõem à ditadura do proletariado, e a análise das *condições* da tomada do poder nos países europeus de "democracia burguesa".

Não hesitamos em citar longamente estes textos, tão pouco de acordo com a imagem dogmática e simplista do leninismo em que se vive com demasiada frequência.

> A experiência de várias revoluções, senão de todas, atesta quanto é útil, sobretudo em tempo de revolução, combinar a acção das massas fora do parlamento reaccionário com a duma oposição simpática à revolução (ou melhor ainda: apoiando directamente a revolução) no interior desse parlamento [...]; as "esquerdas" em geral raciocinam aqui como

> doutrinárias da revolução, que nunca participaram numa revolução verdadeira, ou que nunca meditaram na história das revoluções, ou que tomam ingenuamente a "negação" subjectiva duma instituição reaccionária pela sua destruição efectiva pelas forças conjugadas de diversos factores objectivos. O meio mais seguro de desacreditar uma nova ideia política e prejudicá-la, é defendê-la levando-a até ao absurdo... (XXXI, 57-58).

E é *neste momento* que Lénine retoma a frase dizendo que, "considerando a situação histórica concreta, extremamente original, de 1917, foi fácil à Rússia *começar* a revolução socialista, ao passo que lhe será mais difícil do que aos países da Europa *continuá-la* e levá-la a seu termo...". Não no quadro duma comparação abstracta entre a Rússia "atrasada", "inculta", e a Europa "adiantada", "desenvolvida", que hoje se poderia ir procurar triunfalmente para aí descobrir a confissão do carácter congenitalmente bárbaro e primitivo do socialismo russo (socialismo de mujiques!), de que a nossa cultura democrática e requintada, graças a Deus, nos preservará (por pouco que conseguíssemos começar...). Mas para mostrar o laço histórico concreto entre as tarefas do proletariado russo tentando materializar o seu poder ao construir uma "democracia proletária" efectiva, e as do proletariado europeu tentando tomar o poder de Estado no quadro da "democracia burguesa". *Um e outro* chocam com a resistência do aparelho de Estado burguês, que não pode desaparecer pelo simples facto de se *querer* "negá-lo", aniquilá-lo, mas apenas por um paciente trabalho revolucionário.

> O proletariado, se quiser vencer a burguesia, tem de formar "homens políticos de classe", bem seus, proletários, e que não sejam inferiores aos da burguesia. O autor da carta (N. B.: trata-se duma carta de operário ao jornal comunista inglês) compreendeu muito bem que só os Sovietes operários, e não o parlamento, podem oferecer ao proletariado o meio de alcançar o objectivo. E aquele que isto não compreendeu ainda, é evidentemente o pior reaccionário. [...] Mas o autor da carta não levanta, nem julga mesmo necessário levantar a questão de saber se se podem levar os Sovietes à vitória sobre o parlamento, sem fazer entrar os políticos "soviécticos" no interior do parlamento, sem desagregar o parlamentarismo por dentro, sem preparar dentro do parlamento o êxito dos Sovietes na tarefa que lhes incumbe de dissolver o parlamento... (XXXI, 76).

É preciso pois saber adaptar sucessivamente, e combinar, *várias* formas de acções, várias tácticas de educação das massas na luta, justamente porque o aparelho de Estado (entre os quais o aparelho político) não é uma simples "organização da classe dominante", mas *também* uma organização do domínio de classe em que estão objectivamente apanhadas as classes exploradas, dominadas, *em* que se desenrola primeiro a sua "tomada de consciência" e a sua luta pelo socialismo. O que elas têm de "destruir" historicamente nao lhes é puramente exterior: é a própria estrutura do seu mundo actual, para dela fazer surgir um mundo novo.

Lénine fala aos revolucionários dos outros países europeus, no momento da constituição dos novos partidos comunistas.

Mas dirige-se *também* aos comunistas russos, fala também das tarefas da ditadura do proletariado, mais difíceis do que tudo o que pudera ser imaginado. Entre ambos, nenhuma muralha da China, para empregar uma· das suas expressões favoritas. O parlamentarismo, contra o qual é preciso lutar para tomar o poder, fazendo mesmo penetrar nele uma "política soviética" que faça rebentar as suas contradições (uma política que se faz mais "nas tabernas tudo o que há de mais povo", nas usinas e nos bairros proletários do que nas próprias bancadas do parlamento!), esse parlamentarismo não é fácil de eliminar: pode *regressar* dentro dos próprios Sovietes.

> Imaginai-vos terrivelmente revolucionários, caros boicotadores e antiparlamentares, mas, na verdade, ganhastes medo diante das dificuldades, relativamente pouco importantes, da luta contra as influências burguesas no movimento operário, quando a vossa vitória, isto é, o derrubamento da burguesia e a conquista do poder político pelo proletariado, suscitará essas mesmas dificuldades numa proporção ainda maior, infinitamente maior. [...] Sob o poder dos Sovietes, insinuar-se-á no vosso partido e no nosso, o partido do proletariado, um número ainda maior de intelectuais burgueses. Insinuar-se-ão nos Sovietes e nos tribunais, e nas administrações, porque não se pode construir o comunismo a não ser com o material humano criado pelo capitalismo: não existe outro. Não se pode nem banir nem destruir os intelectuais burgueses, é preciso vencê-los, transformá-los, refundi-los, reeducá-los, como de resto é preciso reeducar à custa duma luta de longo fôlego, na base

> da ditadura do proletariado, os próprios proletários que, também eles, não se desembaraçam dos seus preconceitos pequeno-burgueses subitamente, por um milagre, sob a injunção da Virgem Santa, sob a injunção duma palavra de ordem, duma resolução, dum decreto, mas somente **à** custa duma luta de massa, longa e difícil, contra as influências das massas pequeno-burguesas. Sob o poder dos Sovietes, estes mesmos problemas que hoje o antiparlamentar rejeita para longe de si com um só gesto da mão, tão orgulhosamente, com tanta altivez, tanta leviandade, tanta puerilidade, renascem no seio dos Sovietes, no seio das administrações soviéticas, entre os "defensores" soviéticos. [...] Entre os engenheiros soviéticos, entre os professores primários soviéticos, entre os operários privilegiados, isto é, os mais qualificados nas melhores condições nas usinas soviéticas, vemos continuamente renascer, todos, absolutamente todos os traços negativos próprios do parlamentarismo burguês; e é só por uma luta repetida, infatigável, longa e pertinaz do espírito de organização e de disciplina do proletariado que triunfamos – pouco a pouco – desse mal... (XXXI, 113-114).

Vários aspectos devem impressionar-nos nestas notáveis formulações de Lénine, que datam de 1920. Têm um carácter essencialmente *descritivo*: Lénine descobre, pela primeira vez, as formas concretas duma questão decisiva para a revolução, de que até então só pudera adquirir um conceito abstracto; precisa de descrever primeiro essas formas, procurar tenteando a tendência que elas representam. Agora podemos dizer: este carácter descritivo – para além do qual Lénine não teve o tempo material de avançar – teve uma gravíssima consequência; permitiu a Estáline apoiar-se na *letra* de certas formulações, ignorando deliberadamente as outras, para pôr em prática aquilo a que se chama pudicamente os "métodos administrativos" de resolução dos problemas políticos da ditadura do proletariado: *a depuração* do partido, das administrações, como método de luta ideológica, depois a combinação do terror policial e dos privilégios de função para garantir a "fidelidade" dos intelectuais de toda a espécie ao poder soviético. Claro que, como o previa Lénine, esses métodos não resolveram o problema histórico levantado aqui, apenas puderam agravá-lo, até ao dia em que, no prosseguimento da política de Estáline, a referência à ditadura do proletariado, isto é, o reconhecimento da *realidade* objectiva do problema, iria por sua vez ser abandonada numa nova tentativa para conjurar e para camuflar esta contradição.

As formulações de Lénine são descritivas, mas podem mesmo assim esclarecer-nos consideravelmente, na medida em que mostram bem que o problema da ressurgência do parlamentarismo e do burocratismo no próprio meio das instituições soviéticas, por outras palavras, o problema da *resistência do aparelho de Estado burguês* à sua destruição revolucionária, não é um problema de *indivíduos*. Não serve de nada insurgir-nos contra os intelectuais burgueses, enviá-los para campos de concentração, substituí-los por operários preservados da contaminação da velha sociedade... É *do interior* do "sistema" que a contradição surge. O problema não é um problema de indivíduos, mas *de massas*, das práticas em que as massas são apanhadas, e que elas devem aprender a conhecer, e dominar, com vista à sua transformação. E por consequência – mas é talvez o conceito que, neste ponto preciso, falta justamente a Lénine para cristalizar a sua análise – o problema é o das *relações sociais* em que as massas são apanhadas, desde os intelectuais e os funcionários até aos próprios operários, relações sociais que *os opõem* uns aos outros e ao mesmo tempo *os associam* pela força ideológica do "hábito". Como não ver hoje que os diferentes aspectos da *divisão do trabalho manual e intelectual*, constantemente reproduzida e aprofundada pelas sociedades de classes, e herdada pelo socialismo ao mesmo tempo que o "material humano" de que fala Lénine, é realmente a base material deste sistema de relações sociais que confere ao aparelho de Estado burguês a sua espantosa capacidade de resistência? E portanto que a luta ("violenta e pacífica, militar e económica, pedagógica e administrativa", como dizia Lénine) contra as formas desta divisão do trabalho, *na produção e fora da produção*, é a chave dessa transformação revolucionária que liberta enfim os trabalhadores da sua inferioridade milenar?

Mas as reflexões de Lénine comportam ainda uma outra consequência, que nos traz à nossa actualidade imediata. Ao abandonar a referência à ditadura do proletariado, quer se queira, quer não, iludem-se os problemas que o exercício real do poder político dos trabalhadores levanta, ou pelo menos dá-se a impressão de que eles se resolverão por si próprios, "sob a injunção da Virgem Santa", que bastará para isso realizar uma boa "democratização" do aparelho de Estado: do exército, da administração, da justiça, da escola, etc. Estabelece-se assim um corte mecânico entre as lutas revolucionárias de hoje e os problemas de amanhã: e por aí mesmo se obscurecem aos olhos dos trabalhadores as condições e os objectivos da sua luta de hoje. Deixa-se acreditar a milhares, a dezenas de milhar de militantes comunistas que os obstáculos com que esbarram todos os dias, na prática, para unir a classe operária, para unir todos os trabalhadores manuais e intelectuais na luta contra a grande burguesia, não são mais do que uma questão de consciência individual, e portanto de *propaganda*. Se cada comunista redobrasse de esforços para convencer cada pessoa à sua volta da superioridade do socialismo sobre o capitalismo, e da dedicação a toda a prova dos comunistas ao ideal da felicidade da humanidade, as massas acabariam por pender para o lado bom e a sua vontade venceria os obstáculos que se opõem a que os benefícios da civilização aproveitem a todos. O pior é que as coisas nunca se passam segundo esta ordem ideal, que as massas não se lançam na luta contra o capitalismo por simples convicção, em troca de promessas ou dum belo sonho de futuro, mas unicamente na experiência que têm da incompatibilidade entre os seus interesses vitais e as relações económicas e políticas sob as quais vivem. Mas, em contrapartida, é precisamente nessa luta que descobrem progressivamente, com a amplidão das suas tarefas históricas, os meios práticos de as preencher. Para além da tomada do poder, abrir-se-ão diante delas as tarefas ainda mais difíceis e decisivas, mas não duma natureza absolutamente diferente. Sustentando contra ventos e marés que um partido revolucionário não pode contentar-se com reconhecer a existência da luta das classes, mas deve "alargar esse reconhecimento até ao reconhecimento da ditadura do proletariado", Marx e Lénine dão a cada comunista o meio de avaliar a importância do seu trabalho quotidiano de organização das lutas de massas; porque esse trabalho não é somente *o meio* técnico de assegurar a tomada do poder pelo partido dos trabalhadores, é também o começo e a experiência duma prática da política dum novo tipo, inédito na história, irredutível ao funcionamento do aparelho de Estado burguês, e sem o qual nenhuma "destruição" deste seria alguma vez possível. Aos comunistas, o conceito marxista da ditadura do proletariado não fornece uma solução, uma via já traçada; fornece somente a posição dum problema inelutável. Mas o problema bem posto ser-lhes-á sempre mais precioso do que dezenas de respostas imaginárias.

O aspecto principal da ditadura do proletariado

Apesar da sua brevidade, estas indicações podem permitir-nos chegar agora ao que vai surgir-nos como o aspecto principal da ditadura do proletariado como novo tipo de Estado, incompatível com a manutenção do antigo aparelho de Estado tal qual. Este aspecto principal, indica-o Lénine o mais claramente possível, e a experiência de todas as revoluções o confirma, não consiste na instalação de tal ou tal tipo de *instituições* no sentido jurídico do termo, que seriam supostas possuir uma validade universal, e sobretudo que poderiam *conservar se não mudadas*, continuar a preencher o seu papel revolucionário ao longo da transição para a sociedade sem classes. Tais instituições são necessárias à ditadura do proletariado, uma vez que esta é ainda um Estado, e conferem-lhe uma "forma política" determinada, que depende das condições históricas do seu estabelecimento e das etapas do seu desenvolvimento. Tal ou tal tipo de instituições (os Sovietes, por exemplo, uma vez que foram generalizados e reconhecidos oficialmente como órgãos do novo Estado revolucionário) podem somente reflectir, por um lado, algumas vezes contraditoriamente, as exigências da ditadura do proletariado durante uma dada fase da revolução, em condições históricas dadas. Mas o que é necessariamente a base política e o aspecto principal de todas essas formas, é o que podemos chamar *a democracia proletária de massas*. Ora, uma tal democracia não se decreta, não se "garante", em suma, não depende principalmente de instituições, por mais livres que sejam: conquista-se em acesa luta à medida que as massas intervêm em pessoa na cena política.

Como este ponto é verdadeiramente o coração da teoria marxista e leninista da ditadura do proletariado (inclusive no que respeita ao seu aspecto repressivo, à sua luta perante a contra-revolução: o "povo em armas"), detenho-me nele ainda um instante.

Em primeiro lugar, lembro, uma vez que é aparentemente necessário, uma vez que esse facto é também "esquecido" por muitos camaradas, com os incitamentos interessados de toda a burguesia, que *nenhuma revolução socialista real pôde ser alguma vez uma revolução "minoritária"*, um golpe de força da minoria. Toda a revolução socialista na história, a começar pela revolução russa, continuando pelas revoluções chinesa, cubana, vietnamita, que fazem época na história da ditadura do proletariado, foi necessariamente uma revolução maioritária, uma revolução feita pelo *movimento das massas* e por *organizações de massas*, armadas e não armadas, geralmente surgidas durante a própria revolução, e transformando-se com ela. Sem isso, nenhuma revolução socialista teria podido e não poderia vencer a força material do aparelho de Estado burguês, a sua força repressiva e a sua força ideológica (o domínio ideológico que exerce sobre as próprias massas). E foi precisamente quando, durante a revolução soviética, antes de mais sob a pressão duma violência inaudita de todas as forças internas e externas do imperialismo coligadas, mas também por causa dos erros dos próprios comunistas russos, o movimento de massas enfraqueceu e se extinguiu, ou foi desviado dos seus objectivos revolucionários, foi quando as organizações de massas foram esvaziadas do seu conteúdo e se tornaram por sua vez instrumentos burocráticos do enquadramento das massas, que as tendências contra-revolucionárias se puderam desenvolver ao nível do Estado.

A experiência da revolução russa permitiu mesmo assim a Lénine mostrá-lo concretamente: a democracia proletária, democracia revolucionária de massas, é infinitamente mais real, infinitamente mais democrática do que qualquer democracia burguesa.

Uma das tolices e das calúnias mais espalhadas entre os adversários do leninismo, desde os teóricos "de direita" e "de esquerda" da social-democracia do seu tempo, é que Lénine teria sempre "subestimado a democracia", o valor e a utilidade das instituições democráticas. Esta tolice, que na verdade é uma falsificação, foi mesmo retomada recentemente, sou obrigado a dizê-lo, pelo nosso camarada Elleinstein, que tentou fazer dela uma das explicações do "fenómeno estaliniano", isto é, do enfraquecimento da democracia proletária na União Soviética. E esta tolice não é infelizmente estranha à ideia constantemente renascente segundo a qual *seria impossível falar de "ditadura da maioria do povo"*, segundo a qual a ideia de ditadura seria sinónima de ditadura duma minoria. É preciso medir o sentido das palavras. Dizer que a ditadura da maioria é impossível, é dizer, queira-se ou não, que o poder de Estado da maioria é impossível, que "a massa *inferior*, a maioria verdadeira" (XXIII, 131) não pode exercer o poder de Estado. É dizer que o poder das massas será sempre *limitado*, e portanto que a revolução proletária é impossível.

A questão da maioria e da minoria não pode ser uma questão formal, para um marxista e um comunista. Quer isto dizer que ela não pode ser independente da pergunta: *quem* constitui a maioria da população? Que classes constituem a maioria e como unificá-las num mesmo movimento de massas? Toda a democracia burguesa assenta *já* no facto de que um governo, qualquer que seja, representa uma maioria, é eleito por uma maioria, em que figuram necessariamente milhões de trabalhadores. Mas isto não significa, evidentemente, em absoluto, que as classes maioritárias na sociedade, as classes de trabalhadores, e em particular o proletariado, detenham e exerçam, pouco que seja, o poder de Estado: pelo contrário, significa que se lhe mantêm submissas. Porque, entre as massas e o Parlamento ou o governo há toda a espessura e a opacidade do aparelho de Estado e dos aparelhos ideológicos de Estado.

Quando Lénine diz que a democracia proletária é *infinitamente* mais real do que qualquer democracia burguesa, seja qual for o progresso e a vantagem que esta represente em relação a formas abertas, brutais, da ditadura da classe burguesa (por exemplo, nos nossos dias, o fascismo), quer dizer que não há entre elas uma simples diferença de grau, a diferença entre uma democracia estreita e limitada e uma democracia larga ou alargada, mas antes uma diferença de natureza: a diferença que separa formas jurídicas democráticas que realizam o poder duma classe minoritária, e *excluindo* por aí mesmo o exercício duma fracção por mais limitada que fosse do poder de Estado pelas massas populares, e uma democracia que realiza o poder da classe maioritária, e *exige* por aí mesmo a intervenção permanente, o papel dirigente das massas populares no Estado.

A este respeito, as lições da revolução russa, reflectidas nas análises de Lénine, levam-nos sempre a *duas grandes questões práticas*, constantemente abertas e reabertas, nunca resolvidas definitivamente, de que depende o desenvolvimento da democracia revolucionária de massa.

a) A primeira questão, como é bem sabido, é a da *aliança entre o proletariado e a pequena burguesia* de intelectuais, de produtores (pequenos agricultores e artífices) e de empregados. Esta aliança só pode ser obtida por uma luta, por um combate para superar as contradições que opõem o proletariado à pequena burguesia, para desligar, durante a própria luta das classes, a pequena burguesia da hegemonia que sobre ela exerce a burguesia capitalista e imperialista, e para chegar à hegemonia do proletariado e da sua vanguarda revolucionária sobre a pequena burguesia. Não se deve esquecer nunca que Lénine é, na tradição marxista do seu tempo, o único teórico, digo bem o único, porque neste ponto de vista separa-se tanto do oportunismo de direita, à Kautsky, como do esquerdismo, e mesmo de autênticos revolucionários como Rosa Luxemburg, *o único teórico que nunca teve uma concepção "obreirista" do proletariado*, isto é, em última análise, uma concepção economicista e mecanicista do poder de Estado da classe operária. Não há ditadura do proletariado se a classe operária não arrastar consigo, para tomar o poder e conservá-lo, não só o campesinato pobre, as camadas pequeno-burguesas cuja proletarização está já adiantada, mas as massas da pequena burguesia, de interesses históricos no entanto contraditórios. Não há ditadura do proletariado se ela não conseguir tecer com as massas sólidos laços políticos, económicos e ideológicos.

Por outras palavras, não há ditadura do proletariado se a revolução proletária não for ao mesmo tempo *uma revolução popular*. Também sobre este ponto, antes de Outubro, Lénine reatava com a autêntica lição de Marx e da Comuna: "O que merece uma atenção particular, é essa observação muito profunda de Marx, de que a destruição da máquina militar e burocrática do Estado é 'a condição primeira de toda a revolução *popular* real'. Esta noção de revolução popular parece surpreendente na boca de Marx", prossegue Lénine; e mostra que isso resulta da maneira mecânica como a maior parte dos marxistas vêem a noção de ditadura do proletariado e de revolução proletária, à espera do instante mítico em que o proletariado, como classe homogénea e revolucionária por natureza, constituiria por si só a grande maioria da sociedade e não teria na sua frente mais do que um punhado de capitalistas exteriores à produção (XXV, 450). Noutro lugar, precisa: "Um dos principais caracteres científicos, políticos, e práticos de toda a verdadeira revolução, é o aumento extraordinariamente rápido, brusco, do número dos pequeno-burgueses que começam a participar activamente, pessoalmente, praticamente, na vida política, na organização do Estado" (XXIV, 53).

A ditadura do proletariado não pode ser o isolamento do proletariado: esta ideia é contraditória nos termos e nos factos – a ditadura do proletariado não pode vencer a contra-revolução, não pode conseguir *desorganizar a base de massa do Estado burguês* se não traduzir a hegemonia do proletariado nas massas do povo, a aliança revolucionária do proletariado, do campesinato e da pequena burguesia. Que esta aliança esteja constantemente ameaçada, que a sua ruptura ponha a revolução em perigo de morte, é um facto que esclarece, como se sabe, muitos aspectos trágicos da história actual do socialismo. Mas, para quem verdadeiramente leu Lénine, e o seguiu nos tenteios e nas reviravoltas da história real cujas próprias contradições manifestam a tendência, as coisas são claras. São muito mais claras em todo o caso do que quando, para resolver a questão das alianças de classes em que, desde 1917, e particularmente entre nós, vieram tropeçar tantas lutas revolucionárias, se julga dever afogar o proletariado numa massa indiferenciada de "trabalhadores" com "interesse no socialismo". Não só o conceito da ditadura do proletariado não exclui a questão das alianças e dos aliados do proletariado no processo revolucionário, como a *põe com urgência*. E mostra a sua natureza *política*, no sentido forte da política de massas, que extravasa por todos os lados do simples quadro das decisões e das garantias constitucionais.

A unidade do proletariado e dos seus aliados não pode emergir espontaneamente dos interesses económicos que têm em comum, e do apelo a esses interesses. "Só a propaganda, só a agitação não bastam. [...] É preciso que as grandes massas de trabalhadores façam a sua própria experiência política" (XXXI, 89). Esta questão é nevrálgica para os partidos comunistas de hoje. Se a emergência das contradições entre a luta revolucionária nos países capitalistas e a defesa dos interesses do aparelho de Estado soviético é a causa negativa da tendência que hoje surge em França para "abandonar" sem outro processo o conceito da ditadura do proletariado, ela não deve fazer-nos esquecer uma outra causa igualmente evidente: a procura duma solução positiva finalmente encontrada para o problema das alianças de classes, da união popular contra o capital imperialista.

É porque essa solução não pôde ser encontrada no momento em que a ditadura do proletariado (tal como se conceberia então geralmente) fazia figura de princípio intangível, apesar dos esforços da Frente Popular e da Resistência, que se julga desimpedir o caminho pelo abandono do conceito. Mas esta solução é ilusória, conduz apenas à autogestão, se leva os comunistas a imaginar que a união popular *existe já*, em potência, na evolução económica e sociológica do capitalismo, e que basta fazê-la aparecer, revelá-la a si mesma por meio de um paciente esforço de explicação e de propaganda. As bases económicas duma aliança de classes revolucionárias existem em todos os países imperialistas, inclusive os mais "desenvolvidos". Mas por tanto tempo que o capitalismo continue a desenvolver-se ali (e o capital imperialista, monopolista, desenvolve-se *mais depressa* ainda do que precedentemente), as bases da hegemonia do grande capital existem também. O processo contraditório que conduz ao isolamento do grande capital, à unidade de classe do proletariado e à sua aliança com o conjunto dos trabalhadores, e até com fracções da burguesia, não está pré-determinado, não é a simples tradução política duma evolução económica. É o alvo duma luta prática entre as forças revolucionárias e as forças contra-revolucionárias em que as forças revolucionárias – proletariado, campesinato e trabalhadores manuais ou intelectuais em curso de proletarização – *devem* utilizar as contradições do inimigo de classe.

> Fazer a guerra para o derrubamento da burguesia, escrevia Lénine em 1920, guerra cem vezes mais difícil, mais longa, mais complicada do que a mais encarniçada das guerras comuns entre Estados, e renunciar de antemão a bordejar, a explorar as oposições de interesses (por momentâneas que sejam) que dividem os nossos inimigos, a fazer acordos e compromissos com aliados eventuais (por temporários, pouco seguros, oscilantes, condicionais que sejam), não será de um ridículo completo? Não será qualquer coisa como renunciar de antemão, na ascensão difícil duma montanha inexplorada e inacessível até esse dia, a caminhar por vezes em ziguezague, a voltar por

> vezes atrás, a renunciar à direcção uma vez escolhida para tentar direcções diferentes? [...] Não se pode triunfar dum adversário mais poderoso senão à custa duma extrema tensão das forças com a condição expressa de utilizar da maneira mais minuciosa, mais atenta, mais circunspecta, mais inteligente, a menor "fenda" entre os inimigos, as menores oposições de interesses entre as burguesias dos diferentes países, entre os diferentes grupos ou categorias da burguesia no interior de cada país, assim como a menor possibilidade de assegurar um aliado numericamente forte, ainda que seja um aliado temporário, oscilante, condicional, pouco sólido e pouco seguro. Quem não compreendeu esta verdade, não compreendeu nada do marxismo, nem em geral do socialismo científico contemporâneo. Quem não provou praticamente, durante um lapso de tempo bastante longo e em situações políticas bastante variadas, que sabe aplicar esta verdade nos factos, não aprendeu ainda a ajudar a classe revolucionária na sua luta para libertar dos exploradores toda a humanidade trabalhadora. E o que acaba de ser dito é também verdadeiro para o período que precede e que segue a conquista do poder político pelo proletariado (XXXI, 66-67).

Direi: é praticando esta política no período que precede e prepara a tomada do poder, que o proletariado pode aprender a resolver o problema o melhor possível no período que *a segue*. Mas é compreendendo porque é ela necessária *mesmo* e sobretudo após a tomada do poder, que podemos compreender a sua necessidade *antes*, se "tomar o poder" não tiver para nós o sentido duma aventura sem continuação. Por isso o conceito da ditadura do proletariado, nas condições históricas próprias de cada país, não é o conceito *apesar do qual* se pode pôr a questão vital das alianças de classes: é o conceito *com a ajuda do qual* se pode pô-la nos seus termos reais, analisar de maneira crítica as suas bases objectivas e a natureza dos obstáculos com que esbarra.

b) Mas, nesta noção de democracia de massa, há uma segunda questão que comanda a precedente sem se confundir completamente com ela: é *a questão das organizações de massa do proletariado*. O que tornara possível a tomada do poder em Outubro, o que permitiria por consequência ao *partido* bolchevique dirigir tacticamente a tomada do poder, era a existência dum movimento de massa sem precedente dos operários, dos camponeses e dos soldados, e era o facto de este movimento ter encontrado na tradição revolucionária russa as formas de organização de que precisava: os "Sovietes". Foi pois o duplo aspecto dialéctico dos Sovietes: *ao mesmo tempo*, contraditoriamente, embrião dum novo Estado, dum novo tipo de aparelho de Estado, e organização directa das massas, distinta de *todo* o Estado, fazendo da actividade política, ao nível das questões mais gerais (a começar pela da guerra e da paz), não assunto de especialistas ou de representantes afastados das massas, mas assunto das próprias massas. Foi por isso que a revolução de Outubro pôde lançar-se à destruição do aparelho de Estado burguês, ao mesmo tempo "por cima" e "por baixo". É por isso que os Sovietes são revolucionários historicamente vindos após a Comuna, e precedendo muitas outras formas, a maior parte das quais ainda futuras.

Como se sabe, esta questão não cessou de pôr-se ao longo da revolução russa, como se põe em qualquer revolução. A natureza dos problemas muda, a "frente" de luta desloca-se, as organizações que desempenharam este papel revolucionário tomam-se incapazes de assumi-lo, inclusive porque tendem, como os próprios Sovietes, a não ter mais do que um papel estatal, administrativo. Ora, na prática, pode-se ver que esta questão tem um alvo para o qual, mostra-o a experiência, nunca será demasiada a atenção que os comunistas prestem: muito simplesmente o "papel dirigente" do partido comunista na ditadura do proletariado. Como proceder para que essa direcção política não leve à identificação do partido e do Estado, mas ao controlo cada vez maior das próprias massas sobre o funcionamento do Estado?

O que caracteriza a posição de Lénine durante este período, contra os desvios "de direita" e "de esquerda", é, por um lado, o facto de nunca ter sustentado a ilusão de que a ditadura do proletariado poderia dispensar, antes de decorrer muito tempo, um aparelho de Estado centralizado, cujas funções de organização da economia devem ser em grande parte assumidas por especialistas, que perpetuam a divisão do trabalho manual e do trabalho intelectual.

Mas ao mesmo tempo, a partir da própria experiência das massas, a partir da análise dos obstáculos que ela encontra, Lénine procurou constantemente o meio de *retirar ao Estado*, mesmo a um Estado de tipo novo, o monopólio da administração, da gestão e do controlo político dos assuntos públicos, para os confiar em parte a organizações de massas populares que, bem entendido, não se confundem com o partido comunista, mas dele se distinguem e o extravasam largamente.

O primeiro aspecto, é o que frequentemente se designa como o "realismo" político implacável de Lénine: nem a mínima concessão sobre a necessidade da concentração do poder de Estado proletário; e não se trata apenas das necessidades "militares" duma guerra civil, porque estas não são mais do que uma das formas da luta de classes aguda que caracteriza toda a revolução.

O segundo aspecto, é o que se chama por vezes o seu "utopismo", ou mesmo o seu "anarquismo", quer para minimizar-lhe o alcance, quer, pelo contrário, para o isolar e explorar segundo as conveniências. Mas o que é preciso ver, é que o realismo de Lénine está na unidade dos dois aspectos: só é um realismo dialéctico, isto é, crítico e revolucionário, porque alia constantemente os dois lados desta contradição, apesar das gigantescas dificuldades práticas.

A partir daí, pode-se dispor de um fio condutor para enfrentar os enigmas da história da revolução soviética. Dou apenas um exemplo rápido: as reviravoltas da posição de Lénine sobre a questão dos *sindicatos*, que foram abundantemente comentadas. No espaço de um ano, do fim de 1919 ao princípio de 1921, Lénine passa da palavra de ordem de "estatização dos sindicatos", isto é, da transformação dos sindicatos em organismos de gestão da economia (em particular da distribuição das forças de trabalho, e da disciplina na produção), integrados no aparelho de Estado, à palavra de ordem de autonomia dos sindicatos em relação ao Estado, porque os sindicatos, no socialismo, devem continuar a representar os interesses dos trabalhadores frente ao Estado, contra o próprio Estado proletário. Sem dúvida – e a isso voltarei – esta reviravolta explica-se pelo revés relativo duma política, pela autocrítica a que leva, e pela passagem à "Nova política económica", na qual um certo "regresso ao capitalismo" implica também que os sindicatos retomem o seu papel reivindicativo. Mas, reparando bem, estas peripécias não são simples "acidentes" do socialismo, e a posição de Lénine cobre uma tendência constante, tanto mais insistente quanto mais esbarra com obstáculos. Fazer dos sindicatos um elemento do aparelho de Estado e mesmo da administração, é tentar utilizar o seu carácter insubstituível de organização directa das massas – adquirido no decurso de decénios de lutas sob o capitalismo – ao mesmo tempo para transmitir e explicar às massas a política do Estado, para as associar realmente ao exercício do poder, para formar pouco a pouco no seu seio "dirigentes" da política e da economia dum tipo histórico novo. Uma palavra resume estas orientações: "os sindicatos são as escolas do comunismo" (e são por isso mesmo, por um lado, o tipo de escola de que o comunismo precisa). Lénine virá um pouco mais tarde a explicar, contra o militarismo de Trostki – mas também, notemo-lo, em plena luta contra o desvio anarco-sindicalista da "oposição operária" –, que "devemos utilizar essas organizações operárias para *defender os operários contra o seu Estado,* e para que os operários defendam o nosso Estado", e que "é preciso saber fazer jogar as medidas do poder de Estado para defender os interesses materiais e morais do proletariado inteiramente unido contra esse poder de Estado" (XXXII, 17). Trata-se então de pôr em movimento contra a "deformação burocrática" a única arma que pode atacá-la na raiz: a iniciativa, a cultura e a organização das massas, o controlo real que elas devem conquistar sobre a política para que esta seja efectivamente *a sua* política. É ainda este objectivo que Lénine perseguirá nos seus últimos esforços para reorganizar a "Inspecção operária e camponesa", formada por representantes imediatos dos trabalhadores, e tentar fazer dela um organismo de controlo permanente da administração. E, acima de tudo, é este objectivo que Lénine persegue procurando impedir a transformação tendencial do partido num novo corpo de funcionários do Estado e da ideologia. Porque a "deformação burocrática" não é um simples acidente, não é uma simples herança de tempos muito antigos que teria desaparecido com o capitalismo avançado (temos diante dos nossos olhos o formidável desenvolvimento burocrático a que ele conduz!): é, em graus desiguais e sob formas evolutivas, inerente a todo o Estado, à "divisão do trabalho" que comporta. De facto, é portanto *para* o próprio Estado proletário que passa a contradição.

Uma última palavra sobre a questão da democracia. Se foi bem compreendido em que sentido a democracia revolucionária de massa constitui assim o aspecto principal da ditadura do proletariado, a condição da sua existência, ou antes, do seu desenvolvimento, podemos finalmente levantar duas contradições aparentes.

Em primeiro lugar, o facto de o objectivo da "destruição do aparelho de Estado" parecer um objectivo puramente negativo, quando cobre na realidade um esforço de inovação e de organização sem precedentes na história, porque vem pela primeira vez das próprias grandes massas.

Em seguida, o facto de a ditadura do proletariado, em relação ao aparelho de Estado, não poder ser definida duma maneira simples, como a simples substituição dum aparelho de Estado por outro, mas dever ser definida duma maneira complexa, *ao mesmo tempo* como a constituição dum *novo* aparelho de Estado, e como o começo imediato do longo processo do desaparecimento ou da extinção de *todo* o aparelho de Estado. Este segundo aspecto, como se vê, *comanda* o precedente.

Digamos as coisas doutra maneira. A ideia da "destruição do aparelho de Estado", enquanto for apresentada duma maneira abstracta, apresenta-se difícil, presta-se a todas as interpretações arbitrárias (como a todas as indignações fingidas). Precisamente por causa desta ideia, alguns afirmam que o conceito da "ditadura do proletariado" é "contraditório", e mesmo perigosamente mistificador, jogando em dois tabuleiros ao mesmo tempo, avançando o lado mau sob a máscara do bom: o estatismo sob a máscara do democratismo. É ser incapaz de ver as *contradições reais* de que a ditadura do proletariado é produto, e que o seu conceito permite analisar. Mas é preciso para isso dar dele uma definição concreta, isto é, não dissociar os aspectos. A tradição marxista registou a existência de duas questões: a questão da "destruição" do aparelho de Estado burguês, e a questão da "extinção" ou do "enfraquecimento" de todo o Estado. Enquanto estas questões estiverem artificialmente separadas, são tão escolásticas e insolúveis uma como a outra. E a definição de Marx, retomada por Lénine, segundo a qual o Estado da ditadura do proletariado, aquele que permite ao proletariado "constituir-se em classe dominante", é ao mesmo tempo já um "não-Estado", torna-se um enigma ou – o que é mais grave – uma impostura. Um Estado (um aparelho de Estado) que não esteja logo a "enfraquecer", isto é, a ceder o lugar, através de múltiplas configurações surgidas da experiência, à direcção política das massas, não tem qualquer probabilidade de ser alguma vez um *novo* aparelho de Estado: não será mais do que a ressurgência ou o desenvolvimento do antigo. Mas as condições do enfraquecimento do Estado, através da democracia revolucionária de massa, não têm qualquer probabilidade de cair do céu, *sem* um novo aparelho de Estado, que o processo revolucionário impõe no lugar do precedente. Neste sentido, é a própria noção de um *Estado proletário* que cobre, não uma absurdidade, mas uma realidade contraditória, como é contraditória a situação do proletariado "classe dominante" da sociedade socialista. O proletariado deve virar contra a burguesia uma arma forjada por esta, uma arma de dois gumes. A experiência das revoluções socialistas mostra que é possível. Mostra também que é terrivelmente difícil, sempre mais difícil do que se tinha pensado, que não se excluem nem os erros, nem os desvios, nem os retornos atrás. É uma contradição real, que a história e a prática desenvolvem, acentuam até à sua solução final; uma contradição a que é impossível, senão na utopia, dar uma solução a não ser desenvolvendo-a até ao fim.

Todo o aparelho de Estado remete para o facto de existirem ainda classes, isto é uma luta de classes, relações sociais antagonistas. É apanhado neste antagonismo. Todo o aparelho de Estado é (ainda) burguês, mesmo quando os proletários o voltam contra os capitalistas. O comunismo é o fim do Estado, e não o Estado "de todo o povo", expressão que é um contra-senso para um marxista. Entre o proletariado e a burguesia, há ao mesmo tempo *simetria* (ambos precisam do Estado), e *dissimetria* (o proletariado tende para a destruição de todo o Estado, pratica a luta de classe com vista à destruição das classes). O que faz a ditadura do proletariado é *a tendência* histórica do Estado que ele institui: para o seu enfraquecimento, não para o seu reforçamento.

Lénine explica que a ditadura do proletariado deve levar "a democracia até ao fim" – o que quer dizer: até ao momento em que não há mais Estado, mesmo democrático. Lénine nunca afirma que a democracia proletária é uma democracia "pura", uma democracia absoluta; nunca aceita sustentar a menor *ilusão jurídica*, liberal, a este respeito: recorda sempre, depois de Marx e Engels, que toda a democracia, inclusive a democracia proletária, é uma forma de Estado, assentando no facto de que existem ainda relações de classes, e que por consequência *ela não é a liberdade*. A liberdade é somente o desaparecimento de todo o Estado, por outras palavras, é somente o comunismo, assentando na sua própria base social. Mas o comunismo está já presente, como uma tendência actuante, no seio do socialismo: o socialismo não pode ser construído realmente senão do ponto de vista do comunismo. A revolução proletária é já, logo, *o desenvolvimento de formas sociais comunistas*, em particular na intervenção política e na organização das massas sem as quais não se pode passar do Estado burguês para a democracia proletária. Por outras palavras, a democracia proletária não é a liberdade realizada integralmente pelos trabalhadores, mas é a luta pela libertação, é a libertação realizando-se e vivendo-se concretamente, nessa própria luta.

Vê-se, deste ponto de vista, o que realmente cobre o temor e a negação da ditadura do proletariado. Não a dedicação consequente à democracia, a tentação de a preservar realizando o socialismo por meios democráticos. Mas pelo contrário *o temor da democracia*, o temor *das formas de massa* da democracia que ultrapassam e fazem voar em estilhaços os limites extraordinariamente estreitos no interior dos quais todo o Estado burguês acantona a democracia. Ou talvez o desespero histórico de não os ver nunca desenvolver-se.

O que faz o oportunismo, não o esqueçamos, não é agarrar-se demasiado à democracia, mas sim, ao mesmo tempo que se cobre e abusa da *palavra* democracia (investida na concepção jurídica da democracia), recuar perante o mais democracia que representa a ditadura do proletariado, mesmo quando se trata, pela violência revolucionária das massas, de se defender perante a contra-revolução imperialista. Em última análise, é a retomada do democratismo burguês, *que é um estatismo*, e vê na intervenção e na organização do Estado o meio de ultrapassar os antagonismos sociais.

Pelo menos é assim que, inegavelmente, Lénine não cessou de apresentar as coisas. Que não se venha dizer, depois disto, que ele teria "subestimado" o valor da democracia!

SOCIALISMO E COMUNISMO

Chegamos assim ao terceiro aspecto do conceito da ditadura do proletariado: aquele a que chamei ao princípio a *terceira tese* enunciada por Lénine. Vamos examiná-la por si mesma: mas o que precede permite já compreender a sua importância. Esta terceira tese comanda finalmente a inteligência das duas precedentes. Mostra a sua necessidade e permite compreender o lugar histórico da ditadura do proletariado. Mesmo exposta de maneira esquemática, como temos de contentar-nos com fazer aqui, é mais concreta e mais dialéctica do que as duas primeiras.

Enunciei esta tese sob uma forma muito alusiva: *a ditadura do proletariado é o período de transição do capitalismo para o comunismo*. Neste sentido, a ditadura do proletariado não é a "passagem ao socialismo", nem *a fortiori* uma "via" política particular da passagem ao socialismo: *é o próprio socialismo como período histórico de revoluções ininterrupto e de aprofundamento da luta das classes até ao comunismo.* Portanto, a ditadura do proletariado não pode ser correctamente definida a não ser colocando-nos logo no ponto de vista teórico e prático do comunismo, e não no ponto de vista do socialismo, considerado como um objectivo autónomo.

Bem entendido, importa mostrar que não se trata duma simples questão de palavras, ou de definição. O que conta acima de tudo não é o uso desta ou daquela palavra (ainda que os termos evocados aqui estejam carregados duma significação que, na experiência, nada tem de arbitrária): é o seu conteúdo histórico. Não se trata pois aqui de *baptizar* de "ditadura do proletariado" aquilo a que outros chamam socialismo, pelo prazer de fazer ranger os dentes, mas de mostrar, pelo menos no seu princípio, por que os problemas do socialismo não podem ser postos de maneira revolucionária a não ser em termos de ditadura do proletariado, e utilizar esse reconhecimento como pedra de toque e instrumento para a análise da história real do socialismo.

Não é indiferente a este respeito perguntar-nos primeiro como chegou Lénine a dar a esta tese toda a sua importância de princípio, não de maneira "livresca" – essa palavra com que se julga meter-nos medo –, mas como um guia para a acção prática, cujo reconhecimento se pode tornar uma questão de vida ou de morte. Esta questão mereceria por si só um estudo inteiro, que nos esclareceria sobre as condições históricas do leninismo. Mencionarei apenas dois factos, dois episódios do processo revolucionário, que podem servir de referências, porque são decisivos.

Primeiro facto. É em 1917 que Lénine põe o problema da revolução russa nestes termos, com grande surpresa dos próprios bolcheviques. Fá-lo reconhecendo que a revolução em curso é, apesar da acumulação dos traços excepcionais, das condições paradoxais, uma revolução proletária, *portanto* comunista. Não é uma revolução "puramente" proletária: disse já, após Lénine, que não há revoluções "puras" na história. Mas é uma revolução cujo aspecto proletário é o principal, e o proletariado a força dirigente, porque ataca o sistema imperialista, a "cadeia imperialista" de que a Rússia é um elo. No mundo do imperialismo, não há lugar para outras revoluções. Só o proletariado pode portanto assumir a sua direcção, tomando ele próprio o poder, apesar das dificuldades do empreendimento (Lénine dirá mais tarde: "Sob a influência duma série de factores históricos muito particulares, a Rússia retardatária foi a primeira a dar ao mundo [...] o exemplo dum proletariado cujo papel é infinitamente superior à sua importância numérica na população" (XXXI, 86). Eis porque, em *O Estado e a Revolução* (nada menos que uma "obra de circunstância"!), Lénine lança-se imediatamente a pôr os problemas da revolução proletária, cuja época histórica está agora aberta; são os problemas do *comunismo*, que é urgente tornar a pôr à luz, e em estaleiro.

Detenhamo-nos um instante neste primeiro facto. Ele permitir-nos-á compreender que a questão posta nada tem de especulativo. As biografias de Lénine, as histórias da revolução russa contaram cem vezes o lado anedótico dos episódios que se desenrolaram em abril de 1917, quando Lénine entra na Rússia depois de ter atravessado a Alemanha no seu famoso "vagão selado", e desembarca na estação de Finlândia em Petrogrado, onde o esperam delegações do partido bolchevique e do governo provisório. As palavras que pronuncia vão mergulhar em estupefacção os seus camaradas, eles que viveram a queda do czar, a constituição dos Sovietes e do governo republicano provisório, as novas condições do trabalho político. Contudo, Lénine irá repeti-las sem descanso durante os dias seguintes, perante reuniões dos responsáveis e dos membros do partido. Vai publicar as suas teses, as famosas "Teses de Abril", na *Pravda*: mas a redacção, contudo formada pelos seus melhores companheiros de combate, esclarece, em "chapéu", que Lénine apenas exprime a sua opinião *pessoal*. Durante as discussões, Lénine é interrompido, tratado de louco delirante e de anarquista: ele que será apresentado mais tarde como o fundador, o educador, o único mestre de pensamento do partido, está então sozinho contra todos, isolado no seu próprio partido, em completa contradição aparente com a sua própria linha anterior. Precisará de um mês, enquanto os acontecimentos se precipitam e as massas de camponeses, de operários, de soldados, entram em conflito agudo com o governo "revolucionário" da burguesia (de que fazem parte os socialistas), para impor as suas análises e as suas palavras de ordem e para que se torne possível, quanto às suas "condições subjectivas", a revolução de Outubro.

Em que consistiam essas teses de Lénine, cujo carácter improvável e inesperado recordarei? O próprio Lénine, alguns meses antes, estaria em condições de as formular assim? Assentavam numa análise: a revolução que começa na Rússia, produto da guerra imperialista, é, com todas a suas particularidades, o começo duma revolução proletária mundial. Daí um objectivo, que deve ser imediatamente visado: a tomada do poder de Estado, o começo da ditadura do proletariado. Daí uma nova palavra de ordem: "Todo o poder aos Sovietes", que representam, perante o Estado burguês, o embrião dum Estado proletário. E finalmente uma proposta, no plano da organização: o partido deve deixar de ser e de se chamar um partido *socialista*, "social-democrata", deve intitular-se e tornar-se nos factos um partido *comunista*, primeiro destacamento duma nova Internacional "comunista". Nestas teses revolucionárias que, pela primeira vez depois de Marx, ligavam novamente a questão da ditadura do proletariado à perspectiva concreta do comunismo, havia muito mais do que a simples intenção de se "extremar", nas palavras, dos partidos socialistas oportunistas cuja "falência" histórica fora posta a claro pela guerra imperialista. Tratava-se duma tese de princípio, imediatamente indispensável à prática.

Para o compreender, é preciso voltar muito rapidamente atrás. Porque fala Lénine *tão pouco*, até 1917, da "ditadura do proletariado"? Porque vai ele ao ponto de fabricar, para pensar as tarefas políticas da revolução de 1905, esse conceito em muitos aspectos "híbrido" e monstruoso que é "a ditadura democrática revolucionária do proletariado e do campesinato", colhido em parte nos modelos da Revolução Francesa, que *não é* exactamente a "ditadura do proletariado" (mesmo que a prefigure em certos aspectos) e sobre o qual viverão ainda em 1917 a maior parte dos dirigentes bolcheviques? Contrariamente ao que se poderia pensar (e ao que, posteriormente, a ortodoxia "leninista" deixou crer), não foi porque a social-democracia da época, duma maneira geral, tivesse então ignorado, repelido o termo "ditadura do proletariado". Acusava pelo contrário de defendê-lo à sua maneira contra o revisionismo de Bernstein. Mas foi justamente porque Lénine, durante todo o primeiro período pré-revolucionário, *partilharia certas premissas teóricas da social-democracia*, ao mesmo tempo que *na prática* tirava conclusões diametralmente opostas e entrava em conflito com os seus principais teóricos russos. Por outras palavras, Lénine partilhara a ideia de que um país "atrasado" como a Rússia não estava "maduro" para a revolução socialista, que tinha de passar primeiro por uma fase mais ou menos longa de revolução "burguesa". Por outras palavras ainda, não tinha podido libertar-se explicitamente, radicalmente, da concepção mecanicista e evolucionista segundo a qual, para cada país em particular, é a "maturidade" do desenvolvimento económico e social do capitalismo e só ela que cria as condições do socialismo, que torna a propriedade capitalista dos meios de produção "supérflua" e prejudicial, e que torna assim "inevitável" a revolução política e social que fará dos produtores colectivamente os proprietários dos seus meios de produção. A conclusão impunha-se: a ditadura do proletariado nada tem que ver com o "caso" histórico da Rússia.

Mas eis que, por um lado, esta concepção economicista e evolucionista do socialismo se revelara incapaz ao mesmo tempo de analisar o imperialismo e de lutar realmente contra ele; e por outro lado que as condições objectivas da revolução, sob o efeito mesmo do imperialismo, se encontravam reunidas num país em que, em "teoria", ela nunca poderia acontecer... Desde logo, Lénine não podia renunciar à ideia materialista segundo a qual as condições objectivas duma revolução e duma nova sociedade são engendradas *pelo próprio capitalismo*; mas tinha de renunciar à representação dominante da social-democracia, à sua concepção da "maturação" das condições do socialismo: tinha de compreender que o capitalismo não cria, por uma harmonia pré-estabelecida, as condições duma nova sociedade de tal maneira que baste expulsar os capitalistas por voto ou por golpe de Estado para que ela apareça à luz do dia, já *pronta* no seio do capitalismo. Era preciso compreender que se "socialismo bate a cada porta do capitalismo contemporâneo", é unicamente *sob a forma das suas contradições* tornadas insuperáveis, sob a forma de elementos contraditórios que o socialismo terá de encaminhar, de desenvolver, de completar, de reunir. Desde logo, tornava-se possível pensar que a revolução proletária, se está ligada ao *desenvolvimento geral* do capitalismo no mundo, que levou ao imperialismo, não está ligada mecanicamente, nesta ou naquela das suas fases, aos países capitalistas "avançados", aos pólos de "desenvolvimento" do capitalismo. Porque esses não são necessariamente, numa dada conjuntura, aqueles onde as contradições são mais agudas.

Exumando e rectificando o conceito da ditadura do proletariado, colocando imediatamente este conceito na perspectiva do *comunismo* (portanto das contradições inconciliáveis do capitalismo, que só desaparecerão definitivamente com o próprio desaparecimento das classes) – em vez de pensá-lo somente na perspectiva do socialismo, como produto da maturação espontânea do capitalismo mais avançado – Lénine dava a si mesmo o meio de explicar e dominar a singularidade concreta das condições históricas em que começava a revolução proletária.

É também por isso, se restituirmos a verdadeira história deste problema na teoria marxista, que temos de espantar-nos por ver proclamar hoje que a "ditadura do proletariado" teria sido uma noção adaptada por natureza às condições "retardatárias" da revolução russa (proletariado "minoritário", obrigado a recorrer a meios excepcionais por não representar uma maioria da população, etc.): nada mais contrário aos factos do que esta ideia duma adaptação espontânea, que fecharia o conceito da ditadura do proletariado nos limites duma situação histórica ultrapassada hoje, de que seria o simples reflexo. A verdade é que Lénine, *contra a corrente* de toda a ortodoxia marxista do seu tempo, teve de arrancar o conceito da "ditadura do proletariado" ao contexto do socialismo reformista, e *descobrir* as condições da sua "aplicação" improvável às condições da revolução russa: ao fazê-lo, submetia-o simultaneamente a uma primeira rectificação teórica, cuja medida estamos hoje em situação de ver, fazendo dele a expressão concentrada do *ponto de vista comunista* – e não simplesmente socialista – sobre o processo das lutas de classes históricas. A isto voltarei daqui a pouco.

Mas é preciso mencionar imediatamente, com igual brevidade, o segundo facto que anunciei. Para um marxista, que se esforce por raciocinar como dialéctico, este facto é ainda mais importante do que o anterior: traz por si só a sua confirmação. Quando Lénine extrai a lição provisória de cinco anos de revolução ininterrupta, durante o ano de 1922, tem de ter em conta as suas vitórias (perante a contra-revolução armada), mas também os seus reveses, incluindo aqueles que parecem provir duma aplicação mecanicista da teoria. O simples facto de o poder soviético ter triunfado do conjunto dos seus adversários internos e externos coligados, de se ter mantido apesar do seu isolamento, das devastações da guerra, da fome, é uma imensa vitória histórica: não a vitória dum sistema de governo tecnicamente e militarmente mais eficaz do que outros, mas a vitória duma classe, a prova de que a época das revoluções proletárias está definitivamente aberta. No entanto, o período do "comunismo de guerra" levou também a consequências dramáticas, que vão justamente pôr em perigo a própria existência do poder soviético: o "desaparecimento do proletariado" (porque centenas de milhar de proletários caíram na primeira linha na guerra civil, e também porque uma parte importante do proletariado teve de tomar a seu cargo as tarefas militares, administrativas, as tarefas do controlo da gestão das empresas etc., e *abandonou* a esfera da produção); a ruptura tendencial da aliança entre o proletariado e o campesinato, particularmente sob o efeito da política de requisição das colheitas e dos métodos de constrangimento que tiveram de ser empregados para a impor; finalmente, o "renascimento da burocracia no seio do regime soviético", que ganha todo o seu sentido ameaçador se o pusermos em relação com os dois fenómenos precedentes, e desenha então a perspectiva dum isolamento e duma decomposição do proletariado revolucionário, apanhado na implacável tenaz que constituiriam, "por cima" o velho aparelho de Estado sempre presente, "por baixo" a hostilidade das massas camponesas, da pequena burguesia trabalhadora! *Eis porque Lénine se empenha então e empenha os comunistas nas vias duma profunda autocrítica.* Pelo menos esforça-se por isso, desesperadamente. É certo que esta situação se explica por causas objectivas, que não estava no poder de ninguém suprimir: mas as causas objectivas não produzem efeitos determinados a não ser pela mediação da prática, precipitando o agravamento das contradições internas à prática. Lénine mostra a amplitude do erro que foi cometido quando se julgou poder *passar directamente* do capitalismo existente ao comunismo, subestimando os "prazos", ignorando portanto as etapas de transição e confundindo o comunismo com diferentes formas mais ou menos viáveis do capitalismo de Estado. "É forçoso reconhecer ao mesmo tempo que o nosso ponto de vista sobre o socialismo mudou radicalmente" (*Da cooperação*, 1923, XXXIII, 487).[1]

É preciso ver bem sobre *que ponto preciso* incide a autocrítica de Lénine, e, assim, em que sentido ela se orienta e

1 Sobre todos estes pontos, e sobre outros que abordo alusivamente neste trabalho, é preciso ler as análises de Robert Linhart no seu livro *Lénine, Les Paysans, Taylor* (Le Seuil, Paris, 1976). Linhart tem perfeitamente razão ao sublinhar que "Lénine não cessa de se contradizer", ao contrário de todos os seus contemporâneos e da maior parte dos seus sucessores. Demonstrar que "Lénine não se contradiz" é o "leit motiv" das *Questões do leninismo* de Estáline. O livro de Linhart é um guia precioso para nos ajudar a sair da alternativa entre o velho dogmatismo e o relativismo superficial em que Elleinstein nos quer encerrar. Para qualquer leitor escrupuloso, ridiculariza as equações do tipo: "leninismo = condições espacio-temporais da revolução russa", em que o desprezo do objecto estudado (alguns juízos sem apelo sobre o atraso dos mujiques bebedores de vodka, intemperantes e embrutecidos pelos popes, mais algumas estatísticas) só tem igual na grandiloquência das invocações tautológicas à História.

nos orienta. A autocrítica de Lénine não tem por objecto, de modo algum – contrariamente ao que julgarão certos bolcheviques –, aquilo a que chamámos a necessidade de colocar a revolução socialista sob o primado do comunismo: uma vez que é essa necessidade que dá conta em última análise do começo da revolução socialista mundial no país onde se concentravam, momentaneamente, as suas contradições mais agudas.[2] Apesar de todas as pressões que nunca cessaram de exercer-se sobre ele nesse sentido, Lénine nunca aceitou, naturalmente, pensar que era preciso voltar ao esquema mecanicista da "maturação do socialismo"; que a revolução socialista "deveria", para que tudo se passasse "bem", ter-se realizado *noutro lugar, de outra maneira...* que não onde se tornava realidade, onde efectuava duramente a sua prova da realidade! É por isso que a autocrítica de Lénine, que tem por objecto justamente a necessidade de renunciar às ilusões, de reconhecer contra todo o voluntarismo a natureza dos obstáculos levantados diante da estrada do comunismo, não é um abandono ou um arrependimento subjectivo, mas um formidável passo em frente na objectividade, donde pôde ter saído no seu tempo essa força capaz de transformar o mundo apesar de todos os seus defeitos e de todos os seus erros: o movimento comunista internacional.

É ainda mais nítido se seguirmos a progressão de Lénine na sua autocrítica, e se a estudarmos em função da tendência

---

2 Na primeira fila das quais a contradição entre a nova burguesia imperialista russa e o proletariado que na Europa, e apesar da sua relativa fraqueza numérica, pudera levar mais longe a fusão com a teoria marxista revolucionária: um e outro vindos da decomposição acelerada do velho regime semifeudal, e sobre o fundo da "crise nacional, afectando explorados e exploradores".

segundo a qual *se orienta*. Num primeiro tempo, Lénine viu a Nova Política Económica de trocas mercantis com o campesinato, de "concessões" aos capitalistas estrangeiros e de desenvolvimento das cooperativas, como um "retorno atrás" imposto por condições passageiras de ruína da economia russa, que medidas puramente administrativas não poderiam superar. Mas, num segundo tempo, e cada vez mais, Lénine inflecte, rectifica esta apreciação: mostra que a N. E. P. é na verdade um progresso e, com todos os seus caracteres particulares "russos", uma etapa necessária para o comunismo. Porque as causas dos erros e da ilusão dos bolcheviques são mais profundas e mais gerais do que estas particularidades tomadas isoladamente; as circunstâncias dramáticas da guerra civil serviram-lhes somente de revelador. O que se trata de reconhecer, é o facto de as relações capitalistas de produção não terem na realidade desaparecido sob a forma jurídica "comunista" – na verdade, estatal – que lhes fora imposta, e que a tarefa da sua transformação permanecia intacta. Precisamente, tinham sido reproduzidas sob uma forma nova, imposta pelo Estado, por meio do constrangimento e da ideologia. Eis o que tinha de ser reconhecido e analisado, e eis porque, tomando toda a dimensão das contradições da ditadura do proletariado como transição do capitalismo para o comunismo, toda a medida dos prazos e das etapas que ela comporta, temos de, *mais do que nunca*, colocar-nos do ponto de vista do comunismo, e investi-lo passo a passo na prática. As teses de *O Estado e a Revolução* estão confirmadas: são rectificadas na experiência.

A cada passo desta experiência, Lénine mantém assim e desenvolve a teoria marxista, à custa duma luta interna difícil, inacabada, no partido e na própria teoria. Contra a corrente.

Contra a maneira como o socialismo da II Internacional fizera desviar os seus princípios no sentido do economismo e do estatismo. Contra o que se anunciava já, no próprio seio do partido bolchevique, como a "desforra póstuma da II Internacional", segundo a expressão proposta por Althusser. Contra o evolucionismo, pela dialéctica revolucionária.

Para quem quiser estudar bem, com documentos, as condições em que o conceito da ditadura do proletariado foi formado, depois desenvolvido e rectificado, os adversários que encontrou em cada uma das etapas no próprio seio do movimento operário, os termos em que teve de expor-se tendo em conta essas condições e esses adversários, uma conclusão se impõe com força: o conceito da ditadura do proletariado foi sempre *intempestivo*, como são intempestivas as próprias revoluções, em que o movimento das massas actua onde não se esperava. Ora ultrapassando irresistivelmente, ora decepcionando a expectativa dos que contam com ele e consagram a sua vida a prepará-lo pacientemente, a organizá-lo. Intempestivo como a dialéctica real da história oposta aos esquemas mecânicos da evolução das sociedades, mesmo formulados em boa linguagem marxista. Gramsci, neste sentido, não erraria ("a revolução contra *O Capital*!") ... se precisamente *O Capital* inteiro só se tornasse inteligível com a ditadura do proletariado, de que demonstra a necessidade. Nada é mais revelador, a este respeito, do que a comparação entre a situação em que se encontrava Lénine há cinquenta anos e aquela em que nos encontramos hoje. Então, *em nome* da "ditadura do proletariado", os marxistas mais ortodoxos proclamavam a impossibilidade duma revolução socialista na Rússia, pedindo aos operários, aos camponeses, aos intelectuais, que esperassem que o imperialismo, após os horrores da guerra, lhes assegurasse alguns decénios de desenvolvimento industrial capitalista. Hoje, há comunistas que crêem que esperámos suficientemente e estamos suficientemente avançados no desenvolvimento industrial capitalista para *não ter mais precisão* da ditadura do proletariado, para estar já além da sua necessidade histórica. Conclusões aparentemente inversas. Mas bases teóricas exactamente idênticas. Deixo ao leitor o cuidado de concluir: se é *falso* que a ditadura do proletariado tenha sido, historicamente, o conceito inventado de propósito para passar *mesmo assim* ao socialismo num país capitalista "atrasado", que pode valer a tese apoiada no argumento pseudo-histórico segundo o qual não precisaríamos mais dele para dominar as singularidades e as eventualidades da *nossa* situação revolucionária?

A tendência histórica para a ditadura do proletariado

Acabamos de fazer um rodeio aparente pela história das condições em que se formou o conceito leninista da ditadura do proletariado. Podemos agora regressar ao próprio enunciado da tese que ele implica, quanto às relações do socialismo e do comunismo.

O que ressalta das análises concretas de Lénine, através das suas próprias rectificações, é com efeito isto: a ditadura do proletariado não é uma "palavra de ordem", resumindo esta ou aquela táctica particular, embora comande a escolha de palavras de ordem justas. Não é mesmo uma linha estratégica particular, relativa a tais condições históricas transitórias, embora comande a estratégia e permita compreender a sua transformação.[1] Nem táctica nem estratégia que se tratasse de *aplicar* depois de tê-las inventado, a ditadura do proletariado é em primeiro lugar *uma realidade*, tão objectiva como a própria luta de classes, donde procede. É uma realidade que Lénine procura estudar cientificamente, à medida que ela se manifesta na prática, para poder orientar-se.

Mas que realidade? Não uma realidade como uma mesa ou uma cadeira, que se "toca" e se "vê" duma só vez. Tal como a própria luta de classes, não se pode tratar duma realidade

---

1 Foi *neste sentido* que, quando da discussão preparatória do XXII Congresso, falei da "argumentação tendente a fixar novos objectivos históricos à acção dos comunistas". A resposta de Georges Marchais: "O nosso objectivo não mudou: continua a ser o socialismo", leva-me a torná-lo mais preciso, e conduz-nos assim em linha recta ao problema fundamental: que é o socialismo, do ponto de vista marxista?

imóvel, sempre idêntica. É *a realidade duma tendência histórica*, submetida a incessantes transformações, que é impossível fechar no quadro de determinada forma de governo, de determinado sistema de instituições, mesmo revolucionárias, estabelecido de uma vez para sempre.[2] Uma tendência que não cessará de existir porque encontra obstáculos, porque corrige a sua orientação sob o efeito das condições históricas. Pelo contrário, é precisamente assim que ela existe e se desenvolve.

Para o compreender, e agir em consequência, tem de se recolocar a ditadura do proletariado no conjunto das suas condições, à escala da história das sociedades humanas: é uma tendência *que começa a desenvolver-se no próprio seio do capitalismo*, em luta contra ele. Exactamente da mesma maneira, formalmente, que o capitalismo é primeiro uma tendência histórica que começa a desenvolver-se no seio da sociedade feudal, em luta contra ela, sob diversas formas primeiro fragmentárias, hesitantes. Esta tendência precede portanto de longe as primeiras revoluções socialistas vitoriosas, e é isso que permite já a Marx, depois a Lénine, afirmar que *o comunismo não é um ideal*, não é um simples estádio histórico abstracto *futuro*, objecto duma previsão ou duma profecia, mas uma tendência real inscrita nas contradições actuais da sociedade capitalista, mesmo sob formas fragmentárias e ainda hesitantes, que se reforçam progressivamente.

Sob que forma o comunismo é assim uma tendência real, já presente na própria sociedade capitalista? Pode-se

2 O que é ponto de vista de Estáline na sua definição do "sistema da ditadura do proletariado": para Estáline, a ditadura do proletariado não é mais do que uma hierarquia de instituições, comandada pelo partido, e ligando as massas ao partido por intermédio dum certo número de "correias de transmissão".

responder, esquematicamente, assim: sob duas formas, que não têm primeiro uma relação directa entre si:

— de um lado, sob a forma *da tendência para a socialização da produção* e das forças produtivas. É a própria acumulação capitalista que não pára de acentuar essa tendência, dando-lhe a forma da concentração do capital e do Estado;

— de outro lado, sob a forma *das lutas de classe proletárias*, nas quais se afirma primeiro a autonomia, mais tarde a hegemonia ideológica e política do proletariado. Estas lutas permitem ao proletariado organizar-se em classe revolucionária, em fazer prevalecer a solidariedade sobre a concorrência, as divisões. Não passam – naturalmente! – pelo Estado, mas surgem das próprias condições de vida e de trabalho e tendem ao seu domínio colectivo.

Ao longo do desenvolvimento do capitalismo, estas duas tendências influem constantemente uma sobre a outra, mas mantêm-se bem distintas. Não se fundem, pelo contrário, opõem-se. Para que comecem a fundir-se, é preciso uma revolução proletária efectiva, a tomada do poder de Estado pelo proletariado.

A história mostrou que o capitalismo chegado ao estádio do imperialismo reúne as condições duma tal revolução, duma maneira desigual segundo os países, mas globalmente irreversível (o que não quer dizer que seja assim em cada caso particular). Só então, em condições sociais determinadas, que não podem ser uniformes, em um e depois em vários países, pode começar a época histórica da ditadura do proletariado. E a teoria leninista regista este facto mostrando que a época do imperialismo é também a das revoluções socialistas, isto é, explicando as características desta época, em última análise, pelo *desenvolvimento simultâneo, contraditório, do imperialismo e da ditadura do proletariado*. Uma contradição que se desdobra à escala mundial, mas que se reflecte necessariamente, sob uma extrema variedade de formas, no seio de *cada* formação social, antes e depois da revolução socialista.

Durante o período histórico da ditadura do proletariado, as duas formas opostas sob as quais, de longa data, o comunismo estava tendencialmente presente no desenvolvimento do capitalismo começam a juntar-se. Podemos afirmar, como já o fizera Marx, que estão presentes *desde os começos* da história do capitalismo: isto não significa que estivessem então reunidas as condições para que pudessem juntar-se efectivamente antes de um período muito longo, apesar das tentativas feitas nesse sentido (como a Comuna). Mas é porque está presente desde o princípio que a teoria marxista pôde preparar de tão longe as bases teóricas da revolução. Entra-se efectivamente num novo período quando estas formas primeiramente opostas começam a articular-se, a transformar-se uma à outra, *sob o domínio da segunda*, que representa o elemento directamente proletário. A socialização da produção cessa tendencialmente de tomar a forma capitalista, mas só ao cabo duma longa luta, à medida que progridem a administração directa da sociedade pelos trabalhadores e as formas de trabalho comunista. Esta fusão não poderia portanto efectuar-se imediatamente, sem contradição. A história da ditadura do proletariado é a história do desenvolvimento e da resolução desta contradição.

Mas, se assim é, é preciso dizer que temos de rectificar uma ideia profundamente enraizada em todo o movimento comunista internacional, e que vimos, ao começar, a que ponto pesa na análise dos problemas levantados pela discussão actual.

Essa ideia é a duma contradição simplesmente "externa" entre o socialismo e o imperialismo, a ideia de que o socialismo (ou o "campo socialista") e o imperialismo constituiriam *dois mundos*, não só estranhos e opostos um ao outro, mas sem pontos comuns nem comunicações entre si, além das "relações exteriores" de carácter diplomático, que podem ser, segundo os casos, hostis ou pacíficas. Não é razão, porque a burguesia imperialista da "guerra fria" nunca cessou de apresentar as coisas assim (tendo em contrapartida a tese inversa: estes dois mundos são no fundo o mesmo, duas variantes de "sociedades industriais"), para que tomemos nós sem dano uma ideia tão pouco dialéctica e materialista. O socialismo e o imperialismo não são "dois mundos" estanques um ao outro, como não são um só o mesmo mundo. A representação dos "dois mundos" tem por consequência precipitar os comunistas numa situação insolúvel: o mundo socialista representa "o futuro", o mundo imperialista representa "o passado"; entre este passado e este futuro, não há por definição nenhuma interdependência, nenhuma interacção, apenas o fiozinho ténue dum instante de passagem tanto mais inapreensível quanto é ainda futuro, e contudo aconteceu já. Para daqui sair, seria preciso nada menos que uma boa filosofia idealista da repetição indefinida da história, do "eterno retorno" do mesmo...

Não é de surpreender que, numa tal perspectiva, as *novas revoluções* que aconteçam fora do "campo socialista", e ritmem a crise do imperialismo, a sua decomposição histórica, se tornem propriamente falando impensáveis!

Mas também não é de surpreender que, sempre do mesmo ponto de vista, *a história recente* dos países socialistas surja inexplicável no exacto momento em que somos intimados a explicá-la: quer se trate das contradições sociais que aparecem em tal ou tal país, ou das que marcam as relações entre os diferentes países socialistas. Como, inversamente, escapar à ideia do *retorno* (puro e simples) que as tendências históricas do capitalismo e do imperialismo não representam mais do que um passado inactivo e quase esquecido, cujo regresso se pode proibir com um bom exército nas fronteiras? Como, inversamente, escapar à ideia do *retorno* (puro e simples) ao capitalismo por pouco que, tornando-se as contradições mais agudas, o socialismo "puro", ideal, que se julgava realizado para além das fronteiras do mundo imperialista, não possa subsistir à prova dos factos? Como finalmente justificar a ideia de que se o movimento operário e comunista dos países socialistas influenciou e influencia o dos países capitalistas, a recíproca não é verdadeira, e que os comunistas de todos os países podem assistir só como espectadores passivos à história do socialismo, cuja experiência de cada dia mostra que tem repercussões directas na sua própria luta de classes?

As coisas começam a apresentar-se duma maneira menos irracional – digo bem: começam – se rectificarmos esta representação mecânica, se compreendermos que a contradição entre o socialismo e o imperialismo não é uma contradição "externa", mas uma contradição *interna*, e se tentarmos extrair daí as consequências. É uma contradição interna, primeiro porque é *uma das formas* sob as quais se desenvolve, na época actual, a contradição antagonista do capital e do trabalho assalariado, ou da burguesia e do proletariado. Depois, porque, como sempre, nenhum dos dois termos da contradição pode ficar "puro", exterior ao outro: no desenvolvimento da contradição, cada um influi no outro e o transforma, dando nascimento a situações e a configurações sociais novas. Ninguém contesta que a própria existência do socialismo num número crescente de países influenciou profundamente a história do imperialismo, inclusive ao fornecer-lhe alguns dos meios de desenvolver a tendência para o capitalismo monopolista de Estado. É tempo de reconhecer que o desenvolvimento do imperialismo – que não parou em 1917 – não parou de induzir efeitos políticos e económicos na história dos países socialistas, apoiando-se nas *bases internas* que lhe ofereciam para isso as *relações sociais* contraditórias existentes nos países socialistas.

Mas, para que esta verificação – que não é mais do que a exigência duma análise concreta urgente – não leve, como recearão alguns, a conclusões reaccionárias, à ideia duma *simetria* entre o socialismo e o imperialismo, à ideia duma equivalência entre os dois termos da contradição, ideia de que o imperialismo se serve para desanimar a prática revolucionária, é preciso exactamente colocar todo o conjunto do problema no quadro da tendência geral de que esta contradição releva. É preciso, como notara Lénine, definir o imperialismo como o estádio do capitalismo *a partir* do qual começa imediatamente a história do comunismo, sob a forma cheia de possibilidades e de contradições da ditadura do proletariado.

Que é o socialismo?

O que acabo de apontar duma maneira muito geral pode ser explicado doutra maneira, partindo desta questão simples, mas muito actual: que é o "socialismo"?

Diz-se correntemente que o socialismo é a soma da "propriedade colectiva dos meios de produção" e do "poder político dos trabalhadores". Ora, esta definição é insuficiente. Pior: é errónea, porque, ao abstrair da questão da luta das classes, do lugar que o socialismo ocupa na história da luta das classes e das formas que esta reveste após a revolução socialista, deixa lugar a perigosos equívocos. Não permite distinguir claramente entre o socialismo proletário e um "socialismo" burguês ou pequeno-burguês, que de facto existe no terreno ideológico e político. O erro é ainda mais grave quando se *define* o socialismo por termos como planificação, racionalidade económica, justiça social, "lógica das necessidades", etc.

Digamos primeiro, portanto, o que o socialismo não pode ser, de um ponto de vista marxista: *o socialismo não é uma sociedade sem classes*. E, não sendo uma sociedade sem classes, também não é uma sociedade sem exploração, uma sociedade donde toda a forma de exploração tenha desaparecido. O socialismo não pode ser mais do que uma sociedade donde toda a forma de exploração *está a* desaparecer, à medida que desaparecem as suas bases materiais. Lénine explica-se muito claramente, em 1919, num texto notável, *A economia e a política na época da ditadura do proletariado* (xxx, 103 ss.), cujas formulações poderão ser confrontadas proveitosamente com as de *A doença infantil do comunismo* (1920), depois, entre outras, com as do seu relatório sobre a "N. E. P." ao XI *Congresso do* P. C.(B) R., de 1922 (XXXIII, 267 ss.).

> Em teoria, escreve Lénine, está fora de dúvida que um certo periodo de transição se situa entre o capitalismo e o comunismo. Ele deve forçosamente reunir os traços ou particularidades próprias a estas duas estruturas económicas da sociedade. Este período transitório não pode deixar de ser uma fase de luta entre a agonia do capitalismo e o nascimento do comunismo ou, por outros termos: entre o capitalismo vencido, mas não aniquilado, e o comunismo já nascido, mas ainda muito fraco.

Detenhamo-nos aqui uma primeira vez, para desenvolver estas notáveis formulações de Lénine: essa fase de transição inevitável, que representa toda uma época histórica (mesmo se, em 1919, Lénine e os bolcheviques lhe subestimavam a duração), é *o próprio socialismo*. Isto quer dizer que o socialismo não é uma formação económica e social autónoma, *ainda menos um modo de produção* histórico autónomo. Não há modo de produção socialista como há um modo de produção capitalista, como há um modo de produção comunista, contrariamente ao que pensavam já marxistas mecanicistas como Kautsky ou Plekhanov (que procuravam sempre avaliar-lhe o grau de "maturidade"), e contrariamente ao que pensam novamente hoje um certo número de comunistas. Imaginar um modo de produção socialista autónomo, distinto ao mesmo tempo do modo de produção socialista e do comunismo, é, ou imaginar de maneira utópica que se pode passar imediatamente do capitalismo para a sociedade sem classes, ou imaginar *que podem existir classes sem luta de classes*, existir relações de classes sem antagonismos. E a raiz comum destas utopias é geralmente a confusão entre *as relações de produção*, no sentido marxista do termo, relações dos homens com os meios materiais de produção no trabalho produtivo, com simples relações de propriedade jurídica, ou ainda com relações *de distribuição* dos rendimentos, de distribuição do produto social entre os indivíduos e as classes, reguladas pelo direito.

Precisemos este ponto, porque as questões de terminologia podem desempenhar aqui um papel decisivo. A relação de produção fundamental do modo de produção capitalista, é "a relação imediata do trabalhador aos meios de produção": é a relação de exploração que assenta sobre o trabalho assalariado, a venda e a compra da força de trabalho que é em seguida "consumida" no processo de produção. É a relação social (respeitante a classes, não a indivíduos: e as formas jurídicas que toma têm justamente por fim submeter os indivíduos) que transforma os meios de produção em outros tantos meios de "sugar" a força de trabalho e de lhe fazer render um certo sobretrabalho. Como mostra Marx, esta relação de produção é a *última* relação de exploração possível na história: a partir dela, não se pode nem regressar a antigos modos de exploração – em que o trabalhador conserva uma certa posse dos seus meios de produção e um certo controlo individual sobre a sua utilização –, nem progredir para um "novo" modo de exploração. Porque o capitalismo caracteriza-se precisamente pela separação absoluta do trabalhador e dos meios de produção, que só entram em relação por mediação do proprietário dos meios de produção, e sob o seu controlo. O capitalismo pode durar muito tempo, pode conhecer uma longa série de transformações na forma (jurídica) da propriedade (individual ou colectiva) dos meios de produção. E pode conhecer uma longa série de transformações, apoiadas em outras tantas revoluções tecnológicas, nas formas de organização do processo de trabalho, com as suas consequências sobre a qualificação dos trabalhadores, portanto sobre a sua formação, a sua relação com o mercado do trabalho, etc. Mas todas essas transformações são sempre desenvolvimento histórico *da* relação de produção fundamental: o salariato capitalista. O socialismo não é um novo modo de exploração (alguns podem acreditá-lo). Não é ainda um modo de produção sem exploração nem classes: só pode ser pensado em termos de transição.

Não tem esta ideia precedentes no marxismo? De modo algum. Pelo contrário, faz desde logo corpo com ele. Constitui o fio condutor do trabalho teórico de Marx, desde o *Manifesto* até ao *Capital*, onde encontra as suas bases científicas. Finalmente, é explicitada no texto da *Crítica do Programa de Gotha*, onde Marx desenvolve as primeiras consequências, precisamente para criticar o desvio oportunista da social-democracia: mostra então que o "socialismo" é somente a primeira fase da sociedade comunista, portanto uma transição para o comunismo. Algumas formulações de Marx são, a este respeito, notáveis. Por exemplo, Marx explica que o socialismo é uma "sociedade comunista que não assenta ainda nas suas próprias bases", isto é, para usar a terminologia rigorosa do *Capital*, num modo de produção próprio. Liga a esta ideia o facto de que no socialismo, é ainda "o direito burguês" – podemos dizer o *direito* simplesmente: todo o direito, a partir do capitalismo, é burguês – que regula inevitavelmente a relação dos trabalhadores com os meios e com o produto do seu trabalho. Igualmente notável é o facto de designar a transformação da divisão social do trabalho (particularmente da divisão do trabalho manual e intelectual) como uma das condições da passagem progressiva do socialismo ao comunismo propriamente dito, isto é, à fase superior da sociedade comunista, quando, uma vez acabada a transição, e na proporção do seu acabamento tendencial, assenta "na sua própria base".

O destino histórico destas formulações de Marx é particularmente importante de recordar para compreender a nossa situação actual. Por um lado, foram logo *censuradas* pela social-democracia alemã e pelos seus dirigentes "marxistas", *ao mesmo tempo* que a "rectificação" do *Manifesto comunista*, cuja importância lembrei acima a propósito do aparelho de Estado, e pelas mesmas razões. Tudo isto era muito coerente. Por outro lado, uma vez retomadas e longamente comentadas por Lénine,[1] tornaram-se fórmulas canónicas sempre citadas, mas foram voltadas contra a dialéctica, no quadro da "teoria dos estádios", de que vimos, logo ao princípio deste estudo (cap. I), um exemplo típico em Estáline. Sem dúvida, se nos ativermos às razões teóricas inscritas na letra dos textos, resulta isso do facto de as formulações de Marx serem ainda – e obviamente, pois Marx não tinha qualquer dom de profeta, contrariamente a uma lenda tenaz – formulações muito gerais, abstractas. Por isso deixaram lugar a um equívoco. Deixaram lugar a uma concepção não dialéctica da relação entre o socialismo e o comunismo, em que ela pode aparecer como uma simples sucessão mecânica. Desde que, é certo, sejam lidas muito

---

1 Reproduzo mais adiante, no *Dossier* junto a este estudo, o texto integral do comentário de Lénine (*O Estado e a Revolução*, cap. V).

superficialmente, isto é, retendo acima de tudo "a ideia geral de transição", de passagem ou de etapas, sem preocupação excessiva do *conteúdo* consignado por Marx a cada uma dessas etapas, e portanto do *motor* da transição que as liga. Daí o fetichismo do *número* formal dessas etapas e o retorno a uma ideologia utopista.

De facto, qualquer "marxista" hoje está pronto a admitir que após o "fim" do socialismo, haverá ainda outra coisa: o comunismo, e por consequência, a longo prazo, a longuíssimo prazo, o socialismo não é um fim em si, etc. O facto de Marx, para caracterizar a diferença entre socialismo e comunismo, ter retomado duas velhas palavras de ordem revolucionárias do socialismo utópico, que precisamente põem a tónica na repartição e não na produção ("A cada um segundo o seu trabalho", "A cada um segundo as suas necessidades"), este facto contribuiu paradoxalmente para empurrar as questões do comunismo para uma espécie de idade de ouro, ou de "fim da história" indeterminado. É também utilizado para definir pretensas "leis gerais" do modo de produção socialista e do modo de produção comunista, e para construir nesta base toda uma economia política imaginária desses modos de produção. Nesta leitura de Marx não dialéctica, mas mecanicista e evolucionista, "socialismo" e "comunismo" tornam-se *estádios* sucessivos, começando um só quando o outro está acabado. E é nesta perspectiva que a ditadura do proletariado é redefinida como uma "via de passagem ao socialismo" e se torna pouco a pouco ininteligível. Está na lógica dum tal evolucionismo, incapaz de pensar em termos de tendências e de contradição, multiplicar os "estádios intermédios" para sair das dificuldades teóricas: entre o capitalismo e o comunismo, mas também entre o imperialismo e a passagem ao socialismo, no seio do próprio socialismo, etc. Porquê, aliás, estes "estádios"? Porque não mais, ou menos? Como se distinguem eles, se um e outro representam formas de "sociedade sem classes"? É a quadratura do círculo.

Regressemos então às formulações de Lénine:

> Não só para um marxista, mas para qualquer homem culto que conheça duma maneira ou doutra a teoria do desenvolvimento, a necessidade de toda uma fase histórica que se distinga pelos traços próprios do período de transição, deve ser evidente...

Quais são esses "traços próprios"? Lénine acaba de o dizer; a luta entre capitalismo e comunismo.

> Todavia, todos os raciocínios sobre a passagem ao socialismo que ouvimos enunciar pelos representantes actuais da democracia pequeno-burguesa, [...] se distinguem por um esquecimento total desta verdade evidente. O que é próprio dos democratas pequeno-burgueses é a sua repugnância pela luta das classes, o seu sonho de poder passar sem ela. [...] Eis porque ou se recusam claramente a reconhecer a existência de toda uma fase de transição do capitalismo para o comunismo, ou consideram que a sua tarefa é imaginar planos de reconciliação das duas forças combatentes, em vez de dirigir a luta de uma de entre elas (XXX, 104).

Uma vez que queremos acabar com a luta das classes, não vamos *continuá-la*! Imaginemos planos. Até aqui, a história avançou sempre pelo seu "lado mau", a luta, a violência: agora, vai avançar "pelo lado bom"...

Ao definir a fase de transição como uma fase de luta, de contradição entre os elementos sobreviventes do modo de produção capitalista e os elementos nascentes das relações de produção comunistas, Lénine não nos aponta ainda que formas concretas deve tomar essa luta, que é evidente (sob pena de absurdo) dever transformar-se a si mesma sem cessar no decurso do seu desenrolar. Ele "não imagina planos". Não se entrega a nenhuma profecia quanto à sua duração, à sua maior ou menor facilidade. Mas dá o único fio condutor que permite a um marxista sair deste dilema tão insolúvel como um círculo quadrado: a existência de classes e de relações de classes sem lutas de classes!

Precisamente, Lénine prossegue:

> As classes permanecem e permanecerão na época da ditadura do proletariado. A ditadura tornar-se-á inútil quando as classes tiverem desaparecido. Não desaparecerão sem a ditadura do proletariado. As classes permanecem, mas cada uma delas modificou-se na época da ditadura do proletariado; as suas relações modificaram-se igualmente. A luta de classes não desaparece sob a ditadura do proletariado, reveste simplesmente outras formas (XXX, 111).

Noto de passagem que este "simplesmente" representa na realidade a indicação duma tarefa teórica considerável para os marxistas, vital para os comunistas: a análise das *novas formas de existência das classes* e da luta de classes sob o socialismo, ficando bem entendido que estas novas formas têm sempre as suas raízes nas relações de produção e de exploração *capitalistas*. Não se pode dizer que esta tarefa tenha consideravelmente avançado desde Lénine. Não há nenhuma dúvida de que a este "atraso" não é estranha, uma vez mais, a posição de Estáline, oscilando nos anos 30 entre as duas teses igualmente erradas do agravamento contínuo da luta das classes e do fim da luta das classes sob o socialismo (na U.R.S.S.).

Podemos convencer-nos, ao reler as análises esboçadas por Lénine durante os anos da revolução, de que este problema é realmente aquele que ele procura pôr nos seus termos justos para compreender a natureza dos obstáculos encontrados, e rectificar a linha do partido. Lénine descobre pouco a pouco a temível complexidade deste problema, que não resulta apenas das condições particulares da Rússia (em particular do seu "atraso" económico e cultural), mas em primeiro lugar da própria natureza da revolução socialista, cuja experiência é totalmente inédita. A ele volta a propósito da N. E. P.:

> Falei de competição comunista, não do ponto de vista das simpatias comunistas, mas do desenvolvimento das formas da economia e das formas do sistema social. Não é uma competição, é uma batalha encarniçada, furiosa, senão final, pelo menos próxima da luta final; uma luta de morte entre o capitalismo e o comunismo. [...] É ainda uma forma de luta entre duas classes irredutivelmente hostis. É ainda uma forma de luta entre a burguesia e o proletariado (XXXIII, 293).

Nesta luta "não nos atacam de armas na mão, e todavia a luta contra a sociedade capitalista tornou-se cem vezes mais encarniçada e perigosa, porque nem vemos sempre onde está o inimigo que nos combate, e quem é nosso amigo" (ibid.). *Novas formas* das classes e da luta de classes, em que se não ataca apenas o "poder político" dos capitalistas ("poder político, temos tanto quanto precisamos"!), nem a sua "força económica" ("a força económica de que dispõe o Estado proletário na Rússia é absolutamente suficiente para assegurar a passagem ao comunismo"!), mas as próprias *relações capitalistas,* materializadas na produção mercantil, no aparelho de Estado. Novas formas da luta das classes, nas quais, como escrevia um comunista da província, citado por Lénine, "não basta vencer a burguesia, acabar com ela, isso é apenas metade da tarefa; é preciso ainda fazê-la trabalhar para nós" (XXXIII, 295). Onde a linha de massa da ditadura do proletariado, unidade e combate inseparavelmente misturados, se torna mais necessária ainda, porque aquilo de que se trata é de "construir o comunismo por mãos não comunistas". "Construir a sociedade comunista pelas mãos dos comunistas é uma ideia pueril, como as que o são. Os comunistas são uma gota no oceano popular" (id., 296).

E que acontecerá se os comunistas não conseguirem forjar e depois aplicar esta linha de massa? *"Não são eles que conduzem* [que conduzirão], *são eles que são conduzidos* [que serão conduzidos]". Lénine verifica-o sem complacência, e dá razão à análise justa dos políticos burgueses imigrados, bastante inteligentes para captar a tendência real que faz *um dos lados* da contradição e para dizê-la: "Mas que Estado é que constrói esse poder dos Sovietes? Os bolcheviques podem dizer o que quiserem, na realidade irão parar ao Estado burguês comum, e nós devemos apoiá-los. A história vai por diferentes caminhos", dizem esses emigrados. Tal é "a verdade de classe dum inimigo de classe"!

Então as frases de 1920 ganham todo o seu sentido: "A ditadura é uma grande palavra rude, sangrenta, uma palavra que exprime a luta sem tréguas, a luta de morte de duas classes, de dois mundos, de duas épocas da história universal". Que é o socialismo senão precisamente *dois* mundos no seio do *mesmo* mundo, duas épocas numa só época da história universal? – E Lénine acrescenta: "Não se atiram tais palavras ao ar" (XXX, 367).

Nos dois sentidos da expressão: não se pronunciam palavras levianamente; e também não nos desembaraçaremos da realidade que elas exprimem.

As verdadeiras "questões do leninismo"

Reler hoje estes textos de Lénine, ou talvez lê-los verdadeiramente pela primeira vez, não é só restituir ao leninismo a sua virtude revolucionária, a sua força crítica enterrada sob o peso do dogmatismo. É pôr em evidência a sua posição histórica real. Com Lénine, não estamos diante de uma teoria *completa* do socialismo e da ditadura do proletariado, de um sistema dogmático. Também não estamos diante de um conjunto de simples respostas empíricas às urgências duma situação histórica muito particular. É *porque* Lénine nunca sai da análise concreta do processo revolucionário, que ele pode pôr em evidência progressivamente o alcance geral dos problemas que encontra. A teoria leninista da ditadura do proletariado não é um sistema de respostas dogmáticas ou empiristas (sempre uma o reverso da outra), é um sistema de *questões* postas à realidade contraditória, em função das contradições da realidade, para escapar ao utopismo e ao aventureirismo sob todas as suas formas. E no que a isto toca, vê-se bem agora porque é indispensável aquilo a que chamei a "terceira tese" de Lénine, em que se exprime o ponto de vista do comunismo, único que pode assegurar a coerência e o desenvolvimento do marxismo revolucionário. Muito longe de "fechar" sobre si mesma uma teoria ilusoriamente acabada, ela é o elemento de progressão, de abertura. É uma tese *para* a abertura, para o desenvolvimento e rectificação da análise da ditadura do proletariado, como qualquer coisa que começou, mas que está ainda no seu princípio. Pode-se também compreender, pelo menos em parte, porque *está o repelimento desta terceira tese no coração do desvio estaliniano* que profundamente afectou o conjunto do movimento comunista internacional. É por isso que, na conjuntura actual, no mundo de hoje, que é o mundo das novas formas do imperialismo e das primeiras formas do socialismo, o entendimento correcto e a aplicação criadora das teses marxistas sobre o Estado e sobre a ditadura do proletariado dependem, há que reconhecê-lo e dizê-lo, do reconhecimento e do aprofundamento da terceira tese, enunciada por Lénine; não há socialismo a não ser do ponto de vista do comunismo, como uma fase da sua realização concreta.

Desde logo, inspirar-se nos princípios leninistas, é, como se repete à saciedade desde há decénios, *desenvolver* o leninismo. Mas o que por isso deve entender-se só tem conteúdo real se se tratar, com efeito, de prolongar as questões postas por Lénine, de discutir-lhes a formulação tendo em conta as condições em que surgiram e a orientação prática a que correspondiam, de ir aos problemas que elas implicam. E não aplicar um vago "método" ou justificar a substituição de um conceito por outro com a inovação do "concreto" que, ao que se pretende, criaria os conceitos nas nossas costas, não nos deixando mais do que o trabalho de nos voltarmos para nos maravilhar com a sua presença.

Gostaria, com risco e perigo meu, de mencionar dois dos problemas que surgem a partir das teses precedentes.

a) O primeiro é aquele que surge do facto de o socialismo assentar sempre na produção e na circulação *mercantis* em curso de transformação para uma produção *não mercantil.* Se se puser o problema, como acabo de lembrar a necessidade de fazer-se, em termos de *modo de produção,* há que pensar que a existência de relações mercantis sob o socialismo provoca uma *tendência* permanente para a reconstituição das relações de exploração, e para o desenvolvimento das formas ainda existentes da exploração. Acima de tudo, provém isto de continuar a força de trabalho a ser uma mercadoria, o trabalho um trabalho assalariado (submetido ao "direito burguês"). Os meios de produção não podem deixar de ser mercadorias, mesmo produzidas e distribuídas pelo Estado, por tanto tempo quanto durar o trabalho assalariado. Desde logo, põe-se a questão: é a planificação socialista por si mesma uma organização *não mercantil* da produção? Em que condições históricas nela se torna? Como se sabe, desde a experiência histórica dos planos quinquenais e das "reformas económicas" nos países socialistas, temos agora boas razões para pensar que a planificação, correlativa da propriedade colectiva dos meios de produção, é primeiramente, durante um longo período histórico, uma nova forma (transformada) da produção e da circulação *mercantil*, e não o seu contrário absoluto.

Lénine não "salta por cima do seu tempo", não resolve de modo algum esta questão: mas permite pô-la. Por razões evidentes, ligadas à situação russa dos anos 20, é mais frequentemente por ocasião do problema da *pequena produção* mercantil camponesa que Lénine aborda este problema. As teses gerais, constantemente repetidas, sobre a persistência das classes no socialismo são frequentemente ligadas por ele à persistência da pequena produção campesina, forma maciça, concreta, da produção mercantil que a revolução tinha na sua frente. Sabe-se também que foi esta conexão que permitiu a Estáline afirmar, após a colectivização, o "desaparecimento" dos antagonismos de classes, e ligar a "sobrevivência das categorias mercantis" a simples diferenças jurídicas entre sectores da produção (propriedade cooperativa, propriedade de Estado).

Mas, em várias ocasiões (cf. particularmente as páginas de *A doença infantil do comunismo*, de que já citei uma parte, XXXI, 111-115), Lénine quebra os limites deste ponto de vista. E isso por meio de uma questão notável, precisamente a questão das classes; não é *somente* da pequena produção mercantil que renascem tendencialmente as relações capitalistas, é também dum outro "hábito", aquele que é engendrado *pelas relações ideológicas burguesas no seio do aparelho de Estado e do aparelho produtivo*. Trata-se dos "intelectuais, homens políticos, professores, engenheiros, operários qualificados, etc.", portanto das massas pequeno-burguesas *e* proletárias apanhadas nestas relações, de que são, segundo a expressão de Lénine capazes de fazer estremecer os nossos humanistas, o "material humano". Ou antes, trata-se dessas próprias relações, que fazem corpo com as relações políticas e económicas, e que são reproduzidas por todo o sistema da qualificação, da educação: não se pode aboli-las por decreto.

Estas observações de Lénine sugerem-nos que a questão da produção mercantil, em particular a da forma mercantil da força humana de trabalho, deve ser encarada *ao mesmo tempo* que a das formas da divisão do trabalho, e dos antagonismos que cobre, tal como o socialismo as herdou do capitalismo. Ora, a propriedade colectiva e a planificação, por si mesmas, não mudam nada nessa divisão do trabalho: chocam pelo contrário com as contradições persistentes entre "categorias sociais" diferentes que delas resultam.

Eis porque é perfeitamente mistificador ver o socialismo como uma simples "racionalização" da organização do trabalho social, uma vez eliminados os capitalistas supérfluos (e acompanhada, no plano social, de uma distribuição justa dos produtos do trabalho, no plano político duma liberdade e duma "participação" maiores das massas). Uma tal representação omite o essencial: como processo histórico, o socialismo só pode desenvolver-se por uma profunda transformação progressiva da divisão do trabalho, uma luta política consciente contra a divisão do trabalho manual e intelectual, contra as especializações "parcelares", pelo que Marx chamava o "politecnismo". O socialismo não pode consistir na *associação* permanente, ao serviço do seu interesse "comum", das camadas sociais e das categorias de "trabalhadores" existentes na sociedade capitalista; não pode perpetuar, "garantir" as suas diferenças de função e de estatuto, como se devesse haver sempre engenheiros e operários especializados, professores, juristas e serventes... Não pode ser senão a tendência infatigável para a *transformação* destas divisões, que acabará por suprimir as bases de toda a *concorrência*, no sentido capitalista do termo, entre os trabalhadores, portanto das próprias bases do trabalho assalariado, e por consequência as da produção *mercantil*, planificada ou não. Falei, num capítulo anterior, da constituição do proletariado em classe como de um processo que só pode "acabar" com a constituição do proletariado em classe dominante. Parece-me que se deve adiantar aqui a tese seguinte: o socialismo é um processo durante o qual a condição proletária *se generaliza* ao mesmo tempo que se transforma e tende *a desaparecer*. É, nos dois sentidos do termo, *o acabamento da proletarização*.

b) Mas esta primeira questão introduz uma segunda, mais precisa, a questão da relação entre *o socialismo e o capitalismo de Estado*.

O que é notável aqui, é que se Lénine viu logo no capitalismo de Estado, produto das contradições inultrapassáveis do imperialismo, "a antecâmara do socialismo", foi preciso toda a experiência da revolução para o fazer descobrir as consequências práticas desta relação imediata. O socialismo toma primeiro no terreno económico a forma do capitalismo de Estado, em curso de transformação. Conhece-se a famosa fórmula em *A catástrofe iminente...*:

> O socialismo não é outra coisa que a etapa imediatamente consecutiva ao monopólio capitalista de Estado. Ou ainda: o socialismo não **é** outra coisa que o monopólio capitalista de Estado posto ao serviço do povo inteiro e que, por isso mesmo, deixou de ser um monopólio capitalista (xxv, 389).

Como o mostra bem o contexto, e sobretudo o conjunto das reflexões ulteriores de Lénine sobre este tema,[1] dizer que o monopólio capitalista deixou de ser tal, é dizer que deixou de ser um monopólio de classe da burguesia, não é dizer, bem pelo contrário, que perdeu imediatamente todo o carácter capitalista. Ou, se se quiser, é dizer que não terá perdido todo o carácter capitalista a não ser no momento em que se puder falar realmente de apropriação dos meios de produção pelo povo inteiro, porque o povo inteiro será constituído por trabalhadores produtivos, e porque as formas antagonistas da divisão do trabalho herdadas do capitalismo terão desaparecido. Por outras palavras, porque à medida do processo de

---

1 Cf. a brochura sobre *O imposto em espécie* (1921), que cita, recapitula e rectifica as teses de 1917 e 1918 (xxxii, pp. 354-357 em particular).

"proletarização" da sociedade no seu conjunto, o proletariado como tal terá finalmente desaparecido.

Quando se cita esta fórmula de Lénine, releva-se geralmente *um* aspecto: a ideia de que o desenvolvimento do socialismo tem as suas bases objectivas no próprio capitalismo, sob a forma da socialização (capitalista) das forças produtivas e da produção. Ilude-se muitas vezes a ponta revolucionária desta tese: para as contradições do capitalismo monopolista e monopolista de Estado *não há outra solução possível* que a revolução proletária e o socialismo. Mas sobretudo, geralmente, evita-se extrair dela a consequência dialéctica para o próprio socialismo: evita-se analisar o facto de as contradições desta socialização capitalista, que materializam as condições em que o capitalismo a desenvolve para intensificar a exploração, serem inevitavelmente "herdadas" e transportadas com ela para o socialismo. Não podem desaparecer pelo milagre duma simples primeira tomada do poder.

Bem entendido, as formas do capitalismo de Estado sob o socialismo não podem deixar de ser profundamente contraditórias e inéditas. Lénine disse-o em 1922:

> Requintamos sobre o que deve entender-se por capitalismo de Estado, e consultamos velhos livros. Ora, esses velhos livros falam de coisa muito diferente: tratam do capitalismo de Estado que existe em regime capitalista; mas não há um único livro que examine o capitalismo de Estado em regime comunista. Nem Marx se lembrou de escrever uma só palavra a este respeito…

Este capitalismo de Estado,

> é um capitalismo a tal ponto inesperado, um capitalismo que absolutamente ninguém tinha previsto, [...] **é** um capitalismo tolerado pelo nosso Estado proletário: ora, o Estado somos nós. É preciso estudar, é preciso proceder de maneira que o capitalismo de Estado no Estado proletário não possa e não ouse extravasar do quadro e das condições que lhe foram fixadas pelo proletariado, que são vantajosas para o proletariado (XXXIII, 282, 316-317).

Complexidade das contradições: o capitalismo de Estado é ao mesmo tempo o que pode representar, frente à produção mercantil, a luta geral do socialismo e do capitalismo, e o que o socialismo proletário deve controlar, limitar, enfim reduzir e suprimir. De que ponto de vista é o capitalismo de Estado, *contra* as formas anteriores do capitalismo, o "representante" do socialismo, o portador da tendência revolucionária? De que ponto de vista é, pelo contrário, o adversário principal que "concentra" tendencialmente em si todos os traços fundamentais do capitalismo, contra os quais luta o proletariado? E como se combinam estes dois aspectos, num dado país, numa dada conjuntura?

É tipicamente uma questão que é *impossível* pôr e tratar se não nos colocarmos no ponto de vista teórico *do comunismo,* da luta entre capitalismo e comunismo. Partindo das condições concretas da Rússia ("Ninguém podia prever que o proletariado chegaria ao poder num dos países menos evoluídos, que começaria por tentar organizar em grande escala a produção e a repartição pelos camponeses, e que, depois, não tendo realizado esta tarefa em virtude das condições culturais, faria participar o capitalismo na sua obra"),

Lénine coloca-se cada vez mais nos factos, neste ponto de vista. Com o recuo, vemos bem porquê: o socialismo é a propriedade colectiva dos meios de produção; mas essa propriedade apenas traduz primeiramente a sua *apropriação pelo Estado,* seja qual for a forma jurídica particular que revista. Apropriação pelo Estado quer dizer que, do ponto de vista dos trabalhadores, essa apropriação é ainda formal, não abole por si só a separação do trabalhador (da força de trabalho) e dos meios de produção.

Mas, ao mesmo tempo, produz uma transformação considerável em relação à situação anterior. Suprime a separação característica do capitalismo entre a esfera política e a esfera económica, ou mais exactamente a esfera do trabalho ("económico" é aqui equívoco: a política burguesa e a economia burguesa nunca estiveram separadas!).

Por um lado, transforma os problemas da organização do trabalho e da transformação das relações de trabalho em problemas imediatamente políticos.

Por outro lado, faz imediatamente de todas as formas do movimento de massas, da democracia revolucionária de massa, outros tantos meios de revolucionar o trabalho e as relações de produção. E, simultaneamente, *unifica o problema "político" do enfraquecimento do Estado e o problema "económico" do fim da exploração.* Porque se estes problemas não podem ser resolvidos um *sem* o outro, *podem* ser resolvidos um pelo outro e com o outro.

Neste sentido, retomarei uma expressão que tive já ocasião de empregar, e direi que o socialismo, o período histórico da ditadura do proletariado, se caracteriza necessariamente pelo alargamento sem precedente duma nova forma, duma nova prática da política. E isto, bem entendido, também significa que o socialismo só existe e se desenvolve *na medida em que* existe e se desenvolve essa nova prática (de massa) da política. Por isso, por minha parte, tomarei a liberdade de explicar uma fórmula famosa de Lénine como aquela que diz que "o socialismo é a electrificação mais o poder dos Sovietes", não abstraindo, mas *tendo em conta* a conjuntura em que foi enunciada. Porque o que ela invoca, não é a electrificação (e mais geralmente o desenvolvimento planificado das forças produtivas) *de um lado,* o poder dos Sovietes *do outro,* um ao lado do outro, um na economia, o outro no Estado: mas um dialecticamente unido ao outro, a electrificação e o desenvolvimento planificado *sob forma* do desenvolvimento do poder dos Sovietes e das organizações de massas. E, por consequência, também, o capitalismo de Estado *sob a condição* do desenvolvimento das relações sociais e das formas de organização comunistas.

ALGUMAS PALAVRAS PARA ACABAR

Estas são algumas das questões da ditadura do proletariado. Não as únicas, por certo.

Desde que se efectuou o XXII Congresso do Partido Comunista Francês, os nossos camaradas – e os trabalhadores, os intelectuais revolucionários em torno de nós – tiveram de pôr a si próprios a questão (por não terem podido verdadeiramente fazê-lo *antes):* ao "abandonar" a perspectiva e o conceito da ditadura do proletariado, que é que se *muda* exactamente na teoria marxista que dá ao movimento operário a sua base científica para analisar a realidade e agir sobre ela? A discussão sobre esta questão está aberta.

Se as teses leninistas são justas, e se não se trata duma questão de palavras – no que ninguém, em verdade, acredita já –, a ditadura do proletariado é um conceito que faz corpo com toda a teoria marxista da luta das classes, e não pode ser desligada dela sem que o conjunto se ache posto em causa. A própria ideia do "ultrapassamento" da ditadura do proletariado na história e a estratégia dos partidos comunistas não pode ter qualquer sentido para um marxista. Porque, como vimos, a ditadura do proletariado não é um método particular, um modelo particular ou uma "via de passagem" particular do socialismo. É a tendência histórica que conduz do capitalismo ao comunismo através da transição socialista, nas condições do imperialismo.

Por isso é possível e necessário rectificar e enriquecer o nosso conhecimento da ditadura do proletariado, estudando a história real das revoluções socialistas que se fizeram até ao presente. Mas esse trabalho, indispensável aos comunistas de todos os países, não poderá fazer-se senão na base dos princípios de *análise* descobertos por Marx e Lénine. Não "relativizando" o conceito da ditadura do proletariado, pretendendo encerrá-lo numa época primitiva, longínqua e ultrapassada – essa velha época das guerras imperialistas, das revoluções e das contra-revoluções violentas –, mas desenvolvendo, pela análise concreta, a dialéctica interna das suas contradições. A história real do socialismo que, como disse no começo, obsidia surdamente as nossas discussões – mesmo quando se trata da "democracia socialista", da "coexistência pacífica", do internacionalismo proletário – é ininteligível fora desta dialéctica. *Sem* o conceito da ditadura do proletariado, o que nos surge hoje, o que nos surge amanhã como erros e desvios das revoluções socialistas, não pode aparecer senão como uma soma de acidentes, de desafortunados acasos, de inexplicáveis regressões, ou como uma nova doença infantil de que a nossa maturidade deveria preservar-nos por milagre. A sua vitória, que abre caminho às nossas, como uma sorte imerecida. *Com* o conceito da ditadura do proletariado, podemos analisar e rectificar os erros do passado, podemos pretender reconhecer e corrigir a tempo os do futuro.

Sobretudo, é possível e necessário pôr em evidência, progressivamente, pela experiência e pela sua crítica, as vias da transformação revolucionária nas condições do *nosso* país capitalista. Os princípios da teoria marxista, que comandam as suas teses sobre a ditadura do proletariado, adquirirão aqui, sem dúvida, formas inéditas. É nisso precisamente que são princípios materialistas, e não dogmas, "invariantes" ou quaisquer "noções".

Digamos as coisas doutra maneira: cada um de nós pode convencer-se hoje, abrindo os olhos para o mundo exterior, que vivemos uma gravíssima crise histórica do leninismo, como forma de organização e de unidade do movimento comunista internacional, portanto como forma de fusão da teoria e da prática revolucionárias. Esta crise histórica enfraquece o movimento operário duma maneira dramática, no momento em que o sistema imperialista entra num novo período de crise geral e aguda, que abre possibilidades revolucionárias e exige soluções revolucionárias. Mas esta crise histórica do leninismo significa também, positivamente, que se preparam na prática os elementos duma forma nova de teoria e de prática revolucionárias. A acuidade desta crise é tal que dificilmente se pode imaginar que se resolva por um "retorno" às formas de organização anteriores, às modalidades anteriores do trabalho político e teórico. É preciso, todos o sentimos, reflectir no que serão as formas novas. Todo o esforço, toda a pressão ininterrupta da ideologia burguesa, tende precisamente a explorar esta crise para fazer surgir o leninismo como um gigantesco "erro histórico" do movimento operário, para o liquidar (e com ele o marxismo); em particular, para liquidar a teoria leninista do Estado, portanto a ditadura do proletariado, substituindo-a pela ideologia do socialismo reformista e tecnocrático, e acessoriamente pelo seu subproduto de sempre, o anarquismo.

Parece-me que a amplitude desta ofensiva, conjugada com a das tarefas actuais do proletariado, desenha claramente o dever teórico dos comunistas para com o leninismo: estudá-lo duma maneira crítica e desenvolvê-lo.

Propus algumas munições para o nosso combate, alguns temas de reflexão colectiva e pública. A questão, como vimos, nada tem de curiosidade histórica: diz respeito à nossa actualidade imediata. Nada tem de especulativo: é uma questão prática, como toda a questão real na teoria marxista. Mas não o esqueçamos: esta questão não se põe na tranquilidade dum salão em que estaríamos entre nós para falar dela e onde poderíamos contentar-nos com as razões das nossas preferências e dos nossos desejos. Põe-se no decurso duma confrontação em que cada um dos nossos erros, cada um dos nossos recuos é imediatamente explorado pelo adversário. E esse adversário, o imperialismo, *escolheu já* de longa data *para nós* a posição *que lhe convém*. A sua ditadura de classe, a ditadura da burguesia, não precisa, pelo contrário, de ser chamada pelo seu nome e avaliada na sua força histórica real. Suprimir a ditadura do proletariado é ao mesmo tempo suprimir a ditadura da burguesia… nas palavras. Nada poderia servi-la melhor, nos factos.

Nunca é tarde de mais para tirar daqui a lição.

DOSSIER 1

EXTRACTOS DAS INTERVENÇÕES PREPARATÓRIAS E DOS TRABALHOS DO XXII CONGRESSO DO PARTIDO COMUNISTA FRANCÊS

(janeiro fevereiro de 1976)

A propósito da ditadura do proletariado (extractos)[1]

Embora a questão dos estatutos do Partido não figure na ordem do dia do XXII *Congresso, julgamos interessante publicar a contribuição seguinte, na medida em que foca um problema que tem o seu lugar nesta tribuna.*

Gostaria de trazer a minha contribuição ao debate que se abre largamente no seio do partido com vista à preparação do XXII Congresso, sob a forma duma proposta de nova redacção de certos parágrafos do preâmbulo dos estatutos do Partido Comunista Francês.

No que se refere ao parágrafo 9, proporia uma nova redacção que, evitando recorrer à expressão "ditadura do proletariado", a explicita e adapta melhor às realidades da luta das classes hoje.

Porque evitar "ditadura do proletariado"?

- Porque, noção histórica e fundamental como as que o são, a "ditadura do proletariado" correspondeu melhor a certas circunstâncias da luta das classes, em certas condições históricas, sociais económicas.
- Porque, também, "ditadura" não tem a mesma ressonância, nem o mesmo conteúdo, aliás, antes e depois do aparecimento dos regimes fascistas alemão e italiano, e desde a experiência das ditaduras espanhola, grega, portuguesa, recentemente derrubadas as duas

1 Tribuna de discussão do XXII Congresso, *L'Humanité*, 7 de janeiro de 1976

últimas... sem esquecer as ditaduras da América Latina, em particular do Chile.

- Porque, finalmente, "ditadura" é o oposto da democracia cada vez mais ampla e das liberdades cada vez mais extensas por que lutamos.
- Porque "ditadura do *proletariado*" não é completamente verdade hoje. Era completamente verdade no fim do século XIX e no princípio do século XX. Continua a ser verdade hoje, mas não reflecte toda a realidade de hoje, porque as perspectivas de vitória não assentam já *unicamente* na luta da classe operária e do proletariado rural, mas *essencialmente* na luta da classe operária em *aliança* com as *largas* camadas sociais antimonopolistas, e não só o campesinato proletário, no seio duma larga *união* em torno da classe operária, força decisiva da *união* do povo de França.

Assim, o parágrafo 9 poderia ser redigido da maneira seguinte:

"Este novo poder político, cuja forma pode variar, assegura a democracia mais ampla, em particular para todos os trabalhadores, no plano económico como no plano político. Estará também atento a fazer progredir as liberdades em ligação com as necessidades económicas, sociais e humanas. Este novo poder político dos trabalhadores operará na via que conduzirá progressivamente do governo dos homens à administração das coisas, à sociedade comunista".

Além disto, proponho acrescentar ou completar o parágrafo 11 com a frase que se segue:

"Como classe, a classe operária é a única que pode conduzir ao êxito a luta revolucionária, porque é a força dirigente da luta pela transformação da sociedade".

Georges Haddad
Secretário da célula Pablo Neruda
Epinay-sous-Sénart

Liberdade e socialismo[1]

G. M. – A sua pergunta levanta um problema geral a que devo responder. Para a construção da sociedade socialista há um certo número de princípios que é preciso ter em conta.

Não se faz o socialismo sem a apropriação colectiva dos meios de produção e de troca; sem a direcção do Estado pela classe operária e os seus aliados; sem a planificação democrática; sem a participação dos cidadãos na gestão dos assuntos públicos em todos os nivéis; sem um grande partido comunista e operário.

De Cuba à China e à U. R. S. S., o socialismo oferece já uma grande diversidade através do mundo. Esta diversidade aumentará à medida que outros países acedam ao socialismo.

A sociedade socialista é verdadeiramente superior porque assegura verdadeiramente a libertação do homem, põe fim à sua alienação e permite-lhe dispor da liberdade real.

O texto submetido *à* discusão do P. C. F. para a preparação do Congresso sublinha que a democracia deve ser levada até ao fim.

O socialismo é sinónimo de liberdade.

Esta noção é válida em todos os países, em todas as circunstâncias. Está excluído o recurso *à* repressão ou a medidas administrativas contra a expressão das ideias; não pode haver outra concepção.

Por isso o P. C. F. foi levado a exprimir o seu desacordo com certos comportamentos. Não podemos deixar que se ataquem as liberdades. Estaremos atentos à questão da liberdade e do respeito pela democracia socialista.

---

1 Georges Marchais. Extractos da entrevista dada a "Antenne 2". Segundo *L'Humanité*, 8 de janeiro de 1976.

É neste quadro geral que devem ser interpretadas as nossas tomadas de posição. Há divergências entre nós e o P. C. U. S. sobre a democracia socialista [...].

– É novidade, as vossas condenações dos ataques às liberdades na U. R. S. S.?

G. M. – Para si é novidade, para mim não o é. A questão da liberdade, do respeito pela democracia socialista é para nós uma questão primordial.

Somos hoje tanto mais exigentes quanto é certo terem os êxitos consideráveis da União Soviética, dos países socialistas – e chamo a sua atenção para o facto de 25 milhões de cidadãos soviéticos participarem na gestão dos assuntos públicos –, criado condições novas para levar mais longe, para desenvolver a democracia socialista.

O P. C. U. S. fez a crítica dos crimes, dos dramas, dos erros – o que demonstra também a superioridade do socialismo –, foram feitas correcções necessárias, mas subsistem insuficiências que devem ser corrigidas. Existem condições para que a União Soviética levante ainda mais alto, mais longe a bandeira das liberdades.

G. Marchais é em seguida interrogado sobre o debate preparatório do XXII *Congresso do* P. C. F.

As células reúnem-se, o debate é apaixonado, *diz G. Marchais, que observa:* nenhum partido deste país prepara tão democraticamente o seu Congresso. Entre nós, a discussão é livre e, tomada a decisão, toda a gente a aplica!

Mas, *prossegue G. Marchais,* é sempre difícil ter na tribuna do Congresso o mesmo tom apaixonado que a discussão tem nas nossas células...

... Perante 1.500 delegados, o Congresso tem sempre um aspecto solene. Lanço um apelo aos militantes: é preciso que tenhamos no Congresso o reflexo do magistral debate que temos no Partido neste momento.

Christian Guy interroga depois G. Marchais sobre "a vida democrática para o socialismo".

G. M. – É a passagem ao socialismo sem a guerra civil. Que solução? A LUTA: rejeitamos a guerra civil, mas não pode haver passagem ao socialismo sem uma luta encarniçada sob todas as suas formas, na União do Povo de França, tendo como eixo a União da Esquerda e por meio de consultas eleitorais. A maioria pronunciar-se-á em cada etapa pela via das eleições.

É uma aposta? pergunta-se a G. Marchais.

G. M. – Não, é uma linha política séria: sim ou não obteremos uma congregação popular maioritária para isolar a grande burguesia? Sim, evidentemente!

Depois o secretário-geral do P. C. F. *precisa as* "três alavancas" *necessárias à mudança:*

1. A classe operária, que é aquela que mais interesse tem na mudança. Há 44% de trabalhadores. Têm uma grande experiência de luta, um poderoso Partido Comunista, uma grande central sindical experimentada.
2. A união do povo de França, uma congregação que tem como eixo a união da esquerda.
3. Finalmente, o P. C. F., o partido revolucionário da classe operária.

Eis as três forças, as três alavancas da luta. E em cada etapa o sufrágio universal decidirá!

J.-M. Cavada – Ah, sim, é bastante claro!

Depois Ch. Guy interroga G. Marchais sobre a tribuna de discussão publicada de manhã em L'Humanité e particularmente sobre a opinião expressa segundo a qual o termo "ditadura do proletariado" deve ser suprimido dos estatutos do P. C. F.

Georges Marchais exprime o seu acordo com essa proposta. Diz: "O Congresso decidirá". G. *Marchais prossegue:* – Vou expor a minha opinião...

G. M. – ... Estamos em 1976... O Partido Comunista não está imobilizado. Não é dogmático. Sabe adaptar-se às condições do seu tempo. Ora, hoje, a palavra "ditadura" não corresponde ao que queremos. Tem uma significação insuportável, contrária às nossas aspirações, às nossas teses...

Mesmo a palavra "proletariado" já não convém, porque queremos reunir, com a classe operária, a maioria dos trabalhadores assalariados... Mas isto não significa que abandonemos o objectivo que é nosso: o socialismo com as cores da França ... Porque sem o socialismo não há saída para a crise...

G. Marchais sublinha a necessidade de lutar palmo a palmo por todas as reivindicações imediatas, mas sublinha ainda com veemência: – É preciso transformar a sociedade. É preciso uma sociedade socialista...

Depois a emissão prossegue com um "dossier" realizado em "duplex" com Roma.

"Dez perguntas, dez respostas para convencer"[1]

2. *Ao condenar a ditadura do proletariado, tornou apaixonado o debate preparatório. Será a expressão riscada dos estatutos ou substituída, com risco de o fazer aparecer como revisionista da doutrina marxista-leninista e de ser chamado à ordem?*

– Como sabe, preparamos o nosso Congresso com base num projecto de documento intitulado "O que querem os comunistas para a França".

A "ditadura do proletariado" não figura neste projecto de documento para designar o poder político da França socialista por que lutamos. Não figura porque a "ditadura do proletariado" não cobre a realidade da nossa política e o que propomos hoje ao país.

Estamos em 1976. Vivemos e lutamos numa França, num mundo totalmente diferentes da situação de há meio século ou mesmo um quarto de século. Temos isso em conta. Agir doutra maneira, seria substituir o estudo preciso e vivo duma situação real pela citação ou o exemplo erigidos em dogma. O Partido Comunista Francês foi formado noutra escola.

Pensamos, como claramente diz o nosso projecto de documento, que o poder encarregado de realizar a transformação socialista da sociedade será – exercendo a classe operária o seu papel de vanguarda – representativo do conjunto

---

1 Georges Marchais. Extractos da entrevista dada à emissão de France-Inter: "Dez perguntas, dez respostas para convencer", a 19 de janeiro de 1976. Segundo *L'Humanité*, 20 de janeiro de 1976.

dos trabalhadores manuais e intelectuais, portanto da grande maioria do povo na *França de hoje.*

Esse poder realizará a democratização mais avançada de toda a vida económica, social e política do país, apoiando-se na luta da classe operária e das massas populares.

Finalmente, em cada etapa respeitaremos e faremos respeitar as escolhas do nosso povo, livremente expressas pelo sufrágio universal.

Muito resumidamente, é esta a via democrática e revolucionária que propomos ao nosso povo para caminhar para o socialismo, tendo em conta as condições da nossa época, do nosso país, duma relação de forças profundamente modificada a favor das forças de progresso, de liberdade, de paz.

É evidente que não se pode qualificar de "ditadura do proletariado" o que assim propomos aos trabalhadores, ao nosso povo. Eis porque ela não figura no nosso projecto de documento. Meio milhão de comunistas discutem democraticamente há mais de dois meses. Se os seus representantes a aprovarem – como é provável, tendo em vista as reuniões já efectuadas nas células, secções e federações –, então efectivamente põe-se o problema de proceder à modificação do preâmbulo dos estatutos do Partido. O Congresso terá de decidir quanto ao processo a adoptar.

3. *Sim ou não, sr. Marchais, é guiado na escolha por considerações tácticas e pela atitude doutras forças políticas, por exemplo, os progressos do Partido Socialista?*

– A ideia de que a pressão doutras forças políticas explique que propunhamos uma via democrática para o socialismo, sem ditadura do proletariado, é muito simplesmente absurda.

Direi porquê. Todos os outros partidos políticos estão ou estiveram no governo. Que fizeram eles?

Os partidos de direita, sobretudo com Giscard d'Estaing, exercem o poder de maneira antidemocrática, autoritária, em benefício duma minoria privilegiada.

Quando esteve no governo sem nós, o Partido Socialista e François Mitterrand serviram igualmente os interesses do grande capital. E hoje vemos em certos países, como na Alemanha Ocidental, os partidos social-democratas governarem desferindo múltiplos e graves golpes contra as liberdades, restringindo a democracia.

Em suma, se cedêssemos à pressão doutras forças políticas, mudaríamos no mau sentido; iríamos para o governo para manter o domínio capitalista e limitar a democracia. Ora, é o contrário que nós propomos, como acabo de explicar.

E fazêmo-lo por uma razão muito simples: temos em conta as mudanças que intervêm na realidade nacional e internacional. Em suma, estas mudanças positivas permitem encarar, para caminhar para o socialismo, caminhos menos duros, caminhos diferentes daqueles que seguiram outros povos que já edificaram o socialismo. E isso é tanto mais interessante quanto responde às condições francesas. Portanto, a nossa atitude não é táctica, mas de princípio. Definimos, tendo em conta a situação, o melhor caminho, o caminho mais curto para chegar ao socialismo.

Sobre a ditadura do proletariado (extractos)[1]

Várias intervenções publicadas em *L'Humanité* e em *France Nouvelle* tomaram posição, ora *a favor*, ora *contra* a referência à "ditadura do proletariado" no documento submetido ao Congresso: e mesmo a favor ou contra a presença desta noção nos estatutos do Partido. Interrogado em Antenne 2 (a 7 de janeiro), Georges Marchais declarou-se partidário da rejeição da "ditadura do proletariado", por nenhum dos dois termos corresponder nem à situação actual, nem aos objectivos dos comunistas. Acrescentou: "O Congresso decidirá".

Estamos portanto colocados perante a situação seguinte: o XXII Congresso corre o risco de ratificar oficialmente uma viragem radical em relação aos princípios em que assenta, desde a origem, a acção política e a organização dos partidos comunistas. Citando as teses inequívocas de Marx, Lénine escrevia: "Limitar o marxismo à doutrina da luta das classes, é reduzi-lo ao que é aceitável pela burguesia. Só é marxista quem *alargar* o reconhecimento da luta das classes até ao reconhecimento da *ditadura do proletariado*" *(O Estado e a Revolução).*

1. Uma primeira observação se impõe: uma viragem teórica desta importância não pode ser feita à pressa. Como é possível que o documento preparatório do Congresso, base da discussão actual, a tenha passado em silêncio? São os militantes comunistas incapazes de suportar o choque duma questão claramente posta e de travar uma discussão

1 Étienne Balibar. Tribuna de discussão do XXII Congresso, *L'Humanité*, 22 de janeiro de 1976.

completa sobre os princípios da sua política? Não conviria expor em pormenor, *precisamente na ocasião do Congresso*, o conjunto da argumentação que tende a alicerçar a acção dos comunistas em *novas bases*, a fixar-lhe novos objectivos históricos, excluindo doravante a ditadura do proletariado, para que os comunistas se pronunciem com conhecimento de causa, e não simplesmente segundo o sentimento de repulsa que passou a inspirar a *palavra* "ditadura"?

Na verdade, e é esta a minha segunda observação, é muito de recear, infelizmente, que nós, comunistas – isto é, o partido – sejamos neste momento incapazes de levar a bom termo essa discussão de fundo. Porque não estão reunidas as condições para isso.[2]

---

2 O parágrafo seguinte foi omitido por *L'Humanité*:
[...] Porque não estão reunidas as condições para isso. Mesmo um texto de congresso concebido doutra maneira, concebido não como um "manifesto" para o futuro, mas como uma análise dos problemas politicos com que estão confrontadas a teoria e a táctica actuais do partido, não teria podido criar essas condições de um dia para o outro. Teria sido preciso, com efeito, que, nos anos precedentes, o partido, em todos os nivéis, fixasse a si próprio como tarefa estudar a fundo os problemas da ditadura do proletariado, confrontando-os sistematicamente com as lições da sua experiência quotidiana. Em vez disso, o partido, voluntariamente ou não, fez silêncio sobre esta questão, e deixou assim cavar-se o fosso entre as suas análises, os seus projectos de programa e a teoria política marxista. De maneira que *esta* "ditadura do proletariado", de que hoje pretendem desembaraçar-se como de uma roupa usada, não é mais do que o fantasma, a caricatura do conceito que Marx e Lénine tinham elaborado, de que tinham feito pedra de toque da posição de classe revolucionária e que tinham tentado, não sem dificuldade, fazer compreender e adaptar pelo movimento operário do seu tempo. Os comunistas franceses são convidados a recusar, etc.

[...] Os comunistas franceses são convidados a recusar em condições sumárias, sem o ter analisado cientificamente, um princípio que faz corpo com a tradição marxista, e que não se reduz a palavras. Estamos bem certos de medir bem, desde logo, o sentido objectivo do que vamos pôr no lugar dele?

2. Reproduzi uma citação. Poderia dar mil outras. Citações não provam nada. Reduzido a citações, o marxismo torna-se uma escolástica estéril, uma religião das fórmulas: uma penosa experiência ensinou-lo o bastante, pelas suas consequências. Recordemos no entanto este facto: a "ditadura do proletariado" não é uma *invenção teórica* saída da cabeça dos teóricos marxistas, é uma *descoberta* que eles foram obrigados a fazer e que concentra as lições duma longa prática. E o que esta prática ensinava, particularmente, era a impossibilidade de a classe revolucionária se fechar nas alternativas mistificadoras em que assenta a ideologia jurídica burguesa: "ditadura" em si *ou* "democracia" em si; organização dos trabalhadores em classe dominante, por intermédio do constrangimento de Estado, *ou* luta democrática de massa pela sua emancipação. Ora, são precisamente estas alternativas em que estamos a fechar-nos.

É preciso ver bem o que está em jogo. Se a luta de classe do movimento operário teve de fixar como objectivo a ditadura do proletariado, com todas as dificuldades e mesmo as perigosas contradições que ela comporta, e não "muito simplesmente" a felicidade, a liberdade, a democracia, etc., foi por uma razão material. Foi porque a exploração capitalista arrasta inevitavelmente *a ditadura de classe da burguesia*, e assenta sobre ela, quaisquer que sejam as formas desigualmente violentas e abertamente repressivas dessa ditadura em condições históricas particulares; e foi porque é impossível destruir as bases históricas da ditadura burguesa *sem* empreender imediatamente a destruição do *aparelho de Estado* existente, que não poderia funcionar tal qual "ao serviço dos trabalhadores". Se portanto julgamos poder lutar pela democracia "real", a democracia das massas populares, *sem* passar pela ditadura do proletariado, é porque entendemos *negar a existência da ditadura da burguesia* e é porque negamos o papel do aparelho de Estado como instrumento da exploração. É realmente isso que corresponde à experiência dos trabalhadores, nas lutas da França de hoje?

3. Estamos confrontados com um facto dramático, que, como por fim tivemos de tomar conhecimento, pesa gravemente sobre o movimento de massas. Esse facto é que a história dos países socialistas (ou de certos países socialistas) *desfigurou e desacreditou a "ditadura do proletariado"*. Fez dela o sinónimo duma ditadura *sobre* o proletariado, por identificação do partido e do Estado; *opôs* praticamente ditadura do proletariado e democracia política de massa. Conduziu a crises políticas graves e a cisões profundas do movimento comunista internacional. Mas não basta lamentar-nos perante esta situação, é vão esperar ladeá-la iludindo, depois recusando abertamente a questão da ditadura do proletariado. É preciso pelo contrário *analisar* esta situação. Um fenómeno histórico tem causas históricas. Quais são as causas históricas que *impediram* (para além de todas as questões de "personalidades") os povos dos países socialistas de realizar plenamente a ditadura do proletariado, e a transformaram assim tendencialmente no seu contrário? Quais são as causas históricas que impediram a destruição efectiva do aparelho de Estado burguês, e portanto a solução completa das gigantescas contradições sociais legadas por séculos de opressão de classe? Que forma

revestem *hoje* essas causas, no mundo socialista, e no mundo capitalista, e *como* pode esperar-se combatê-las? Quais são, por consequência, os *enriquecimentos* (incluindo as *rectificações*) que é preciso introduzir na noção de ditadura do proletariado para guiar a acção revolucionária dos comunistas?

4. A ausência destas questões falseia largamente o debate actual no partido. Os seus efeitos fazem-se sentir em cada linha do projecto de documento, produzindo por vezes resultados que causam estupefacção. Darei um só exemplo. O projecto consagra um pequeno parágrafo ao "contexto internacional". Dele ressalta a impressão, por um lado, de que a situação no mundo evolui *uniformemente* em detrimento do imperialismo, em proveito do campo socialista, das lutas de libertação, do movimento operário, etc., e da *unidade* destas forças de progresso; por outro lado, que a França, em virtude do seu "peso no mundo", *tem os meios* de prosseguir a sua transformação social interna *escapando* à intervenção do imperialismo. Ora, os factos desmentem completamente esta visão simples e optimista. Os *únicos* povos que, durante os últimos decénios, conseguiram libertar-se do imperialismo e encetar a marcha para o socialismo, fizeram-no à custa de lutas prolongadas contra a intervenção imperialista: foram Cuba e o Vietname. Evidentemente não se pensa em subestimar o alcance histórico destas vitórias, pois elas mostram que a revolução é *possível* para os povos e para os trabalhadores. E isto *apesar* dos obstáculos que resultam da *desunião* do campo socialista, e da *fragilidade* da aliança entre o socialismo e as lutas de independência nacional (veja-se o Médio Oriente!), com as quais o imperialismo não cessa de jogar com resultado.

Mas que pensar, então, do argumento invocado para prevenir implicitamente esta objecção, o argumento do "peso da França no mundo"? Em palavras claras, só pode significar uma coisa: *porque a França é ela própria um país imperialista*, estaria colocada em condições *mais favoráveis* para neutralizar a intervenção na sua história interna do sistema imperialista mundial (de que faz parte), e mesmo para a ele escapar completamente! Mas este argumento é insustentável: por isso, na verdade, nunca ninguém foi ao ponto de formulá-lo abertamente assim; porque *a inversa* é que é verdadeira: quanto mais um país está situado no coração do sistema imperialista, mais vital é para o imperialismo impedir a sua evolução revolucionária e mais este dispõe de meios económicos, ideológicos, politicos e militares para o fazer. Menos é obrigado a recorrer imediatamente a essa forma extrema que constitui a agressão estrangeira, que acaba por soldar contra si a unidade nacional das forças populares. Já em 1945-1947 o movimento popular pôde ser assim isolado e batido em França. Mas, em 1976, a *dependência* da sociedade francesa em relação ao sistema imperialista mundial não só não se atenuou, como se acentuou consideravelmente.

Que nos ensinam, particularmente, os exemplos do Chile, de Portugal, talvez, neste momento mesmo, da Itália vizinha? Claro que a intervenção do imperialismo não reveste nunca exactamente a mesma forma, tem de adaptar-se às condições concretas. Acrescentemos que o consegue notavelmente, recorrendo aqui ao *putsch* militar, ali às pressões económicas do Mercado Comum, revezadas e guiadas pela acção contra-revolucionária da social-democracia europeia, explorando por toda a parte as fraquezas específicas do movimento das massas. Estes exemplos revelam-nos um dado fundamental, característico da situação actual; *a força* ainda hoje muito grande do imperialismo, *as suas capacidades de iniciativa e de antecipação. Basta,* não importa em que país do mundo capitalista, que *as massas* comecem a intervir *em pessoa* na cena política, mesmo para impor mudanças sociais limitadas, mesmo que não tenham realizado ainda a sua unidade política completa, mesmo que não tenham nenhuma consciência de que o próprio derrubamento do capitalismo é o termo necessário da sua luta, para que o imperialismo intervenha, e mesmo, tomando a dianteira, comece a prever e a organizar a contra-revolução.

Eis porque, quando no nosso país amadurecemos a exigência e as condições duma mudança social real, uma estratégia para lá chegar não pode basear-se na simples contabilidade das camadas sociais que, *hoje*, são lesadas nos seus interesses pela política do grande capital, e que, *em princípio*, deveriam poder unir-se contra ele; não pode basear-se na simples *verificação* de que essas camadas são, no papel, "maioritárias"; não pode contentar-se com adiantar palavras de ordem gerais, e os temas ideológicos universais que, *espontaneamente,* deveriam reunir uma tal maioria. Precisa também de *prever* as modalidades de intervenção do imperialismo, que têm que ver com a sua própria existência; precisa de tomar em conta na análise as contradições do campo popular com que o imperialismo pode jogar, os meios de que este dispõe – e *todos* utilizará – para levantar contra a mudança, contra os seus interesses próprios, massas inteiras, incluindo massas *exploradas* (não conseguiu o imperialismo, em Portugal, fazer avançar para a primeira linha até os camponeses pobres, que ele próprio tinha reduzido à miséria e à emigração?). Para falar esquematicamente, não basta tomar em consideração *as bases da união popular* para a mudança e a passagem ao socialismo, é preciso *também* – e é essa a dificuldade – tomar em consideração *as bases* potenciais da *contra-revolução*, para as analisar e para encarar as formas de luta que elas implicam. Toda a estratégia que ignorasse estes *dois* aspectos do problema seria utópica, não prepararia vitórias mas derrotas.

Desde logo – e no entanto isolei apenas um aspecto do problema para me manter em limites aceitáveis –, eis-nos outra vez na ditadura do proletariado. Não na simples *palavra* "ditadura do proletariado", mas nos *problemas* da ditadura do proletariado, que temos de pôr e resolver à nossa maneira, que ninguém pôde ou poderá resolver *no nosso lugar*. Não na ditadura do proletariado *em vez* da luta democrática de massa, segundo a alternativa que a burguesia quereria fazer-nos admitir, mas nas formas de luta de massa, amplamente democráticas, *que realizam efectivamente* a ditadura do proletariado, a união de combate dos trabalhadores e do povo contra os exploradores e o Estado burguês. Estou profundamente convencido, por minha parte, de que a passagem ao socialismo, através de etapas originais, está "na ordem do dia" da sociedade francesa, como noutros países capitalistas. Não creio que tenhamos possibilidade de lá chegar cedendo à pressão ideológica do adversário, subestimando as contradições deste processo, e enganando-nos a nós próprios sobre a acuidade e o objectivo das lutas de classes que ele implica!

Camaradas, não rejeitemos levianamente a palavra de ordem da ditadura do proletariado! Sejamos mais do que nunca, na teoria e na prática, comunistas!

Étienne BALIBAR
Célula Gabriel Péri (V Arr.)
Federação de Paris

Sobre a ditadura do proletariado (resposta a E. Balibar)[1]

Algumas observações sobre a contribuição de Étienne Balibar (*L'Humanité*, 22 de janeiro de 1976).

1) Contestar ao secretário-geral do Partido o direito de intervir na discussão que prepara o XXII Congresso, é pôr em causa os direitos de todo o membro do Partido Comunista Francês; é ignorar os deveres de todo o dirigente comunista, reduzi-lo ao papel de árbitro ou de espectador. Ainda por cima, G. Marchais nada disse que possa deixar supor (assim se julgaria ao ler as primeiras linhas de E. Balibar) que o Partido Comunista muda de "objectivos"; hoje como ontem, luta por uma França socialista.

O poder da grande burguesia hoje

2) "Se, escreve E. Balibar, julgamos poder lutar pela democracia "real", a democracia das massas populares, *sem passar* pela ditadura do proletariado, é porque entendemos *negar a existência da ditadura burguesa* e é porque negamos o papel do aparelho de Estado como instrumento da exploração".

É, *pelo contrário*, porque combatemos o domínio do grande capital, o poder dos monopólios e o do Estado, unindo-se naquilo a que chamamos *capitalismo monopolista de Estado,*

1 Guy Besse. Tribuna de discussão do XXII Congresso, *L'Humanité*, 23 de janeiro de 1976.

que somos levados a definir nas condições francesas uma forma de poder socialista que a noção de ditadura do proletariado não pode convenientemente exprimir.

Se queremos unir todas as forças da classe operária, reunir em redor dela toda a população laboriosa contra a aristocracia do dinheiro, não podemos contentar-nos com denunciar a "ditadura da burguesia" em geral. Se não referenciássemos os diversos aspectos do poder económico, social, político, detido pelas grandes sociedades industriais e financeiras, se não analisássemos a crise do capitalismo monopolista de Estado, se não analisássemos as lutas de classes na França actual, estaríamos condenados a pôr sobre a realidade contemporânea textos de Lénine abstractamente desligados do seu contexto histórico.

A crise tem a sua fonte, diz o projecto, numa contradição fundamental entre as "estruturas económicas, sociais e políticas" da nossa sociedade dominada pelo grande capital e as "necessidades vitais dos trabalhadores e do povo", as "exigências do progresso económico e do desenvolvimento da nação". Para prolongar o seu regime, para obrigar o conjunto dos franceses que vivem do seu trabalho a aceitar as consequências da crise, uma oligarquia concentra cada vez mais as alavancas do poder. Maltrata as liberdades arduamente conquistadas pelo nosso povo desde 1789. Quer aprisionar a França numa Europa supranacional, sob a alta vigilância americana.

Em tais condições, não será a missão dum partido leninista ajudar todas as camadas vítimas do grande capital a reconhecer o seu inimigo comum, a formar essa irresistível "união maioritária", a única que poderá isolar esse poder e vencê-lo? E que, desde já, lhe inflige recuos em tal ou tal sector da batalha de classe – quando, por exemplo, apoiados pela população, os trabalhadores impedem o encerramento duma empresa decidido por qualquer grande sociedade que o Estado protege e apoia.

Tal é o sentido revolucionário da nossa luta pela união do povo de França em redor do Programa Comum da Esquerda. União de que a classe operária é o motor pelas razões que o projecto recorda. As necessidades, as aspirações que se tornaram globalmente traço essencial da sociedade francesa de hoje, manifestam com efeito (mesmo não tendo ainda muitos franceses consciência disso) a *necessidade objectiva* duma transformação socialista do nosso país. A classe operária só pode assim mostrar toda a sua capacidade assumindo todas as responsabilidades que lhe cabem, ao mesmo tempo, no combate reivindicativo quotidiano e na união de todas as forças que farão do nosso país uma *democracia socialista.*

Se fosse doutra maneira, não se compreenderia porque quer o Poder isolar o Partido Comunista, levar o Partido Socialista à colaboração de classe, erguer umas contra as outras as categorias da população trabalhadora. Não se compreenderia porque cresce a sua inquietação perante os progressos da nossa acção pela defesa e alargamento das liberdades. Um ensinamento de Marx e de Engels, retomado por Lénine no seu tempo, depois pelos comunistas franceses como Maurice Thorez e Waldeck Rochet, é que luta pelo socialismo e luta pela democracia são inseparáveis.

Democratizar o Estado

3) Segundo E. Balibar, o projecto desconhece a necessidade, para pôr fim à "ditadura de classe da burguesia", de destruir "o aparelho de Estado existente, que não poderia funcionar tal qual 'ao serviço dos trabalhadores'".

Como Balibar censura o projecto de reduzir o debate sobre a ditadura do proletariado a uma questão de "palavras", peço-lhe que confronte as realidades contemporâneas com as palavras que emprega.

A evolução do Estado na França actual põe o movimento operário em presença de problemas novos. Assim – para apenas referir um – o poder de Estado é nos nossos dias utilizado contra os grandes serviços públicos (por exemplo: os Correios, Telégrafos e Telefones); e são os carteiros que se batem para assegurar aos franceses um serviço público que seja com efeito "serviço" e "público".

Mas, sobretudo, a passagem do Estado dos monopólios ao Estado dos trabalhadores tal como é considerado pelo projecto (3ª parte), não se efectuará numa passada só; não será o equivalente duma mutação brusca. Será esse processo de *democratização* que nós preparamos desde agora apoiando o Programa Comum.

A aplicação do Programa subtrairá o sistema bancário e financeiro, os sectores-chaves da economia ao domínio dos monopólios. Constituirá portanto um "passo em frente capital" na via da transformação democrática. E as lutas de todas as camadas interessadas na aplicação do Programa Comum prepararão aquelas que, quando a maioria do povo francês o tiver decidido, conduzirão a democracia "até ao fim" e darão ao nosso país as características duma democracia socialista.

Como pode E. Balibar escrever que nos fechamos em mistificantes "alternativas"? Não pensamos, como Bernstein antigamente, que sendo o movimento tudo, o fim é nada. A luta democrática de massa não exclui, antes prepara a vitória do socialismo. E o poder novo, que será pela primeira vez o da classe operária e de todos os trabalhadores, aperfeiçoar-se-á e defender-se-á não limitando o exercício da democracia, mas dando-lhe todas as suas oportunidades.

Defender o socialismo

4) E. Balibar pensa que o projecto subestima as forças e os meios da contra-revolução burguesa; impossível vencê-la, diz em substância, sem a ditadura do proletariado.

Estas inquietações seriam justificadas se o Projecto esquecesse que uma democracia socialista deverá velar pelas suas conquistas. Mas todo o projecto nos ajuda a conceber a *defesa* do socialismo como uma das componentes da *democracia socialista.*

Não repito os argumentos desenvolvidos aqui mesmo pelos camaradas que pensam que, no nosso país, o "poder representativo do povo trabalhador" terá uma base muito mais larga do que uma ditadura do proletariado. Esse poder não proibirá a oposição de participar na vida pública; não afastará das urnas nenhuma categoria social. Mas é à indispensável "acção da classe operária e das amplas massas do povo" que pedirá que assegure a sua defesa, em todos os domínios. E as conquistas do socialismo – no lugar do trabalho como nas instituições, na vida como na lei – darão à classe operária e aos seus aliados maiores possibilidades de intervenção contra qualquer alternativa de regresso ao passado, seja qual for a sua forma. Uma das funções do sufrágio universal democratizado será manifestar a vontade dum povo resolvido a não ceder nem às pressões nem às violências.

É pois *no seu terreno*, na linha dos seus princípios e finalidades, que a democracia socialista assegurará os meios de se fazer "respeitar". Assim se apertarão mais os laços entre a classe operária e as outras camadas de trabalhadores. Assim serão criadas as condições mais favoráveis à mobilização de todas as ajudas de que a França socialista precisará para manter o seu caminho. Mesmo contra as ameaças de subversão e da violência armada.

Os trabalhadores do nosso país conhecem o sentido da palavra "fascismo". Mas foi na luta pelas reivindicações e pelas liberdades populares que, graças às iniciativas do Partido Comunista, o fascismo recuou diante da frente única, diante da Frente Popular.

Se hoje a prática dos homens do poder desmente o seu discurso liberal, é porque a democracia lhes é cada vez mais insuportável. Lutar para preservar a herança democrática, para fazer progredir as liberdades de acordo com as exigências da nossa época, é impor aos defensores dos feudalismos modernos um combate que lhes é cada vez mais difícil. E é, desde agora, preparar o terreno em que poderão juntar-se os milhões de franceses que defenderão a sua democracia socialista. Agir desde já pela democratização da administração, da justiça, da polícia, por um exército de soldados-cidadãos, de oficiais-cidadãos... é ajudar a nossa classe operária, o nosso povo a dar melhor emprego amanhã a todas as armas da liberdade.

E, uma vez que defender o socialismo (Balibar insiste neste ponto) é obstar a qualquer tentativa para travar o seu desenvolvimento económico, é ainda aqui o pleno exercício da democracia socialista que dará à sua defesa a máxima eficácia. O novo poder interessará toda a população laboriosa na protecção, no aperfeiçoamento dos meios de produção e de troca; nas suas empresas, os trabalhadores (incluindo os dos bancos) serão os melhores guardiães da economia socialista. Não se vê já como eles sabem proteger o património nacional contra o grande patronato e o seu Estado? Não lhes será mais fácil fazê-lo quando o poder de Estado for o seu poder?

Combater o anti-sovietismo

5) A história dos países socialistas está aberta à investigação. É certo, em todo o caso, que, sem a ditadura do proletariado (tal como foi defendida por Lénine), o primeiro Estado socialista não teria podido vencer os seus inimigos nem transformar a velha Rússia. Nunca uma "ditadura *sobre* o proletariado" (expressão infelizmente repetida por Balibar) teria força para quebrar a ofensiva hitleriana. A vitória da União Soviética sobre o fascismo carrasco dos povos foi a duma *sociedade socialista,* dum povo solidamente unido em redor do seu Estado soviético, do seu Partido Comunista.

Condenamos as práticas que, na União Soviética – apesar das decisões do XX Congresso do P. C. U. S. –, travam o avanço da democracia socialista. A nossa atitude assenta na convicção de que são contrárias aos princípios duma sociedade que só pode ter por fim a felicidade e a fraternidade dos homens.

É a esta sociedade que a reacção internacional é irredutivelmente hostil; uma sociedade onde os trabalhadores conquistaram e fizeram frutificar essa liberdade fundamental que, na "sociedade liberal avançada", está ainda por nascer: não estão já submetidos à exploração capitalista.

Combater o anti-sovietismo é, hoje não menos do que ontem, uma tarefa revolucionária.

A evolução da relação das forças

6) E. Balibar tem do contexto internacional uma visão diferente daquela que o projecto resume. *L'Humanité* teve muitas vezes a ocasião de apresentar as análises em que o projecto se apoia; não as vou retomar em pormenor.

A coexistência pacífica imposta ao imperialismo favorece a libertação dos povos, qualquer que seja a forma do seu combate (incluindo Cuba, o Vietname).

A natureza agressiva do imperialismo não se modificou e o seu enfraquecimento não nos inclina a acreditar que a situação internacional seja irreversível.

Mas é-me penoso pensar que Balibar seria insensível à evolução positiva da relação das forças. E como pode ele abstrair do papel e dos efeitos do movimento popular no nosso país, hoje e amanhã? Hostilidade do imperialismo (em primeiro lugar o imperialismo americano) a uma França socialista? O projecto não o esconde e o nosso Partido está na ponta extrema do combate pelo direito do povo francês a escolher o seu destino. Mas quando Balibar nos pede que não desconheçamos as "bases potenciais da contra-revolução" no nosso país, que não subestimemos a capacidade do imperialismo para utilizar em seu proveito as "contradições do campo popular", parece-me que a única estratégia capaz de vencer essas manobras é precisamente aquela que o projecto define.

Ela põe em guarda contra a tentação de saltar etapas; e ainda aqui o recurso ao sufrágio universal não será a menor garantia contra a impaciência de quem quer que julgue poder forçar a marcha. Ela preconiza os meios mais sensatos para resolver em tempo oportuno, com vantagem para o socialismo, as contradições que o seu desenvolvimento tiver feito amadurecer.

Um debate profundo

Nas condições do nosso país, a noção de ditadura do proletariado está atrasada em relação à vida. Só a estratégia definida pelo projecto de resolução oferece à classe operária a possibilidade de realizar a "união do povo de França", indispensável condição da vitória. Só ela oferece ao Partido Comunista Francês a possibilidade de se reforçar cada vez mais, de exercer todas as suas responsabilidades à frente do combate por uma França socialista.

E. Balibar considera que os comunistas franceses não estão em condições de se pronunciar "com conhecimento de causa" sobre os problemas assim postos. O debate em que participam as nossas dezenas de milhar de camaradas, em assembleias de célula, em conferências de secção, em conferências federais, não mostra que os problemas estudados chegaram à maturidade? E é no espírito do projecto para o XXII Congresso que eles são resolvidos pela imensa maioria dos nossos militantes trabalhadores manuais e intelectuais.

Guy Besse
Federação da Corrèze
Célula Guy-Moquet (Brive)
Membro do Bureau Político

"Para fazer avançar a democracia até ao socialismo: duas questões decisivas"[1]

1. *Propriedade e gestão*

Ao mesmo tempo, porque somos comunistas, não consideramos que a realização do Programa Comum constitua um acabamento. Queremos desenvolver a democracia mais para diante, queremos o socialismo.

O projecto de documento define os traços da sociedade socialista que propomos ao país. Gostaria de deter-me em duas questões, que são decisivas para fazer compreender bem por que tipo de sociedade lutamos.

Como o nosso documento recorda, pensamos que os "grandes meios de produção e de troca deverão tornar-se no seu conjunto propriedade da própria sociedade". É uma das bases da sociedade socialista e não há socialismo se essa condição não for realizada. É o que mostra a experiência dos partidos social-democratas que, recuando perante a necessidade de pôr termo ao domínio do grande capital sobre os principais recursos dos países que dirigiram ou dirigem actualmente, não estiveram em condição de realizar o socialismo em parte alguma. Quer isto dizer que queremos para a França aquilo que a propaganda reaccionária chama o "colectivismo", isto é, o desapossamento de cada um, a uniformidade e o constrangimento? A nossa resposta é categoricamente não.

---

1 Extractos do relatório apresentado por Georges Marchais ao XXII Congresso do Partido Comunista Francês, a 4 de fevereiro de 1976, segundo *L'Humanité*, 5 de fevereiro de 1976.

Em primeiro lugar, não pretendemos evidentemente atentar contra a propriedade pessoal dos diversos bens de consumo e de uso, assim como a sua transmissão por herança. Assim é, por exemplo, com a propriedade do alojamento, casa ou apartamento.

Em segundo lugar, o socialismo tem por objectivo a satisfação das necessidades dos membros da sociedade. Em função desta exigência, a propriedade social revestirá formas diversas como a nacionalização, a propriedade cooperativa, a propriedade municipal, departamental, regional. Ao mesmo tempo, numa série de domínios, a pequena propriedade privada (artesanal, comercial e industrial), a exploração agrícola de carácter familiar permitem melhor a satisfação das necessidades; tendo em conta também a experiência internacional, pretendemos mantê-las numa França socialista.

Em terceiro lugar, são os monopólios que exercem sobre as empresas uma verdadeira ditadura, é no regime actual que se desenvolve uma burocracia tecnocrática que pretende governar todos os aspectos da vida nacional; é o Estado do grande capital que exerce uma tutela minuciosa sobre as colectividades locais. Lutamos hoje contra este autoritarismo, este centralismo sufocante! Não é para fazer dele amanhã apanágio do socialismo! Queremos, pelo contrário, que as empresas nacionalizadas disponham da autonomia de gestão; que a planificação seja elaborada democraticamente, com a participação dos trabalhadores e dos utentes; que a gestão das empresas seja ela própria democrática, isto é, que os trabalhadores – operários, empregados, engenheiros e quadros – participem nela cada vez mais activamente. Igualmente queremos que as comunas, os departamentos, as regiões se tornem verdadeiros centros de decisão e de gestão democráticas.

As mesmas preocupações inspiram a nossa concepção da vida cultural. Queremos uma cultura liberta do dinheiro, uma cultura que não seja mais uma mercadoria nem um luxo, mas a riqueza de todos os homens, de todas as mulheres do nosso país. Numa França socialista, a cultura será alargada e viva, aberta a todos os conhecimentos, a todas as pesquisas, a todas as criações. Desenvolvendo as grandes tradições do nosso povo, enriquecer-se-á com a diversidade dos talentos, e também com as possibilidades dadas a cada indivíduo para desenvolver livremente as faculdades que tem em si.

Em resumo, não queremos a uniformidade que mutila, mas a diversidade que enriquece. Nada é mais estranho à nossa concepção do socialismo do que aquilo a que se chama "o comunismo de caserna", que mete toda a gente e todas as coisas na mesma forma. Temos do sistema socialista que queremos para o nosso país uma concepção viva, flexível, inventiva, favorecendo a variedade das soluções e apelando para a multiplicação das iniciativas *(aplausos)*.

2. *A questão da "ditadura do proletariado"*

Isto conduz-me a uma outra questão.

O documento define uma segunda condição decisiva do socialismo, inseparável da primeira: "Só um poder político representativo do povo trabalhador permitirá realizar as transformações radicais da vida económica e social".

A importância desta questão suscitou uma discussão tanto mais rica quanto é certo não figurar a "ditadura do proletariado" no projecto de documento. Detenhamo-nos pois neste ponto.

Se a "ditadura do proletariado" não figura no projecto de documento para designar o poder político na França socialista por que lutamos, é porque não cobre a realidade da nossa política, a realidade do que propomos ao país.

Que dizemos no projecto de documento? Dizemos isto:

- O poder que conduzirá a transformação socialista da sociedade será o poder da classe operária e das outras categorias de trabalhadores, manuais e intelectuais, da cidade e do campo, isto é, da grande maioria do povo.
- Esse poder constituir-se-á e agirá com base nas escolhas livremente expressas pelo sufrágio universal e terá por tarefa realizar a democratização mais avançada de toda a vida económica, social e política do país.
- Terá por dever respeitar e fazer respeitar as escolhas democráticas do povo.

Contrariamente a tudo isto, a "ditadura" evoca automaticamente os regimes fascistas de Hitler, Mussolini, Salazar e Franco, isto é, a própria negação da democracia. Não é isso que queremos.

Quanto ao proletariado, ele evoca o núcleo, o coração da classe operária. Se o seu papel é essencial, não representa a totalidade desta, e com maior razão o conjunto dos trabalhadores de que será emanação o poder socialista que temos em vista.

É portanto evidente que não se pode qualificar de "ditadura do proletariado" o que propomos aos trabalhadores, ao nosso povo.

Em que nos baseamos para definir a nossa posição sobre esta questão? Baseamo-nos nos princípios do socialismo científico elaborados por Marx, Engels, Lénine.

Trata-se, em primeiro lugar, da necessidade de a classe operária exercer um papel político dirigente, na luta pela transformação socialista da sociedade.

Se os trabalhadores, as massas populares podem desde agora, pela luta, arrancar ao poder certas medidas sociais urgentes e mesmo conquistar certas liberdades novas, a satisfação real e duradoura dos seus direitos económicos, sociais e políticos é totalmente impossível *sem uma mudança da natureza de classe do poder*. A participação dos trabalhadores e dos seus representantes na gestão dos assuntos do país, *o seu acesso à direcção da sociedade constitui o problema chave da luta pelo socialismo*. Entre os trabalhadores, a classe operária é a mais numerosa, a mais combativa, a mais experimentada na luta pelo progresso social e também – deve-se sublinhá-lo – pelo interesse nacional. Deve ter portanto todo o seu lugar no Estado socialista e desempenhar nele um papel determinante.

A este respeito, o projecto de documento indica: "... como classe, a classe operária é a única que pode conduzir ao êxito a luta revolucionária. Os seus interesses vitais, a sua força numérica, a sua grande concentração, a sua experiência de luta das classes e a sua organização dela, para hoje e para amanhã, a força dirigente do combate por uma sociedade nova...".

Em segundo lugar, trata-se da necessidade da luta revolucionária das massas para vencer as manobras da grande burguesia.

O projecto de documento sublinha a este propósito: "... a grande burguesia exploradora nunca renuncia de vontade ao seu domínio e aos seus privilégios. Tem sempre tendência a utilizar todos os meios possíveis para os preservar ou reconquistar". Acrescentarei mesmo que isto é particularmente verdade para a burguesia francesa. Porque, se existe no nosso país uma tradição democrática, existe também uma tradição versalhesa que não está morta, conforme quotidianamente nos recorda o comportamento dos homens no poder.

Eis porque o projecto de documento mostra que os trabalhadores, as massas populares devem "em cada etapa reunir as suas forças e desenvolver uma grande actividade para vencer as manobras reaccionárias…, para paralisar ou bater as tentativas eventuais da reacção de recorrer **à** ilegalidade, **à** subversão e **à** violência".

Dito isto, de acordo com o próprio espírito da nossa doutrina, tomamos cuidadosamente em conta "o processo real", por outras palavras, as condições que se encarem, para caminhar para o socialismo em França, outros caminhos que não os seguidos pelos povos que já realizaram a transformação socialista do seu país.

Nas condições da Rússia de 1917, e, depois, da jovem União Soviética, a ditadura do proletariado foi necessária para assegurar com êxito a edificação do socialismo. É justo dizer que, sem ela, a classe operária, os povos soviéticos não teriam podido empreender nem defender a obra libertadora sem precedente que realizaram. Por isso os partidos comunistas, quando se fundaram extraindo as lições da falência da social-democracia internacional e da vitória da revolução de Outubro, adoptaram, com justificada razão, nas condições da época, essa palavra de ordem.

O mundo mudou

No último período histórico, o mundo mudou profundamente. A relação das forças modificou-se e continua a evoluir a favor da independência e da liberdade dos povos, da democracia e do socialismo. A coexistência pacífica afirma-se. Através de lutas complexas, encarniçadas, marcadas por passos em frente e por vezes recuos, é em definitivo a reacção e o fascismo que cedem o passo, enquanto a democracia progride, como mostram os acontecimentos da Grécia, de Portugal, e também de Espanha. É inegável que nunca os povos tiveram tão grandes possibilidades de decidir do seu destino, de progredir no caminho da sua libertação nacional e social. Essas possibilidades novas assentam na existência e nos progressos dos países socialistas, no desenvolvimento das lutas da classe operária e das massas nos países capitalistas, no avanço e na elevação do conteúdo do movimento de libertação nacional, na solidariedade de todas estas forças revolucionárias. O povo do nosso país encontrará nelas um apoio que não poderá naturalmente dispensá-lo da sua própria acção, mas que a ela trará meios sem precedente de se desdobrar com toda a independência. Além disso, se a situação da França na Europa Ocidental e as relações que a ligam aos países vizinhos põem problemas que não poderemos perder de vista, podem oferecer também possibilidades de cooperação e de acção comum das forças revolucionárias e progressistas na luta para abrir – a partir das condições concretas que são as dos nossos países – vias novas para a democracia e para o socialismo. O nosso Partido dedica-se, desde há alguns anos, a favorecer esta acção comum. Foi neste espírito que contribuímos para o êxito da Conferência dos Partidos Comunistas da Europa Capitalista, realizada em janeiro de 1974, que participámos na concretização das suas decisões e que acabámos de adoptar com os nossos camaradas italianos uma importante declaração comum.

Dito isto, os comunistas, todas as forças progressistas são naturalmente muito sensíveis ao que se passou no Chile. Seguem igualmente com atenção o que se passa em Portugal. Para além das importantes diferenças que estes acontecimentos apresentam, confirmam com uma evidência brutal que a reacção não recua diante da utilização da violência. Quem verdadeiramente quiser a transformação da sociedade no sentido do progresso, no sentido dos interesses dos trabalhadores, no sentido do socialismo, não pode esquecer ou desdenhar este dado. Porém, esses acontecimentos mostram também que a reacção não pôde e não pode recorrer à violência em quaisquer condições, mas somente a partir duma relação das forças políticas que se lhe torne mais favorável.

No Chile, a Unidade Popular acedera de maneira absolutamente legal e normal ao governo. No entanto, é preciso não o esquecer, não dispunha, à partida, da maioria no país. Diante das actuações da reacção interna e do imperialismo, nada era mais importante do que modificar em seu favor a relação das forças em todos os domínos, dedicando-se a conquistar e a alargar um apoio popular maioritário. Os camaradas chilenos disseram que se neste aspecto foram obtidos resultados positivos, erros gravemente prejudiciais haviam sido cometidos, que não favoreceram a realização do objectivo. Em Portugal, o derrubamento do fascismo permitiu ao movimento popular obter importantes êxitos. Mas a divisão das forças democráticas, em que o Partido Socialista de Mário Soares tem uma responsabilidade esmagadora, levou a um recuo do movimento popular. A luta para preservar, e alargar no futuro, as conquistas democráticas do povo português, prossegue em condições hoje mais difíceis.

Ao evocar estes acontecimentos, trata-se, para nós, não de dar lições, mas de extrair para o nosso próprio combate os ensinamentos necessários.

No que a isto toca, o que distinguimos duma e doutra destas experiências, é que devemos guardar-nos dum duplo perigo:

- o perigo de não operar a tempo, quando as condições estiverem reunidas, as transformações democráticas das estruturas económicas e políticas apoiando-nos no movimento popular;
- o perigo de adiantar palavras de ordem ou empreender acções aventureiristas que não correspondam às possibilidades reais, se inspirem na vontade de "saltar etapas" e levem as forças revolucionárias ao isolamento e à derrota.

O que daqui se extrai, quanto ao essencial, é *que a condição decisiva do êxito, é a existência e a afirmação dum movimento popular suficientemente amplo até englobar uma larga maioria do povo, solidamente unido em redor de objectivos transformadores.*

Este ensinamento fundamental reforça as conclusões que tiramos, para a França, da análise das condições existentes no nosso país.

Que análise é essa e que conclusões?

A realidade francesa

Como sabeis, a classe operária conta hoje em França 10 milhões de pessoas, ou seja, 44,5 da população activa. Por outro lado, alguns milhões doutros assalariados, em primeiro lugar empregados, conhecem condições de vida e de trabalho próximas das da classe operária. Com a classe operária propriamente dita, o conjunto destes trabalhadores assalariados representam pelo menos ¾ da população activa. Além disso, a crise choca não só com os interesses da massa dos assalariados, mas também com os doutras camadas da população laboriosa. A convergência dos interesses principais de todas estas forças sociais oferece pois possibilidades sem precedente para ganhar a maioria do povo para a causa da transformação da sociedade, para constituir em redor do poderoso pólo que representa a classe operária um vasto movimento maioritário do povo. É um dado historicamente novo. Devemos aproveitar esta possibilidade? Sem dúvida alguma.

A este propósito, há que voltar a uma questão: a das "liberdades burguesas". Afirma-se que seríamos opostos a certas liberdades, a pretexto de que seriam burguesas ou formais. É deformar tanto a nossa posição como a dos fundadores da nossa doutrina.

Há uma liberdade, uma só liberdade a que os comunistas são e serão sempre opostos, uma vez que todo o seu combate tende à abolição dela: a liberdade de explorar os trabalhadores. Essa liberdade é a única liberdade burguesa, se é que se pode falar de liberdade a propósito de um direito à opressão.

Quanto ao resto, recusamos abertamente lançar a existência das liberdades a crédito da burguesia. É certo que, ao ceder ao poder há perto de 200 anos no nosso país, a burguesia francesa fez entrar na vida alguns dos princípios democráticos proclamados pelos seus filósofos. Mas rapidamente, e há muito tempo já, restringiu o enunciado e a aplicação deles ao que corresponde à sua natureza e às suas necessidades de classe exploradora.

Na verdade, não há uma liberdade em França cuja conquista não tenha sido paga com os sofrimentos, as lutas e por vezes o sangue do nosso povo. Sim, os trabalhadores, as massas populares tiveram de lutar, entre outros objectivos, pelo sufrágio universal, pela liberdade de opinião, de expressão, de associação, de publicação, pelo direito de greve, pelo direito sindical, pelo direito de ter os seus partidos políticos. E fizeram-no porque todas essas liberdades correspondem aos seus interesses e às suas aspirações. Eis porque estão agarradas a elas e porque o Partido Comunista lhes está indefectivelmente ligado. Os comunistas são, e têm a ambição de sê-lo cada vez melhor, os continuadores de todos esses operários, camponeses, intelectuais, simples cidadãos ou homens de Estado que no nosso país combateram desde há séculos e séculos pela liberdade.

Se o carácter de certas liberdades é hoje formal, é porque a burguesia no poder se esforçou por esvaziá-las do seu conteúdo. Longe de a ajudar desprezando a existência delas, entendemos, pelo contrário, restaurá-las na sua plenitude, renová-las. O socialismo não é uma construção arbitrária do espírito. Nasce do movimento real da história, das lutas reais do povo tal como ele é, com as suas tradições, as suas aspirações. Temos disto a convicção: *o socialismo no nosso país deve identificar-se – sob pena de ficar no domínio da frase – com a salvaguarda e o desabrochar das conquistas democráticas que amplas e pertinazes lutas permitiram ao nosso povo alcançar.* Deve-o e pode-o.

Como lembrei, o projecto de documento afasta qualquer ilusão sobre a atitude da grande burguesia, sobre a sua vontade de respeitar o sufrágio universal.

Mas evita ao mesmo tempo a ideia de que se poderia, num momento ou noutro, substituir a vontade política maioritária do povo pela acção de "pequenos grupos bem decididos" ou das armas da repressão. É uma ilusão igualmente perigosa, porque só pode dar à reacção interna e externa os meios da violência; não pode conduzir o movimento revolucionário a não ser ao isolamento e à derrota.

Luta das massas e liberdades

Na luta pelo socialismo, nada, absolutamente nada pode, na nossa época e num país como o nosso, substituir a vontade popular maioritária exprimindo-se democraticamente pela luta e por intermédio do sufrágio universal. Quaisquer que sejam as modalidades pelas quais se efectue a marcha para o socialismo no nosso país, e que não podemos prever em pormenor, devemos estar convencidos de que em cada etapa maioria política e maioria numérica devem coincidir. E podem-no.

Como criar as melhores condições para que se desenvolva esse indispensável movimento maioritário do nosso povo, para lhe dar amplidão, força e eficácia? Eis a verdadeira questão, para além da qual nada mais há que tagarelice ou provocação.

A esta questão, a via democrática que propomos para o socialismo traz uma resposta séria.

Lutando hoje pelas transformações democráticas previstas pelo Programa Comum, oferecemos a melhor base para a reunião das amplas massas populares, capaz de assegurar a substituição do poder dos monopólios por um poder democrático novo.

Amanhã, a aplicação das reformas democráticas permitirá enfraquecer as posições e os meios da grande burguesia, ao passo que serão reforçadas as posições e portanto os meios de luta da classe operária e do povo.

E, para além, é fazendo avançar a democracia económica, social e política, alargando mais as liberdades individuais e colectivas, que o movimento popular se reforçará, que o poder socialista obterá o seu apoio, a sua participação indispensável. Em resposta, a luta das massas modificará cada vez mais a relação das forças sociais e políticas em proveito dos trabalhadores, de todas as camadas populares.

Na verdade, para assegurar o êxito do socialismo, o problema não é privar de liberdades a minoria que constituem as forças reaccionárias, é dá-las aos trabalhadores que constituem a grande maioria da nação. Os reaccionários poderão organizar-se num partido reaccionário? Fazem-no hoje, não será novidade. Mas o que será, em contrapartida, novidade de tomo, é por exemplo que os trabalhadores tenham um justo acesso à televisão, é que a polícia seja democratizada. Disporão assim de outros tantos meios eficazes de lutar contra a sabotagem económica da reacção, de dar a conhecer e sustentar amplamente as suas posições, as suas ideias, a sua acção, de bater politicamente e ideologicamente o seu adversário. Os trabalhadores serão fortes, cada vez mais fortes nas suas liberdades.

É apoiando-se nelas que desenvolverão a sua luta e obrigarão a grande burguesia ao recuo e à derrota. É apoiando-se nesta ampla luta que o poder socialista estará em situação de fazer respeitar pela reacção as escolhas livremente expressas pela grande maioria do povo.

Equivale a dizer que, muito longe de renunciarmos ao socialismo ou de deixá-lo para mais tarde, propomos o melhor caminho, o caminho mais curto para o realizar.

Ao fazê-lo, somos plenamente fiéis ao ensinamento do marxismo-leninismo, que não tem nada de compilação de dogmas, à experiência criadora do movimento comunista mundial e do nosso próprio partido.

Sabe-se por exemplo que Lénine, analisando a realidade do princípio do século, desenvolveu a tese de que, contrariamente ao que Marx imaginara, o socialismo podia triunfar primeiro num só país. Esta conclusão decisiva deveria basear a estratégia do Partido Bolchevique em 1917. Do mesmo modo, o movimento comunista avançou, em 1960, a ideia nova de que a guerra mundial não era já fatal nas condições de hoje. E o facto é que trinta anos passaram desde a Segunda Guerra Mundial, que a coexistência pacífica progride, embora não seja irreversível.

No nosso país, a ideia da Frente Popular, que se tornou realidade em 1936, não se encontrava toda elaborada em Marx ou em Lénine. Baseava-se nos princípios gerais do socialismo científico e "numa análise concreta da realidade concreta". Múltiplos exemplos poderiam ser dados, mostrando que a nossa decisão de hoje vai buscar a sua inspiração à fonte viva da teoria e da prática revolucionárias do nosso movimento.

Tais são os fundamentos da nossa posição, as razões que nos conduzem a propor a via definida pelo projecto de documento.

E é por isto também que a "ditadura do proletariado" não figura no projecto de documento.

Por consequência, e como o pediram todas as conferências federais, propomos ao Congresso que decida o abandono desta noção *(aplausos)*. Propomos igualmente ao Congresso que encarregue o Comité Central que vamos eleger de submeter ao próximo Congresso do Partido as modificações necessárias a introduzir no Preâmbulo dos Estatutos.

DOSSIER 2

TEXTOS

Acerca do Estado[1]

Camaradas, o tema da nossa conversa de hoje, segundo o vosso programa, aprovado por vós e que me haveis dado a conhecer, é o problema do Estado. Não sei até que ponto conheceis já este problema. Se não me engano, as vossas aulas acabam de ser inauguradas, e é a primeira vez que abordais esta questão de um modo sistemático. Sendo assim, é muito possível que não consiga na minha primeira conferência fazer deste problema tão difícil uma exposição suficientemente clara e compreensível para muitos dos meus ouvintes. E se assim for, rogo-vos que não desanimeis por isso, pois o problema do Estado é um dos problemas mais complicados e, talvez, o mais embrulhado pelos homens de ciência, pelos escritores e filósofos burgueses. Por isso, nunca deve esperar-se que numa breve conversa e de uma só vez se consiga esclarecê-lo por completo. O que deve fazer-se é tomar nota, depois da primeira conversa, dos pontos que não foram compreendidos ou que não ficaram claros, para voltar a eles, segunda, terceira e quarta vez, a fim de completar e esclarecer mais tarde, tanto por meio de leituras como de conferências e conversas, o que não tivesse sido compreendido. Tenho a esperança de que consigamos reunir-nos outra vez e possamos então trocar opiniões sobre todas as questões adicionais, comprovando o que tenha ficado menos compreendido. Espero também que, como complemento das conferências e das conversas, dediqueis algum tempo à leitura, ainda que não seja mais do que de algumas das obras fundamentais de Marx e Engels.

1 Conferência de Lénine na Universidade Sverdlov, a 11 de julho de 1919, *Obras completas*, tomo XXIX.

Sem dúvida, no catálogo·de literatura e nos manuais, postos à disposição dos estudantes da escola soviética e do partido na vossa biblioteca, encontrareis estas obras fundamentais, e ainda que, repito, ao princípio, algum de vós possa ficar desconcertado pela dificuldade da exposição, devo prevenir-vos uma vez mais que isso não deve desanimar-vos, que o não compreendido durante a primeira leitura será compreendido na segunda, ou ao abordar o problema de um aspecto algo diferente; posto que, outra vez o repito, este problema é tão complicado e foi tão embrulhado pelos homens de ciência e pelos escritores burgueses, que todo aquele que nele quiser meditar seriamente e estudá-lo por sua conta, deve abordá-lo várias vezes, tornando uma e outra vez a ele, e focá-lo de diferentes ângulos, a fim de conseguir a sua compreensão clara e firme. E ser-vos-á muito fácil voltar a este problema, pois trata-se duma questão tão básica, tão fundamental de toda a política, que não só em tempos tão agitados, em tempos de revolução como os que agora atravessamos, mas também nos tempos mais pacíficos em todo o jornal que trate de qualquer questão económica e política tropeçareis diariamente com estas perguntas; que é o Estado? em que consiste a sua essência? qual é a sua importância e que posição adopta perante ele o nosso partido, o partido que luta pelo derrubamento do capitalismo, o Partido Comunista? É uma questão a que, por um ou outro motivo, tereis de voltar todos os dias. E o essencial é que, como resultado das vossas leituras e da vossa assistência a conversas e conferências sobre o Estado, aprendais a abordar por conta própria este problema, uma vez que tropeçareis nele pelos mais diversos motivos, em cada pequena questão, nas combinações mais inesperadas, nas conversas e disputas com os adversários. Só quando aprenderdes a orientar-vos por conta própria neste problema, podereis considerar-vos suficientemente firmes nas vossas convicções, só então podereis defendê-las com êxito diante de quem quer que seja e em qualquer momento.

Destas breves observações, passarei à questão que nos ocupa: que é o Estado, como surgiu e qual deve ser, no essencial, a posição que diante do Estado há-de manter o partido da classe operária, o partido que luta pelo derrubamento completo do capitalismo, o Partido Comunista.

Disse-vos já que dificilmente se encontrará outro problema que tenha sido tão embrulhado, premeditadamente ou não, pelos representantes da ciência, da filosofia, do direito, da economia política e do jornalismo burgueses, como o problema do Estado. Até hoje confunde-se com muita frequência este problema com as questões religiosas; e muito amiúde não só os representantes das doutrinas religiosas (deles é natural esperá-lo), mas também pessoas que se consideram livres de preconceitos religiosos, confundem o problema específico do Estado com os problemas da religião e procuram elaborar uma teoria – complicada com muita frequência, e que abordam e fundamentam ideológica e filosoficamente – segundo a qual o Estado é algo divino, algo sobrenatural, uma força graças à qual viveu a humanidade e que dá às pessoas – ou deve dar-lhes – algo que tem em si e que não provém do ser humano, mas que lhe é dado do exterior, uma força de origem divina. E é necessário dizer que esta teoria está tão intimamente entrelaçada com os interesses das classes exploradoras – os latifundiários e os capitalistas –, serve em tal grau os seus interesses e penetrou tão profundamente em todos os costumes, em todos os conceitos e em toda a ciência dos senhores representantes da burguesia, que a cada passo podereis encontrar vestígios desta mesma teoria, inclusive nos conceitos que do Estado têm os mencheviques e os socialistas-revolucionários, que repelem indignados a ideia de estarem baseados em preconceitos religiosos e estão convencidos de que podem analisar com equanimidade a questão do Estado. Este problema foi tão embrulhado e complicado porque afecta os interesses das classes dominantes (e neste sentido só se lhe avantajam os fundamentos da ciência económica) em maior grau do que qualquer outro problema. A teoria do Estado serve para justificar os privilégios sociais, a existência da exploração, a existência do capitalismo. Por isso, seria um grande erro esperar imparcialidade nesta questão, esperar que os que afirmam ser cientistas possam proporcionar neste problema o ponto de vista da ciência pura. No problema do Estado, na teoria do Estado, podereis ver sempre, quando vos familiarizardes com a questão e penetrardes suficientemente nela, a luta das diferentes classes entre si, luta que se reflecte ou encontra a sua expressão na luta de conceitos sobre o Estado, na apreciação do papel e da significação do Estado.

Para poder abordar da maneira mais científica este problema, é necessário deitar um olhar histórico ainda que breve ao aparecimento e desenvolvimento do Estado. O mais seguro nas questões das ciências sociais, e o mais necessário para adquirir realmente o hábito de abordar de um modo acertado este problema sem cair numa confusão de pormenores ou entre a enorme profusão de conceitos em luta, o mais importante para poder abordar esta questão de um ponto de vista científico, é não esquecer a concatenação histórica fundamental, considerar cada questão do ponto de vista de como surgiu o fenómeno histórico dado, quais são as etapas principais por que passou o seu desenvolvimento, ver em que se converteu na actualidade.

Espero que, no que se refere ao problema do Estado, estudareis a obra de Engels *A origem da família, da propriedade privada e do Estado*. É uma das obras fundamentais do socialismo moderno, em que cada frase merece toda a confiança, pois nem uma só linha foi escrita por simples palpite, mas com base num enorme material histórico e político. É indubitável que nem todas as passagens desta obra estão expostas de modo igualmente acessível e compreensível; algumas pressupõem no leitor certos conhecimentos de História e Economia. Porém, repeti-lo-ei uma vez mais, não deve ninguém desanimar por não compreender numa só leitura a obra. Isto sucede a quase toda a gente. Mas ao voltar mais tarde à leitura, quando tiverdes desperto o interesse por ela, conseguireis compreendê-la na sua maior parte, senão na sua totalidade. Recomendo-vos esta obra porque ensina a abordar como é devido este problema no sentido indicado. Começa o livro por um esboço histórico da origem do Estado.

Para abordar acertadamente esta questão, como também qualquer outra questão, por exemplo, a do aparecimento do capitalismo, a da origem da exploração do homem pelo homem, a do socialismo, a de como apareceu o socialismo e quais as circunstâncias que o engendraram; qualquer destas questões só pode ser focada com seriedade e segurança se se deitar um olhar histórico a todo o seu desenvolvimento em conjunto. Nesta questão deve-se atender, antes de mais, a que nem sempre existiu o Estado. Houve um tempo em que o Estado não existia. Aparece no lugar e na época em que surge a divisão da sociedade em classes, quando aparecem os exploradores e os explorados.

Até que surgiu a primeira forma de exploração do homem pelo homem, a primeira forma de divisão em classes – em possuidores de escravos e escravos –, até esse momento existiu ainda a família patriarcal, ou, como às vezes costuma chamar-se, *o clã* (clã: tribo, família, quando os homens viviam em tribos, por famílias), e os vestígios daquela época primitiva continuam ainda bastante definidos nos costumes de muitos povos primitivos. Se examinardes qualquer obra que trate da cultura primitiva, encontrareis sempre descrições, indícios e recordações, mais ou menos concretos, de que houve uma época, mais ou menos parecida com a do comunismo primitivo, em que não existia a divisão da sociedade em possuidores de escravos e escravos. Então não existia o Estado, não existia um aparelho especial para aplicar sistematicamente a violência e submeter os homens a essa violência. Esse aparelho é o que se chama o Estado.

Na sociedade primitiva, quando os homens viviam em pequenos clãs e se encontravam ainda nos graus mais baixos do desenvolvimento, num estado próximo da selvajaria; naquela época, de que a humanidade civilizada moderna está separada por vários milénios, não se distinguiam ainda os sintomas da existência do Estado. O que vemos nelas é o domínio dos costumes, o prestígio, o respeito e o poder de que gozavam os chefes dos clãs, e vemos que esse poder era reconhecido, às vezes, às mulheres – a situação da mulher, então, não se parecia com a situação de opressão e falta de direitos em que se encontra actualmente –, mas não vemos, em parte alguma, uma *categoria* especial de homens que se diferenciam para governar outros e que no interesse e com fins de governo possuam sistemática e permanentemente certos aparelhos de coerção, de violência, como são na actualidade, conforme todos sabeis, os destacamentos armados de tropas, as prisões e outros meios de submeter a vontade alheia à violência, isto é, o que constitui a essência do Estado.

Se abstrairmos das chamadas doutrinas religiosas, dos artifícios das construções filosóficas, das diversas concepções erigidas pelos sábios burgueses, e investigarmos o fundo verdadeiro da questão, veremos que o Estado se reduz precisamente a esse aparelho de governo diferenciado da sociedade humana. Quando aparece esse grupo especial de homens que não se ocupa de outra coisa que não seja governar e que para o fazer precisa de um aparelho especial de coerção, de submetimento da vontade alheia à violência – prisões, destacamentos especiais, exército, etc. – é quando aparece o Estado.

Mas houve uma época em que não existia o Estado, em que os vínculos gerais, a própria sociedade, a disciplina e a organização do trabalho se mantinham graças à força do costume, das tradições, graças ao prestígio ou ao respeito de que gozavam os chefes dos clãs ou as mulheres, que então, com frequência, não só gozavam dos mesmos direitos que os homens, como, muitas vezes, ocupavam uma posição mais alta; uma época em que não existia uma categoria especial de pessoas, de especialistas, para governar. A história demonstra que o Estado, como aparelho especial de coerção dos homens, surgiu unicamente no lugar e na época em que apareceu a divisão da sociedade em classes, isto é, a divisão em grupos de homens, onde uns podiam apropriar-se sempre do trabalho de outros, onde uns exploravam outros.

E esta divisão da sociedade em classes que se estabelece na história deve sempre aparecer claramente diante de nós como o factor principal. O desenvolvimento de todas as sociedades humanas no decurso dos milénios, em todos os países sem excepção, mostra-nos que esse desenvolvimento obedece a leis gerais, é regular e consequente, de modo que, ao princípio, tivemos uma sociedade sem classes, a sociedade patriarcal primitiva, em que não havia aristocratas; depois, a sociedade baseada na escravidão, a sociedade esclavagista. Através destas etapas passou toda a Europa civilizada moderna; a escravidão era o regime que dominava plenamente há dois mil anos. Através destas etapas passou também a enorme maioria dos povos dos outros continentes. Entre os povos menos desenvolvidos, os vestígios de escravatura ficaram até aos nossos dias, e em África, por exemplo, podeis encontrar, também na actualidade, instituições esclavagistas. Os possuidores de escravos e os escravos constituem a primeira grande divisão em classes. Os primeiros não só possuíam todos os meios de produção – a terra, os instrumentos, por muito pouco eficazes e primitivos que fossem então –, como também eram donos de seres humanos. Os que constituíam este grupo chamavam-se esclavagistas, e os que trabalhavam e entregavam o seu trabalho aos outros chamavam-se escravos.

A este regime seguiu-se outro na história, o feudalismo. Na imensa maioria dos países, a escravatura, no decurso do seu desenvolvimento, converteu-se em servidão. A divisão fundamental da sociedade era em senhores latifundiários e camponeses servos da gleba. Mudou a forma das relações entre os homens. Os possuidores de escravos consideravam os escravos propriedade sua; a lei consolidava este conceito e considerava os escravos como objectos da absoluta propriedade do dono. No que se refere ao camponês servo, continuou a opressão de classe, a dependência, mas o senhor latifundiário não era considerado já dono do camponês, como de um objecto, apenas tinha direito a apropriar-se do seu trabalho e a obrigá-lo a certas prestações. De facto, como todos sabeis, o regime da servidão não se diferenciava em nada da escravidão, sobretudo na Rússia, onde se manteve mais tempo e adquiriu as formas mais brutais.

Na sociedade feudal, à medida que se desenrolava o comércio e surgia o mercado mundial, à medida que se desenvolvia a circulação monetária, surgia uma nova classe, a classe dos capitalistas. Da mercadoria, do intercâmbio de mercadorias, do surgimento do poder do dinheiro, nascia o poder do capital. No decurso do século XVIII, mais exactamente, dos fins do século XVIII e no decurso do século XIX deram-se revoluções em todo o mundo. O regime da servidão foi eliminado em todos os países da Europa Ocidental. Isto sucedeu na Rússia mais tarde do que em qualquer outra parte. Em 1861, operou-se também na Rússia uma profunda transformação, que teve como consequência a substituição de uma forma da sociedade por outra, a substituição do regime de servidão pelo capitalismo, no qual continuou a divisão em classes e persistiram diversos vestígios e sobrevivências da servidão; porém, na sua essência, a divisão em classes adquiriu uma nova forma.

Os donos do capital, os donos da terra, os donos das fábricas constituíam e constituem em todos os países capitalistas uma minoria insignificante da população, que dispõe integralmente de todo o trabalho realizado pelo povo e, por conseguinte, tem às suas ordens, oprimindo-a e explorando-a, toda a massa dos trabalhadores, cuja maioria é constituída pelos proletários, os operários assalariados, que, no processo da produção, obtêm os seus meios de subsistência unicamente da venda da força dos seus braços, da sua força de trabalho. Os camponeses, dispersos e esmagados já na época do feudalismo, com a passagem ao capitalismo transformam-se em parte (na sua maioria) em proletários, e em parte (na sua minoria) em camponeses abastados que, por sua vez, empregam operários assalariados e compõem a burguesia do campo.

Este facto fundamental – a passagem da sociedade das formas primitivas de escravidão ao feudalismo e, finalmente, ao capitalismo –, deveis tê-lo sempre em conta, pois só recordando este facto fundamental, só enquadrando nesta moldura principal todas as doutrinas políticas, as podereis apreciar no seu justo valor e compreender o seu significado, posto que cada um destes grandes períodos da história da Humanidade – o da escravidão, o do feudalismo e o do capitalismo – abarca séculos e milénios e representa uma variedade tão grande de formas e doutrinas políticas, de ideias e revoluções, que orientar-nos em toda esta enorme e extraordinária variedade – relacionada sobretudo com as doutrinas políticas, filosóficas, etc., dos sábios e políticos burgueses – só é possível se nos agarrarmos firmemente, como a um fio orientador fundamental, à divisão da sociedade em classes, à mudança das formas do domínio de classe e analisarmos deste ponto de vista todas as questões sociais, tanto económicas como políticas, espirituais, religiosas, etc.

Se examinardes o Estado do ponto de vista desta divisão fundamental, vereis que, como já disse, antes da divisão da sociedade em classes não existia o Estado. Mas à medida que surge e se afirma a divisão da sociedade em classes, à medida que surge a sociedade de classes, surge e afirma-se também o Estado. Na história da Humanidade temos dezenas, centenas de países que passaram, e continuam a passar também agora, pela escravidão, pelo feudalismo e pelo capitalismo. Em cada um destes países – apesar das enormes mudanças históricas sucedidas, apesar de todas as peripécias políticas e de todas as revoluções relacionadas com este desenvolvimento da Humanidade, com a passagem da escravidão, através do feudalismo, ao capitalismo e à actual luta mundial contra o capitalismo –, vereis sempre o surgimento do Estado. Este foi sempre um aparelho diferenciado da sociedade e formado por um grupo de pessoas que se ocupam unicamente, ou quase unicamente, ou principalmente, em governar. Os homens dividem-se em governados e especialistas em governar, que se elevam sobre a sociedade e a que se dá o nome de governantes, de representantes do Estado. Este aparelho, este grupo de homens que governam os demais, apodera-se sempre de certa máquina de coerção, de uma força física; tanto faz que esta violência sobre os homens se expresse no cacete primitivo ou num tipo de arma mais perfeita da época da escravidão, ou na arma de fogo surgida na Idade Média, ou, finalmente, nas armas modernas que no século XX chegaram a ser maravilhas técnicas baseadas inteiramente nas últimas conquistas da técnica moderna. Os métodos de violência vão mudando, mas, sempre que existe o Estado, existe em cada sociedade um grupo de pessoas que governam, que mandam, que dominam e que, para conservar o poder, têm nas suas mãos uma máquina de coerção física, um aparelho de violência, as armas que correspondem ao nível técnico de cada época. E só observando atentamente estes fenómenos gerais, só colocando-nos a questão de porque não existia o Estado quando não havia classes, quando não havia exploradores nem explorados, e porque surgiu o Estado ao surgirem as classes, só assim encontraremos uma resposta concreta à questão de que é, em essência, o Estado e qual a sua significação.

O Estado é uma máquina para manter o domínio duma classe sobre outra. Quando na sociedade não havia classes, quando os homens, antes da época da escravidão, trabalhavam em condições primitivas de maior igualdade, em condições de mais baixa produtividade do trabalho, quando o homem primitivo pôde conseguir com dificuldade os meios indispensáveis para a existência mais tosca e primitiva, então não surgiu, nem podia surgir, um grupo especial de pessoas diferenciadas *ex profeso* para governar e que dominassem o resto da sociedade. Só ao surgir a primeira forma de divisão da sociedade em classes, quando apareceu a escravidão, quando certa classe de homens, concentrando os seus esforços nas formas mais toscas da lavoura da terra, puderam produzir certo excedente que não era absolutamente indispensável para a misérrima existência do escravo e que ia parar às mãos do dono dos escravos; quando, deste modo, se consolidou a existência desta classe de proprietários de escravos, e, para que esta se consolidasse, surgiu a necessidade de que aparecesse o Estado.

E então apareceu o Estado esclavagista, o aparelho que deu aos donos de escravos poder, permitindo-lhes governar todos os escravos. A sociedade e o Estado eram então muito mais pequenos do que na actualidade, dispunham de um aparelho de ligação incomparavelmente mais débil, uma vez que naquela época não existiam os modernos meios de comunicação. As montanhas, os rios e os mares constituíam obstáculos incomparavelmente maiores do que nos nossos dias, e o Estado ia-se formando dentro de limites geográficos muitíssimo mais estreitos. Um aparelho estatal tecnicamente débil atendia às necessidades do Estado, estendido por áreas relativamente limitadas e com um estreito campo de acção.

Não obstante, existia um aparelho que obrigava os escravos a permanecer na escravidão, que mantinha uma parte da sociedade subjugada, oprimida pela outra. Não é possível obrigar a maior parte da sociedade a que trabalhe sistematicamente em benefício da outra parte, sem um aparelho permanente de coerção. Enquanto não existiram as classes, tãopouco existiu este aparelho. Mas quando surgiram as classes, sempre e em toda a parte, paralelamente ao desenvolvimento e consolidação dessa divisão, apareceu também uma instituição especial: o Estado. As formas do Estado foram extremamente variadas. Na época da escravidão, nos países mais adiantados, mais cultos e civilizados de então, por exemplo, na antiga Grécia e em Roma, baseados integralmente na escravidão, temos já diversas formas de Estado. Já então surge a diferença entre monarquia e república, entre aristocracia e democracia. A monarquia, como poder de uma só pessoa, e a república, como ausência total de um poder que não seja electivo; a aristocracia, como poder duma minoria relativamente reduzida, e a democracia, como poder do povo (a palavra grega democracia significa literalmente: poder do povo). Todas estas diferenças surgiram na época da escravidão. Porém, apesar destas diferenças, o Estado da época da escravidão era um Estado esclavagista, qualquer que fosse a sua forma: monárquica, republicana, aristocrática ou republicana democrática.

Em todo o curso de História da Antiguidade, ao estudar qualquer conferência sobre esta matéria, ouvireis falar da luta que se desenrolou entre o Estado monárquico e o Estado republicano, mas o facto essencial consistia em não serem os escravos considerados seres humanos; não só não eram considerados cidadãos, como nem sequer seres humanos. A legislação romana considerava-os como objectos. A lei de homicídio, sem falar já doutras leis referentes à salvaguarda da personalidade humana, não incluía os escravos. A lei defendia apenas os donos dos escravos como únicos cidadãos a quem se reconheciam plenos direitos. E se se estabelecia a monarquia, era uma monarquia esclavagista; se república, uma república esclavagista. Gozavam nelas de todos os direitos os esclavagistas, ao passo que os escravos eram perante a lei objectos, e contra eles não só era permitido exercer qualquer violência, como inclusive o assassínio de um escravo não era considerado crime. As repúblicas esclavagistas diferenciavam-se pela sua organização interna: havia repúblicas aristocráticas e repúblicas democráticas. Na república aristocrática participava nas eleições um número reduzido de privilegiados; na democracia participavam todos – mas sempre todos os esclavagistas –, todos, menos os escravos. É necessário ter em conta esta circunstância fundamental, porque ela, melhor do que qualquer outra, projecta luz sobre o problema do Estado e indica claramente a essência do mesmo.

O Estado é uma máquina destinada à opressão duma classe por outra, uma máquina chamada a manter submetidas a uma só classe todas as demais classes subordinadas. As formas desta máquina costumam ser diversas. No Estado esclavagista temos a monarquia, a república aristocrática e mesmo a república democrática. Na prática, as formas de governo eram extremamente variadas, mas a essência continuava a ser a mesma: os escravos careciam de todos os direitos e continuavam a ser uma classe oprimida, sem que os reconhecessem como seres humanos. O mesmo vemos também no Estado feudal.

A mudança da forma de exploração transformou o Estado esclavagista em Estado feudal. Isto teve uma importância enorme. Na sociedade esclavagista reinava a falta absoluta de direitos do escravo, a quem se não reconhecia a sua qualidade de ser humano; na sociedade feudal, reinava a sujeição do camponês à terra. O traço principal do regime da servidão era que os camponeses (nessa altura os camponeses constituíam a maioria, uma vez que a população das cidades estava muito pouco desenvolvida) estavam adscritos à terra, à gleba, daí o próprio conceito de servidão da gleba. O camponês podia trabalhar um determinado número de dias para si mesmo, na parcela que lhe entregava o latifundiário, e o resto do tempo o camponês servo tinha de trabalhar para o senhor. Mantinha-se a essência da sociedade de classes: a sociedade bascava-se na exploração de classe. Só os latifundiários é que gozavam de plenos direitos; os camponeses estavam privados deles. De facto, a sua situação diferenciava-se muito pouco da dos escravos no Estado esclavagista. Não obstante, para a libertação dos camponeses abria-se um caminho mais amplo, uma vez que o servo da gleba não era considerado como propriedade directa do latifundiário. O camponês podia empregar certa parte do tempo na sua parcela, podia, por assim dizer, pertencer-se em certo grau a si mesmo; e, ao ampliarem-se as possibilidades de desenvolvimento do intercâmbio, das relações comerciais, o regime de servidão ia-se decompondo cada vez mais e paralelamente ia-se desafogando o círculo da libertação do campesinato. A sociedade feudal foi sempre mais complexa do que a esclavagista. Na primeira existia um importante elemento de desenvolvimento do comércio e da indústria, o que já então conduzia ao capitalismo. Na Idade Média, o regime da servidão era o regime predominante. E também aqui as formas de Estado eram muito variadas; também aqui temos a monarquia e a república, embora esta última fosse muito menos acentuada; mas só os latifundiários feudais eram sempre reconhecidos como dominadores. Os camponeses servos estavam absolutamente privados de qualquer direito político.

Tanto sob a escravidão como sob o regime de servidão, o domínio duma insignificante minoria de homens sobre a enorme maioria não podia prescindir da coerção. Toda a história está cheia de ininterruptas tentativas das classes oprimidas no sentido de derrubar a opressão. A história da escravidão regista guerras que duraram muitos decénios e cujo objectivo era a libertação da escravidão. Diga-se de passagem, o nome de "espartaquistas", adoptado agora pelos comunistas da Alemanha – único partido alemão que luta de verdade contra o jugo do capitalismo –, foi-o precisamente por ter sido Espartaco um dos heróis mais principais de uma das mais importantes sublevações de escravos ocorrida há uns dois milénios. Durante vários anos, o Império Romano, que parecia omnipotente, baseado inteiramente no regime da escravidão, foi sacudido pelos golpes da imensa sublevação dos escravos, que se armaram e agruparam sob a direcção de Espartaco, conseguindo formar um enorme exército. Por fim, os escravos foram dizimados, feitos prisioneiros e torturados pelos esclavagistas. Estas guerras civis vemo-las nós através de toda a história da existência da sociedade de classes. Acabo de citar-vos o exemplo mais importante das guerras civis ocorridas na época da escravidão. Toda a época do regime de servidão está igualmente cheia de constantes sublevações camponesas. Na Alemanha, por exemplo, a luta entre as duas classes, entre os latifundiários e os servos da gleba, adquiriu na Idade Média uma grande amplitude e transformou-se numa guerra civil dos camponeses contra os latifundiários. Todos conheceis os exemplos de numerosas sublevações semelhantes dos camponeses contra os latifundiários feudais na Rússia.

Para manter o domínio e conservar o poder, o latifundiário precisava de um aparelho que unisse e sujeitasse um enorme número de pessoas, subordinando-as a certas leis e normas, que se reduziam todas, no fundamental, a um só objectivo: manter o poder do latifundiário sobre o camponês servo. Isto constituía precisamente o Estado feudal que na Rússia, por exemplo, ou nos muito atrasados países asiáticos onde até hoje predomina o feudalismo –·distinguia-se pela forma –, quer republicano, quer monárquico. Quando o Estado era monárquico, o poder pertencia a uma só pessoa; quando era republicano, admitia-se mais ou menos a participação de representantes eleitos pela sociedade senhorial. Ocorria isto na sociedade feudal. Esta sociedade representava uma divisão de classes em que a enorme maioria, os camponeses servos, se achava em completa dependência duma minoria insignificante, dos latifundiários, que eram os donos da terra.

O desenvolvimento do comércio, do intercâmbio de mercadorias, conduziu à formação de uma nova classe: os capitalistas. O capital surgiu no fim da Idade Média, quando o comércio mundial, depois da descoberta da América, se veio a desenvolver enormemente, quando aumentou a quantidade de metais preciosos, quando a prata e o ouro se tornaram meio de troca, quando a circulação monetária permitiu acumular grandes riquezas nas mãos de uma só pessoa. A prata e o ouro foram reconhecidos como riqueza em todo o mundo. Iam decaindo as forças económicas da classe dos latifundiários e iam desenvolvendo-se as forças da nova classe, a dos representantes do capital. A transformação da sociedade verificava-se de modo que todos os cidadãos fossem, por assim dizer, iguais, que desaparecesse a divisão anterior em esclavagistas e escravos, que todos, independentemente do capital que tivessem – quer possuíssem terra em propriedade privada, quer não tivessem mais património do que a força dos seus braços –, que todos fossem iguais perante a lei. Esta protege a todos por igual, protege a propriedade dos que têm, frente aos ataques contra a propriedade por parte daquela massa que, carecendo dela e não tendo mais do que as suas mãos, se pauperiza pouco a pouco, se vai arruinando e convertendo em massa proletária. Tal é a sociedade capitalista.

Não posso deter-me a examinar em pormenor esta questão. Tornareis a voltar a ela quando estudardes o programa do partido, onde encontrareis a característica da sociedade capitalista. Esta sociedade levantou-se contra o feudalismo, contra o velho regime da servidão, arvorando a bandeira da liberdade. Mas era a liberdade para os proprietários. E quando o regime da servidão foi derrubado – coisa que aconteceu no final do século XVIII e começos do século XIX, tendo isto acontecido na Rússia mais tarde do que nos demais países, em 1861 –, então, em substituição do Estado feudal chega o Estado capitalista, que declara a liberdade de todo o povo e diz que expressa a vontade de todo o povo, negando ser um Estado de classe; e então, entre os socialistas, que lutam pela liberdade de todo o povo, e o Estado capitalista desenvolve-se uma luta que na actualidade conduziu à formação da República Socialista Soviética e que abarca o mundo inteiro.

Para compreender a luta empreendida contra o capital mundial, para compreender a essência do Estado capitalista é necessário recordar que este, ao enfrentar-se com o Estado feudal, se lançou na batalha arvorando a bandeira da liberdade. A abolição do regime da servidão significava a liberdade para os representantes do Estado capitalista e favorecia-os, uma vez que o regime da servidão se desmoronava e os camponeses obtinham a possibilidade de converter-se em donos cabais da terra que tivessem adquirido pagando um resgate ou parcialmente à conta de foro; o Estado não se preocupava com isto: salvaguardava a propriedade, qualquer que fosse a sua origem, uma vez que o Estado se baseava na propriedade privada. Em todos os Estados civilizados modernos os camponeses transformavam-se em proprietários privados. O Estado protegia também a propriedade privada, indemnizando o latifundiário por meio do resgate, pagando-lhe em metálico quando ele entregava ao camponês parte da terra. O Estado parecia declarar: conservaremos toda a propriedade privada; e prestava-lhe toda a espécie de apoio e protecção. O Estado reconhecia essa propriedade a qualquer comerciante, industrial e fabricante. E esta sociedade, baseada na sociedade privada, no poder do capital, na completa subordinação de todos os operários sem posses e das massas trabalhadoras camponesas, esta sociedade declarava dominar com base na liberdade. Ao lutar contra o regime da servidão, declarava livre a propriedade e orgulhava-se de um modo particular dizendo que o Estado tinha deixado de ser um Estado de classe.

Não obstante, o Estado continuava a ser a máquina que ajudava os capitalistas a manter submetidos os camponeses pobres e a classe operária, embora aparentemente fosse livre. O Estado proclama o sufrágio universal, e por meio dos seus partidários, pregadores, sábios e filósofos declara que não é um Estado de classe. Mesmo agora, quando contra esse Estado começou a luta das repúblicas socialistas soviéticas, acusam-nos de ser violadores da liberdade, de criar um Estado baseado na coerção, no esmagamento de uns por outros, enquanto eles representam um Estado de todo o povo, um Estado democrático. E este problema, o problema do Estado, é na actualidade – na época do começo da revolução socialista no mundo inteiro, precisamente na época da vitória da revolução em vários países, quando se agudizou especialmente a luta contra o capital mundial – um problema que adquiriu a máxima importância e, poderíamos dizer, se transformou no problema mais agudo, em cujo foco convergem todos os problemas políticos e todas as disputas políticas da actualidade.

Qualquer que seja o partido que tomemos como exemplo, da Rússia ou de qualquer outro país mais civilizado, quase todas as disputas, divergências e opiniões políticas giram agora em torno do conceito do Estado. Num país capitalista, numa república democrática – especialmente numa república como a Suíça ou os Estados Unidos –, nas repúblicas democráticas mais livres, é o Estado a expressão da vontade popular, a soma e compêndio das decisões de todo o povo, a expressão da vontade nacional, etc., ou é uma máquina destinada a que os capitalistas dos respectivos países tenham a possibilidade de manter o seu poder sobre a classe operária e o campesinato? Este é o problema fundamental, em torno do qual giram actualmente as discussões políticas no mundo inteiro. Que dizem do bolchevismo? A imprensa burguesa injuria os bolcheviques. Não encontrareis nem um só jornal que não repita a acusação em voga contra os bolcheviques de que são uns violadores do poder do povo. Se os nossos mencheviques e socialistas-revolucionários acreditam em sua simplicidade (e talvez não seja por simplicidade, ou pode ser também que seja essa simplicidade de que dizem ser pior que a vileza) que são os descobridores e inventores da acusação que imputa aos bolcheviques terem violado a liberdade e o poder do povo, equivocam-se do modo mais ridículo. Nos nossos dias nem um só dos jornais mais ricos dos países mais ricos, que gastam dezenas de milhões na sua difusão e que em dezenas de milhar de exemplares semeiam a mentira burguesa e a política imperialista, não há um só desses jornais que não repita estes argumentos e estas acusações principais contra o bolchevismo, afirmando que os Estados Unidos, Inglaterra e Suíça são países de vanguarda, baseados no poder do povo, ao passo que a República bolchevique é um Estado de bandidos que não conhece o que é a liberdade, e que os bolcheviques são uns violadores da ideia do poder do povo e até chegaram ao extremo de dissolver a Constituinte. Estas terríveis acusações contra os bolcheviques repetem-se em todos os países do mundo. Estas acusações fazem-nos abordar em cheio a questão do que é o Estado. Para compreender estas acusações, para nos orientarmos nelas e tomar frente a elas uma posição completamente consciente, para nos orientarmos não pelo que se diz, mas possuindo uma firme opinião, há que compreender claramente que é o Estado. Aqui vemos toda a espécie de Estados capitalistas e as mais variadas doutrinas que em sua defesa foram criadas antes da guerra. A fim de abordar com acerto a solução deste problema, há que analisar de um modo crítico todas estas doutrinas e concepções.

Disse que a obra de Engels *A origem da família, da propriedade privada e do Estado* vos poderia servir de ajuda. Nela precisamente se afirma que todo o Estado em que exista a propriedade privada sobre a terra e sobre os meios de produção e em que domine o capital, é, por muito democrático que seja, um Estado capitalista, uma máquina nas mãos dos capitalistas para manter submetidos a classe operária e os camponeses pobres. E o sufrágio universal, a Assembleia

Constituinte, o parlamento, não são mais do que a forma, uma espécie de promessa de pagamento, que não altera em nada o fundo da questão.

A forma de domínio do Estado pode ser diferente: o capital manifesta a sua força de certa maneira onde existe uma forma, e de outra onde existe outra forma, mas, na essência, o poder continua sempre nas mãos do capital, tanto fazendo que exista o sufrágio restrito ou outro sufrágio; que exista uma república democrática, e até quanto mais democrática for, tanto mais grosseiro e cínico é esse domínio do capitalismo. Uma das repúblicas mais democráticas do mundo é a dos Estados Unidos da América do Norte, e em nenhum outro país (quem ali tiver estado depois de 1905 ter-se-á dado conta disso), em parte alguma o poder do capital, o poder de um punhado de multimilionários sobre toda a sociedade se manifesta de forma tão grosseira, com tão descarada venalidade como ali. O capital, uma vez que existe, domina toda a sociedade, e nenhuma república democrática, nenhum direito eleitoral muda a essência do assunto.

A república democrática e o sufrágio universal, em comparação com o regime feudal, constituíram um enorme progresso, pois permitiram ao proletariado alcançar a unificação, a coesão com que conta agora e formar as fileiras harmónicas e disciplinadas que lutam sistematicamente contra o capital. Nada disto, nem sequer parecido, tinha o camponês servo, sem falar já dos escravos. Estes, como sabemos, sublevavam-se, amotinavam-se, empreendiam guerras civis, mas nunca puderam formar uma maioria consciente, partidos que dirigissem a luta, nem puderam compreender com clareza para que objectivo marchavam; e mesmo nos momentos mais revolucionários da História, acabavam por ser sempre peões nas mãos das classes dominantes. A república burguesa, o parlamento, o sufrágio universal, tudo isso, do ponto de vista do desenvolvimento universal da sociedade, constitui um enorme progresso. A Humanidade caminhava para o capitalismo, e só o capitalismo, graças à cultura urbana, permitiu à classe oprimida dos proletários adquirir consciência de si mesma e criar o movimento operário universal, os milhões de operários organizados em partidos no mundo inteiro, os partidos socialistas, que dirigem conscientemente a luta das massas. Sem parlamentarismo, sem eleições, este desenvolvimento da classe operária teria sido impossível. Este é o motivo por que, perante as vastas massas, tudo isto adquiriu uma importância tão grande. Eis porque a viragem radical parece ser tão difícil. Não só hipócritas conscientes, sábios e padres apoiam e defendem esta mentira burguesa de que o Estado é livre e é chamado a defender os interesses de todos, mas também muitíssimas pessoas, que repetem sinceramente os velhos preconceitos e não podem compreender a passagem da velha sociedade capitalista para o socialismo. Não só a gente que se acha directamente submetida à burguesia, não só os que se acham debaixo do jugo do capital ou os que foram subornados por ele (uma massa de toda a espécie de sábios, artistas, padres, etc., está ao serviço do capital), mas também pessoas que se encontram simplesmente sob a influência dos preconceitos da liberdade burguesa, todos esses se mobilizaram no mundo inteiro contra o bolchevismo, pelo facto de que, ao fundar-se, a República Soviética rejeitou essa mentira burguesa e declarou abertamente: vós chamais livre ao vosso Estado, quando, na realidade, enquanto existir a propriedade privada, o vosso Estado, mesmo que seja uma república democrática, não é outra coisa que uma máquina nas mãos dos capitalistas destinada a esmagar os operários, e quanto mais livre for o Estado, com tanta maior claridade se manifesta esse facto. Exemplo: a Suíça, na Europa, e os Estados Unidos, na América. Em parte alguma o capital domina tão cínica e implacavelmente e em parte alguma se manifesta isto com tanta clareza como precisamente nesses países, apesar de serem repúblicas democráticas, por muito elegantemente ataviadas que estejam, e apesar de todas as palavras sobre a democracia do trabalho e a igualdade de todos os cidadãos. De facto, na Suíça e nos Estados Unidos domina o capital, e a todas as tentativas dos operários para conseguir uma melhoria de certa importância na sua situação se opõe imediatamente a guerra civil. Nestes países há menos soldados, o exército regular é menor; na Suíça existe uma milícia, e cada suíço tem uma espingarda em sua casa; nos Estados Unidos até há pouco tempo não havia exército regular, e, por isso, quando rebenta uma greve, a burguesia arma-se, emprega soldados mercenários e esmaga a greve, e em parte alguma esse esmagamento do movimento operário é tão implacável e feroz como na Suíça e nos Estados Unidos, e em parte alguma se acha o parlamento sob uma maior influência do capital do que precisamente nesses países. A força do capital é tudo; a Bolsa é tudo, enquanto que o parlamento e as eleições são marionetas, fantoches... Mas quanto mais o tempo passa, tanto mais claramente vão vendo os operários e tanta maior difusão adquire a ideia do Poder soviético, sobretudo depois da sangrenta matança por que acabamos de passar. A classe operária vê, cada vez mais claramente, a necessidade duma luta implacável contra os capitalistas.

Quaisquer que sejam as formas com que se encubra a república, ainda que se trate da república mais democrática, se é burguesa, se nela continua a existir a propriedade privada sobre a terra e sobre as fábricas e se o capital privado mantém em escravidão assalariada toda a sociedade, isto é, se nela não se realiza o proclamado pelo programa do nosso partido e pela Constituição soviética, tal Estado é uma máquina destinada à opressão de uns por outros. E essa máquina pô-la-emos nas mãos daquela classe que deve derrubar o poder do capital. Rejeitaremos todos os velhos preconceitos de que o Estado é a igualdade para todos, pois isso é um engano; enquanto existir a exploração, não pode haver igualdade. O latifundiário não pode ser igual ao operário, o faminto não pode ser igual ao farto. Essa máquina chamada Estado, perante a qual as pessoas se detêm com respeito supersticioso, dando fé aos velhos contos de que é o poder de todo o povo, rejeita-a o proletariado, dizendo que é uma mentira burguesa. Nós arrebatamos essa máquina aos capitalistas e apropriamo-nos dela. Com essa máquina ou cacete destruiremos toda a exploração: e quando no mundo não houver restado a possibilidade de explorar, não hajam ficado mais proprietários de terra e de fábricas, não aconteça que uns se fartem enquanto outros padecem de fome, só quando isto já não seja possível, então atiraremos essa máquina para o montão da sucata. Então não haverá Estado e não haverá exploração. Este é o ponto de vista do nosso Partido Comunista. Tenho a esperança de que nas conferências seguintes ainda voltemos, e mais do que uma vez, a este tema.

O proletariado como classe[1]

[...] E na mesma medida em que se desenvolve a burguesia, isto é, o capital, desenvolve-se também o proletariado, a classe dos modernos operários, os quais só vivem enquanto têm trabalho e só têm trabalho enquanto o seu trabalho aumentar o capital. Estes operários, que têm de se vender a retalho, são uma mercadoria como qualquer outro artigo de comércio e estão, assim, igualmente sujeitos a todas as vicissitudes da concorrência e a todas as flutuações do mercado.

O trabalho dos proletários perdeu, com a expressão da maquinaria, e a divisão do trabalho, todo o carácter independente e, portanto, todos os atractivos para os operários. Ele torna-se um mero acessório da máquina ao qual se exige apenas o manejo mais simples, mais monótono, mais fácil de aprender. Os gastos que o operário dá reduzem-se por isso quase só aos meios de subsistência de que carece para o seu sustento e para a reprodução da sua·espécie. O preço de uma mercadoria e, portanto, também do trabalho, é, porém, igual ao seu custo de produção. Na medida em que aumenta a repugnância causada pelo trabalho decresce portanto o salário. Mas há mais: na medida em que crescem a maquinaria e a divisão do trabalho cresce também a quantidade do trabalho, seja pelo aumento das horas de trabalho, seja pelo aumento do trabalho exigido num dado lapso de tempo, pelo funcionamento acelerado das máquinas, etc.

A indústria moderna transformou a pequena oficina do mestre patriarcal na grande fábrica do capitalista industrial.

---

1 Extractos de Marx, *Manifesto do Partido Comunista,* 1847, cap. I, tradução de Álvaro Pina, Edições Avante.

Massas de operários, apinhados na fábrica, são organizados como exércitos. São colocados como soldados rasos industriais, sob a vigilância de uma hierarquia completa de sargentos e oficiais. Não são apenas servidores da classe burguesa, do Estado burguês; dia a dia, hora a hora, são feitos servidores da máquina, do capataz, e sobretudo dos burgueses fabricantes considerados individualmente. Este despotismo é tanto mais mesquinho, mais odioso, mais exasperante, quanto mais abertamente proclama ser o lucro o seu objectivo. Quanto menos habilidade e emprego de força o trabalho manual exige, isto é, quanto mais a indústria moderna se desenvolve, tanto mais o trabalho dos homens é suplantado pelo das mulheres. Diferenças de sexo e de idade já não têm qualquer validade social para a classe operária. Restam apenas instrumentos de trabalho que segundo a idade e o sexo dão gastos diferentes.

Terminada a exploração do operário pelo fabricante, na medida em que recebe o seu salário em dinheiro, logo lhe caem em cima os outros sectores da burguesia, o senhorio, o merceeiro, o penhorista, etc.

As camadas sociais até aqui médias, os pequenos industriais e comerciantes e os que vivem de pequenos rendimentos, os artífices e os camponeses, todas estas classes se afundam no proletariado, em parte porque o seu pequeno capital é insuficiente para o grande empreendimento industrial e sucumbe na concorrência com os capitalistas mais ricos, em parte porque a sua habilidade é desvalorizada por novos modos de produção. Deste modo o proletariado é recrutado de todas as classes da população.

O proletariado passa por diferentes fases de desenvolvimento. A sua luta contra a burguesia começa com a sua existência.

Ao princípio lutam os operários isoladamente, em seguida os operários de uma fábrica, depois os operários de um ramo de trabalho numa localidade contra o burguês individual que os explora directamente. Dirigem os seus ataques não só contra as condições burguesas da produção, dirigem-nos contra os próprios instrumentos de produção; destroem as mercadorias estrangeiras concorrentes, destroçam as máquinas, deitam fogo às fábricas, procuram recuperar a posição desaparecida do trabalhador medieval.

Nesta fase os operários formam uma massa dispersa por todo o país e dividida pela concorrência. A solidariedade das massas operárias não é ainda consequência da sua própria união, mas a consequência da união da burguesia, a qual, para atingir os objectivos políticos que lhe são próprios, tem de pôr em movimento todo o proletariado e por enquanto ainda o consegue. Nesta fase os proletários combatem, pois, não os seus inimigos, mas os inimigos dos seus inimigos, os restos da monarquia absoluta, os senhores da terra, os burgueses não industriais, a baixa burguesia. Todo o processo histórico está, assim, concentrado nas mãos da burguesia: todas as vitórias assim alcançadas são vitórias da burguesia.

Mas com o desenvolvimento da indústria o proletariado não se multiplica apenas; concentra-se em massas maiores, cresce a sua força, e ele sente-a mais. Os interesses, as condições de vida no interior do proletariado tornam-se cada vez mais semelhantes, ao mesmo tempo que a maquinaria vai obliterando cada vez mais as diferenças do trabalho e quase por toda a parte faz descer o salário a um mesmo nível baixo. A concorrência crescente dos burgueses entre si e as crises comerciais que daqui decorrem tornam o salário dos operários cada vez mais flutuante; o aperfeiçoamento incessante da maquinaria, que cada vez se desenvolve mais depressa, torna a sua posição cada vez mais insegura; as colisões entre o operário isolado e o burguês isolado tomam cada vez mais o carácter de colisões de duas classes. Os operários começam por formar coligações contra os burgueses; reúnem-se em defesa do seu salário. Fundam eles mesmos associações permanentes para se prevenirem para as insurreições ocasionais. Aqui e além a luta declara-se em motins.

De tempos a tempos vencem os operários, mas só transitoriamente. O resultado real das suas lutas não é o êxito imediato, é a união dos operários que cada vez mais se propaga. Fomentam-na os meios crescentes de comunicação, criados pela grande indústria, que põem os operários das diferentes localidades em ligação uns com os outros. E só é necessária esta ligação para centralizar as muitas lutas locais, por toda a parte com o mesmo carácter, numa luta nacional, numa luta de classes. Mas todas as lutas de classes são lutas políticas. E a união, para a qual os burgueses da Idade Média, com os seus caminhos municipais, precisaram de séculos, conseguem os modernos proletários com os caminhos de ferro em poucos anos.

Esta organização dos proletários em classe, e deste modo em partido político, é rompida a cada momento pela concorrência entre os próprios operários. Mas nasce sempre outra vez, mais forte, mais sólida, mais poderosa. Força o reconhecimento na lei de interesses isolados dos operários, na medida em que aproveita as divisões entre a burguesia. Assim aconteceu na Inglaterra com a lei das dez horas.

De um modo geral, as colisões da velha sociedade fomentam, de muitas maneiras, o curso do desenvolvimento do proletariado. A burguesia acha-se em luta constante: primeiro contra a aristocracia; mais tarde contra os sectores da própria burguesia cujos interesses entram em conflito com o progresso da indústria; permanentemente, contra a burguesia dos países estrangeiros. Em todas estas lutas vê-se obrigada a apelar para o proletariado, a exigir a sua ajuda e a arrastá-lo deste modo para o movimento político. Ela mesma leva, portanto, ao proletariado os seus próprios elementos formativos, ou seja, armas contra si mesma.

Além disto, vimos que com o progresso da indústria sectores inteiros da classe dominante se precipitam no proletariado, ou pelo menos vêem ameaçadas as suas condições de vida. Também estes levam ao proletariado uma quantidade de elementos formativos. Por fim, em alturas em que a luta de classes se aproxima da decisão final, o processo de dissolução no seio da classe dominante, no seio de toda a velha sociedade, assume um carácter tão cru, tão violento, que uma pequena parte da classe dominante se desliga desta e se junta à classe revolucionária, à classe que traz nas mãos o futuro. Assim como anteriormente uma parte da nobreza se passou para a burguesia, também agora uma parte da burguesia se passa para o proletariado, e nomeadamente uma parte dos ideólogos burgueses que conseguiram chegar à compreensão teórica de todo o movimento histórico.

De todas as classes que hoje em dia defrontam a burguesia só o proletariado é uma classe realmente revolucionária. As demais classes vão se arruinando e soçobram com a grande indústria; o proletariado é o produto mais característico desta.

As camadas médias, o pequeno industrial, o pequeno comerciante, o artífice, o camponês, lutam todos contra a burguesia para assegurarem a sua existência como camadas médias antes do declínio. Não são pois revolucionárias, mas conservadoras. Mais ainda, são reaccionárias, procuram pôr a andar para trás a roda da história. Se são revolucionárias, são-no apenas em termos da sua iminente passagem para o proletariado, o que quer dizer que não defendem os seus interesses presentes mas os futuros, o que quer dizer que abandonam a sua posição social própria e se colocam na do proletariado.

A proleta miserável *(Lumpenproletariat)*, essa podridão passiva dos estratos inferiores da velha sociedade, é aqui e além arrastada para a acção por uma revolução proletária, e pela sua situação estará mais disposta a deixar-se enredar em manobras reaccionárias.

As condições de vida da velha sociedade já estão destruídas nas condições de vida do proletariado. O proletário não é possuidor; a sua relação com a mulher e os filhos já não tem nada de comum com a relação familiar burguesa; o trabalho industrial moderno, a subjugação moderna ao capital, que é a mesma na Inglaterra e na França, na América e na Alemanha, tirou-lhe todo o carácter nacional. As leis, a moral, a religião são para ele outros tantos preconceitos burgueses em que se acoitam outros tantos interesses burgueses.

Todas as classes anteriores que se apoderaram do poder procuram proteger uma posição social já alcançada, e para tal submeteram toda a sociedade às condições do seu lucro. Os proletários só se podem apoderar das forças produtivas sociais abolindo o seu próprio modo anterior de apropriação, abolindo todo modo anterior de apropriação. Os proletários nada têm de seu a proteger, têm sim a destruir todas as seguranças privadas e os seguros privados anteriores.

Todos os movimentos anteriores foram movimentos de minorias ou no interesse de minorias. O movimento proletário é o movimento independente da maioria imensa no interesse da maioria imensa. O proletariado, o estrato inferior da sociedade actual, não pode sublevar-se, não pode erguer-se, sem fazer ir pelos ares a superstrutura completa dos estratos que formam a sociedade oficial.

Pela forma, embora não pelo conteúdo, a luta do proletariado contra a burguesia começa por ser uma luta nacional. O proletariado de cada um dos países tem naturalmente de começar por acabar com a sua própria burguesia.

Enquanto traçámos as fases mais gerais do desenvolvimento do proletariado, seguimos de perto a guerra civil mais ou menos oculta no seio da sociedade burguesa existente até ao ponto em que estala abertamente uma revolução e o proletariado estabelece o seu domínio pelo derrube violento da burguesia.

Até aqui a sociedade assentou, como vimos, no antagonismo de classes opressoras e oprimidas. Para que uma classe possa ser oprimida, têm de lhe ser garantidas condições em que possa pelo menos ir arrastando a sua existência servil. O servo da gleba chegou a membro da comuna na sua servidão tal como o burguês de baixa condição chegou a burguês sob o jugo do absolutismo feudal. Pelo contrário, o operário moderno, em vez de se elevar com o progresso da indústria, afunda-se cada vez mais fundo nas condições da sua própria classe. O operário passa a indigente, e a indigência desenvolve-se mais rapidamente do que a população e a riqueza. Torna-se assim evidente que a burguesia é incapaz de continuar a ser por muito mais tempo a classe dominante da sociedade e a impor à sociedade como lei reguladora as condições de vida da sua classe. A burguesia é incapaz de dominar porque é incapaz de garantir ao escravo a própria existência na escravidão, porque é obrigada a deixá-lo afundar-se numa situação em que tem de ser ela a alimentá-lo, em vez de ser alimentada por ele. A sociedade já não pode viver sob a sua dominação, isto é, a sua vida já não é compatível com a sociedade.

A condição essencial para a existência e para o domínio da classe burguesa é a acumulação da riqueza nas mãos de particulares, a formação e o aumento do capital; a condição do capital é o trabalho assalariado. O trabalho assalariado assenta exclusivamente na concorrência entre os operários. O progresso da indústria, de que a burguesia é portadora abúlica e inerte, coloca no lugar do isolamento dos operários pela concorrência a sua união revolucionária pela associação. Com o desenvolvimento da grande indústria desaparece debaixo dos pés da burguesia a base em que ela produz e se apropria dos produtos. Ela produz antes do mais o seu próprio coveiro. O seu declínio e a vitória do proletariado são tão inevitáveis um como a outra.

Socialismo burguês e socialismo proletário[1]

[...] Vimos pouco a pouco os camponeses, os pequenos burgueses, as camadas médias em geral passarem para o lado do proletariado, empurrados para a oposição aberta contra a República oficial, tratados por esta como adversários. *Revolta contra a ditadura burguesa, necessidade duma modificação da sociedade, manutenção das instituições democráticas-republicanas como sendo seus órgãos motores, agrupamento em torno do proletariado com força revolucionária decisiva* – tais são as características comuns daquilo a que se chamou o *partido da social-democracia*, o *partido da República vermelha.* Esse *partido da anarquia*, como o baptizam os seus adversários, não é menos que o *partido da ordem* uma coligação de interesses diferentes. Da mais pequena reforma da antiga desordem social até à subversão da antiga ordem social, do liberalismo burguês até ao terrorismo revolucionário, tais são os longínquos extremos que constituem o ponto de partida e o ponto terminal do partido da "anarquia".

A supressão dos direitos protectores – é o socialismo! Porque ataca o monopólio da fracção *industrial*, do partido da ordem. A regularização do orçamento do Estado, é socialismo! Porque ataca o monopólio da fracção *financeira* do partido da ordem. A entrada livre da carne e dos cereais estrangeiros, é socialismo! Porque ataca o monopólio da terceira fracção do partido da ordem, da *grande propriedade fundiária*. As reivindicações do partido livre-cambista, isto é, do partido burguês inglês mais avançado, apareciam em França como

1 Extractos de Marx, *As lutas de classes em França*, 1850, cap. 3, segundo a tradução francesa de Éditions Sociales, 1952.

outras tantas reivindicações socialistas. O voltairianismo é socialismo! Porque ataca uma quarta fracção do partido da ordem, a fracção *católica*. Liberdade de imprensa, direito de associação, instrução geral do povo, é socialismo! Atacam o monopólio do partido da ordem no seu conjunto.

A marcha da revolução amadurecera tão rapidamente a situação que os amigos das reformas de todos os matizes, que as exigências mais modestas das classes médias eram obrigados a agrupar-se em redor da bandeira do partido subversivo mais extremo, em redor da *bandeira vermelha*.

Por mais variado que fosse, aliás, o *socialismo* das diversas grandes fracções do partido da anarquia, consoante as condições económicas e todas as necessidades revolucionárias da sua classe ou da sua fracção de classe que daí resultavam, estava de acordo em *um* ponto; proclamar que é o *meio de emancipação do proletariado* e que a *emancipação* deste é o seu *objectivo*. Engano propositado nuns, ilusão noutros, que proclamam o mundo transformado segundo as suas necessidades como o melhor dos mundos para todos, como a realização de todas as exigências revolucionárias, e a supressão de todas as colisões revolucionárias.

Sob as frases socialistas *gerais* bastante semelhantes do *partido da anarquia* esconde-se o *socialismo* do *National*, da *Presse* e do *Siecle* que quer, de maneira mais ou menos consequente, derrubar o domínio da aristocracia financeira e libertar a indústria e o comércio dos seus grilhões anteriores. É o socialismo da indústria, do comércio e da agricultura cujos regentes no partido da ordem renegam os seus interesses na medida em que não concordam mais com os seus monopólios privados. Deste *socialismo burguês* que, naturalmente, como cada uma das variedades de socialismo, alia uma parte dos operários e dos pequeno-burgueses, distingue-se o *socialismo pequeno-burguês* propriamente dito, o socialismo por excelência. O capital persegue esta classe principalmente como *credor*, ela pede *instituições de crédito*; esmaga-a com a *concorrência* e ela pede associações subvencionadas pelo Estado; oprime-a com a *concentração* e ela pede *impostos progressivos*, restrições à herança, o empreendimento pelo Estado de grandes trabalhos e doutras medidas que *travam de viva força o crescimento do capital*. Como ela sonha com uma realização pacífica do seu socialismo – salvo talvez uma segunda revolução de Fevereiro de alguns dias – o processo histórico próximo aparece-lhe naturalmente como a *aplicação de sistemas* que os pensadores sociais concebem ou conceberam, seja de companhia, seja como inventores isolados. Os pequenos burgueses tornam-se assim os eclécticos ou os adeptos dos *sistemas* socialistas existentes, do *socialismo doutrinário*, que só foi a expressão teórica do proletariado enquanto este não se desenvolvera o suficiente até se tornar um movimento histórico livre independente.

Desta maneira, enquanto a *utopia*, o *socialismo doutrinário* que subordina o conjunto do movimento a um dos seus momentos, que põe no lugar da produção comum, social, a actividade cerebral do pedante individual e cuja fantasia suprime a luta revolucionária das classes com as suas necessidades por meio de pequenos artifícios ou de grandes sentimentalidades, enquanto este socialismo doutrinário que se limita no fundo a idealizar a sociedade actual, a reproduzir dela uma imagem sem qualquer sombra e que quer fazer triunfar o seu ideal contra a realidade social, ao passo que o proletariado deixa esse socialismo à pequena burguesia, ao passo que a luta dos diferentes sistemas entre si faz salientar cada um dos pretensos sistemas como a manutenção preciosa dum dos pontos de transição da transformação social contra outro ponto, o *proletariado* agrupa-se cada vez mais em redor do *socialismo revolucionário,* em redor do *comunismo* para o qual a própria burguesia inventou o nome de *Blanqui.* Este socialismo é a *declaração permanente da revolução,* a *ditadura de classe* do proletariado, como ponto de transição necessário para chegar **à** *supressão das diferenças de classes em geral,* à supressão de todas as relações de produção em que elas assentam, **à** supressão de todas as relações sociais que correspondem a relações de produção, **à** transformação de todas as ideias que emanam dessas relações sociais.

A pedra de toque do marxismo[1]

Como Marx punha a questão em 1852

Mehring publicou em 1907 na *Neue Zeit* (XXV, 2, 164) extractos duma carta de Marx a Weydemeyer, datada de 5 de março de 1852. Essa carta encerra, entre outras, a seguinte notável observação:

> No que me diz respeito, não é a mim que cabe o mérito de ter descoberto nem a existência das classes na sociedade moderna, nem a sua luta entre si. Muito antes de mim, historiadores burgueses tinham descrito o desenvolvimento histórico dessa luta das classes e economistas burgueses tinham exprimido a anatomia económica dela. O que eu fiz de novo, foi: 1) demonstrar que *a existência das classes* está ligada apenas a *fases do desenvolvimento histórico da produção* (historische Entwicklungsphasen der Produktion); 2) que a luta das classes *conduz* necessariamente à *ditadura do proletariado*; 3) que essa ditadura constitui somente a transição para a *abolição de todas as classes* e para uma *sociedade sem classes*...

Neste texto, Marx conseguiu exprimir, com um relevo surpreendente, em primeiro lugar, o que distingue principalmente e fundamentalmente a sua doutrina da dos pensadores

---

1 Extractos de Lénine, *O Estado e a Revolução*, 1917, cap. II, *Obras completas*, t. XXV.

esclarecidos e mais penetrantes da burguesia e, depois, a essência da sua doutrina do Estado.

O essencial, na doutrina de Marx, é a luta das classes. É o que se diz e é o que se escreve muito frequentemente. Mas é inexacto. E, desta inexactidão, resultam correntemente deformações oportunistas do marxismo, falsificações tendentes a torná-lo aceitável pela burguesia. Porque a doutrina da luta das classes foi criada *não* por Marx, *mas* pela burguesia antes de Marx; e ela é, duma maneira geral, *aceitável* pela burguesia. Quem reconhecer *unicamente* a luta das classes, não é só por isso um marxista; pode acontecer que não saia ainda do quadro do pensamento burguês e da política burguesa. Limitar o marxismo à doutrina da luta das classes, é truncá-lo, deformá-lo, reduzi-lo ao que é aceitável pela burguesia. Só é marxista aquele que *estender* o reconhecimento da luta das classes até ao reconhecimento da *ditadura do proletariado.* É o que distingue fundamentalmente o marxista do vulgar pequeno (e também do grande) burguês. É com esta pedra de toque que se deve experimentar a compreensão e o reconhecimento *efectivos* do marxismo. Não é de espantar que, quando a história da Europa levou a classe operária a abordar *praticamente* esta questão, todos os oportunistas e reformistas, mas também todos os "kautkistas" (os que hesitam entre o reformismo e o marxismo) se tenham revelado lastimáveis filisteus e democratas pequeno-burgueses, *negadores* da ditadura do proletariado. A brochura de Kautsky *A ditadura do proletariado,* publicada em agosto de 1918, isto é, muito tempo depois da primeira edição desta obra, oferece um modelo de deformação pequeno-burguesa do marxismo que ela repudia cobardemente *de facto,* ao mesmo tempo que o reconhece hipocritamente *em palavras* (ver a minha brochura *A revolução proletária e o renegado Kautsky,* Petrogrado e Moscovo, 1918).

O oportunismo contemporâneo, na pessoa do seu principal representante, o ex-marxista K. Kautsky, responde inteiramente à característica, dada por Marx, da atitude *burguesa*, porque circunscreve o quadro do reconhecimento da luta das classes à esfera das relações burguesas. (Não há um único liberal instruído que, nos seus limites, não consinta admitir "em princípio" a luta das classes!). O oportunismo *não estende* o reconhecimento da luta das classes até ao que é precisamente o essencial, até ao período de *transição* do capitalismo para o comunismo, até ao período do *derrubamento* e de *supressão* completa da burguesia. Na realidade, esse período é necessariamente marcado por uma luta de classes dum encarniçamento sem precedente, revestindo formas duma extrema acuidade. O Estado desse período deve pois necessariamente ser democrático *duma maneira nova* (para os proletários e os não-possuidores em geral) e ditatorial *duma maneira nova* (contra a burguesia).

Prossigamos. Só assimilaram a essência da doutrina de Marx sobre o Estado aqueles que compreenderam que a ditadura *duma* classe é necessária não só para toda a sociedade de classes em geral, não só para o *proletariado* que terá derrubado a burguesia, mas ainda para todo o *período histórico* que separa o capitalismo da "sociedade sem classes", do comunismo. As formas de Estados burgueses são extremamente variadas, mas a sua essência é uma: em última análise, todos estes Estados são, duma maneira ou doutra, mas necessariamente, *uma ditadura da burguesia*. A passagem do capitalismo ao comunismo não pode evidentemente deixar de fornecer uma grande abundância e uma larga diversidade de formas políticas, mas a sua essência será necessariamente uma: *a ditadura do proletariado*.

Contribuição para a história da questão da ditadura (1920)[1]

A questão da ditadura do proletariado é a questão essencial do movimento operário moderno em todos os países capitalistas. Para elucidar a fundo esta questão, é indispensável conhecer a sua história. A escala internacional, a história da doutrina da ditadura revolucionária em geral e da ditadura do proletariado em particular coincide com a do socialismo revolucionário e, mais especialmente, com a do marxismo. Em seguida – e isso é evidentemente o mais importante – a história de todas as revoluções da classe oprimida e explorada contra os exploradores é a nossa fonte principal de informações e de conhecimentos sobre a questão da ditadura. Quem não tiver compreendido a necessidade da ditadura de toda a classe revolucionária para alcançar a vitória, nada compreendeu da história das revoluções ou nada quer saber nesse domínio.

No plano da Rússia, teoricamente falando, o programa do Partido Operário Social-Democrata da Rússia, elaborado em 1902-1903 pela redacção de *Zaria* e de *Iskra* ou, mais exactamente, por G. Plékhanov, depois modificado, apurado e aprovado por aquela redacção, tem uma importância muito particular. A questão da ditadura do proletariado é posta com nitidez e clareza, e isso precisamente em ligação com a luta contra Bernstein, contra o oportunismo. Mas a maior importância liga-se, evidentemente, à experiência da revolução, isto é, na Rússia, à experiência de 1905.

Os três últimos meses do ano de 1905 – outubro, novembro e dezembro – foram um período de luta revolucionária

1 Extractos de Lénine, *Obras completas*, t. XXXI.

de massa singularmente vigorosa e ampla, período marcado pelo emprego simultâneo dos dois meios de luta mais poderosos: greve política de massa e insurreição armada. (Notemos entre parêntesis que já em maio de 1905 o Congresso bolchevique, o "Terceiro congresso do Partido Operário Social-Democrata da Rússia", considerava "a organização do proletariado para a luta directa contra a autocracia pela insurreição armada" como "uma das tarefas mais importantes e mais urgentes do Partido" e encarregava todas as organizações do Partido "de estudar o papel das greves políticas de massa, que podem ter uma grande importância no princípio e durante a insurreição").

Pela primeira vez na história do mundo, a luta revolucionária atingiu um tal grau de desenvolvimento e uma tal força que a insurreição armada coincidiu com a greve de massa, essa arma especificamente proletária. É evidente que esta experiência tem uma significação internacional para *todas* as revoluções proletárias. E os bolcheviques estudaram-na com a maior atenção e a maior aplicação, tanto nos seus aspectos políticos como nos seus aspectos económicos. Assinalarei a análise dos dados mensais referentes às greves económicas e políticas de 1905, as relações existentes entre elas, o grau de desenvolvimento da luta grevista atingido então pela primeira vez no mundo; essa análise foi publicada por mim na revista *Prosvechtchénié em* 1910 ou 1911 e reproduzida, sob uma forma resumida, na imprensa bolchevique da época no estrangeiro.

As greves de massa e as insurreições armadas punham por si mesmas na ordem do dia a questão do poder revolucionário e da ditadura, porque essas formas de luta rematavam inevitavelmente, primeiro à escala local, na expulsão das antigas autoridades, na tomada do poder pelo proletariado e classes revolucionárias, na expulsão dos latifundiários, por vezes na ocupação das usinas, etc., etc. A luta revolucionária de massa desse período fez surgir organizações até então desconhecidas na história mundial, tal como os *Sovietes dos deputados operários,* depois os Sovietes de deputados soldados, Comités camponeses, etc. Viu-se que as questões fundamentais (poder dos Sovietes e ditadura do proletariado) que preocupam hoje os operários conscientes de todos os países se encontraram postas na prática no fim de 1905. Se representantes do proletariado revolucionário e do marxismo não falsificado tão notáveis como Rosa Luxemburg, captaram imediatamente a importância desta experiência vivida e fizeram, nas reuniões e na imprensa, a sua análise crítica, a imensa maioria dos representantes oficiais dos partidos social-democratas e socialistas oficiais, entre os quais os reformistas e a gente da espécie dos futuros "kautskistas", "longuetistas",[2] partidários de Hillquit na América, etc., mostraram-se absolutamente incapazes de compreender a significação dessa experiência e de fazer o seu dever de *revolucionários,* isto é, empreender o estudo e a propaganda dos ensinamentos dessa experiência.

Continuemos. Será absolutamente oportuno recordar as explicações relativas à ditadura dadas por mim ao Sr. R. Blank. Este expunha, em 1906, num jornal oficialmente sem partido mas menchevique na realidade, as concepções dos mencheviques, que elogiava por "se dedicarem a orientar

2 Jean Longuet (1876-1938): dirigente do Partido Socialista Francês e da II Internacional. Um dos chefes da ala centrista daquele partido. [N. T.]

o movimento social-democrata russo na via da social-democracia internacional, à cabeça da qual se encontra o grande partido social-democrata da Alemanha".

Por outras palavras, tal como os cadetes, R. Blank opunha aos bolcheviques, revolucionários insensatos não marxistas, sediciosos, etc., os mencheviques "sensatos", aos quais assimilava a socialdemocracia alemã. Trata-se de um processo corrente da tendência internacional dos sociais-liberais, pacifistas, etc., que, em todos os países, cantam os louvores dos reformistas, dos oportunistas, dos kautskistas, dos longuetistas, socialistas "sensatos" por oposição à "loucura" dos bolcheviques.

Eis como eu respondia ao Sr. Blank na minha brochura de 1906:

"O Sr. Blank opõe dois períodos da revolução russa: o primeiro abrange aproximadamente os meses de outubro a dezembro de 1905. É o da tempestade revolucionária. O segundo, é o período actual, que nós temos naturalmente o direito de qualificar de período das vitórias dos cadetes nas eleições para a Duma ou mesmo, se nos é permitido antecipar, de período da Duma dos cadetes.

O Sr. Blank diz deste período que ele marca o regresso ao pensamento e à sageza, e que é possível voltar a uma actividade consciente, concertada, sistemática. O Sr. Blank caracteriza, pelo contrário, o primeiro período pelo divórcio entre a teoria e a prática. Todos os princípios e todas as concepções social-democratas tinham desaparecido, a táctica preconizada desde sempre pelos fundadores da social-democracia russa fora esquecida e as próprias bases da concepção social-democrata do mundo totalmente abaladas.

Esta afirmação fundamental do Sr. Blank tem um carácter puramente formal. Toda a teoria marxista se achou em desacordo com a "prática" do período de tempestade revolucionária.

Será realmente assim? Qual é a "base" primeira e essencial da teoria marxista? Esta: na sociedade contemporânea, a única classe revolucionária até ao fim e, portanto, aquela que é a vanguarda de qualquer revolução, é o proletariado. Pode-se pôr a questão seguinte: a tempestade revolucionária abalou totalmente esta "base" da concepção social-democrata do mundo? Muito pelo contrário, não fez mais do que confirmá-la da maneira mais brilhante. Foi precisamente o proletariado o principal e, ao princípio, quase o único *combatente* deste período. Foi por assim dizer a primeira vez na história mundial que a revolução burguesa foi marcada pelo recurso numa vasta escala, desconhecida mesmo nos países capitalistas mais avançados, a uma arma puramente proletária de luta: a greve política de massa. O proletariado entrou na luta, uma luta imediatamente revolucionária, no momento em que os Struvé e os Blank apelavam para a participação na Duma de Bulyguine, em que os professores cadetes apelavam para que os estudantes se limitassem ao estudo. Com a sua arma proletária de luta, o proletariado conquistou para a Rússia toda essa "constituição" – se assim se pode dizer – que depois foi estragada, roída e truncada. Em outubro de 1905, o proletariado aplicou o meio táctico de luta de que, *seis meses antes,* falara a resolução do III Congresso *bolchevique* do Partido Operário Social-Democrata da Rússia, resolução que chamava particularmente a atenção para a importância que havia em combinar a greve política de massa e a insurreição; e é precisamente essa combinação que caracteriza todo o período da "tempestade revolucionária", todo o último trimestre de 1905.

Assim, o nosso ideólogo da pequena burguesia desnaturou a realidade da maneira mais imprudente, mais flagrante. Não citou um único facto que testemunhasse o divórcio entre a teoria marxista e a experiência prática da "tormenta revolucionária"; tentou dissimular o traço essencial dessa tormenta que forneceu uma confirmação brilhante de "todos os princípios e ideias social-democratas", de "todas as bases da concepção social-democrata do mundo".

Qual foi no entanto o móbil verdadeiro que induziu o Sr. Blank a adoptar a opinião monstruosamente errada, segundo a qual os princípios e as ideias marxistas tinham desaparecido durante esse período de "tempestade"? O exame deste facto apresenta um grande interesse: revela-nos uma vez mais a verdadeira natureza do espírito pequeno-burguês em matéria política.

Em que consistiu principalmente a diferença entre o período da "tempestade revolucionária" e o período actual, o dos "cadetes", do ponto de vista dos diferentes meios de acção política, do ponto de vista dos diferentes métodos de criação histórica do povo? Em primeiro lugar, e sobretudo, no facto de, durante o período de "tempestade", terem sido aplicados métodos particulares, desconhecidos nos outros períodos da política. Eis os mais essenciais desses métodos: 1º *"conquista" pelo povo da liberdade política*, adquirida sem direito, nem lei, nem restrições (liberdades de reunião, que mais não fosse nas universidades, liberdade de imprensa, de associação, de congresso, etc.); 2º, criação de novos organismos do *poder revolucionário*: Sovietes de deputados operários, soldados, ferroviários, camponeses, novas autoridades nas cidades e nos campos, etc. Organismos exclusivamente criados pelas camadas *revolucionárias* da população, fora de toda a legalidade e de todas as normas, unicamente pela via revolucionária, como o produto da criação popular espontânea, como expressão das actividades do povo liberto ou em via de se libertar dos antigos entraves policiais. Eram, enfim, organismos do *poder*, apesar da sua forma embrionária e do seu carácter espontâneo, amorfo, da deliquescência da sua composição e do seu funcionamento. Agiam como poder, apoderando-se, por exemplo, das tipografias (em Petersburgo), prendendo os funcionários da polícia que queriam impedir o povo revolucionário de exercer os seus direitos (houve igualmente exemplos em Petersburgo, em que determinado organismo do novo poder era o mais fraco, e o antigo poder o mais forte). Agiam como poder, convidando todo o povo a não mais dar dinheiro ao antigo governo. Confiscavam os fundos deste (comité de greve dos ferroviários do Sul) e serviam-se deles para as necessidades do novo governo popular; eram incontestavelmente os embriões dum novo governo popular ou, se quiserdes, revolucionário. Pelo seu carácter político e social era, em germe, a ditadura dos elementos revolucionários do povo; espanta-vos isto, Sr. Blank e Sr. Kisewetter? Não vedes aí a "segurança reforçada", que é para os burgueses o equivalente da ditadura? Dissemo-lo já, não tendes qualquer ideia da noção científica de ditadura. Vamos dar-vo-la imediatamente, mas começaremos por indicar o terceiro "método" de acção da época de "tempestade revolucionária": o emprego da violência pelo povo contra os que oprimiam o povo.

Os organismos do poder descritos acima eram, em germe, ditatoriais, porque esse poder não reconhecia *nenhum* outro poder, *nenhuma* lei, *nenhuma* norma, donde quer que viessem. O poder ilimitado, extralegal, apoiando-se na força, no sentido mais estrito da palavra, é isso a ditadura. Mas a força em que se apoiava e procura apoiar-se o novo poder, não era a da baioneta nas mãos dum punhado de militares, nem a do "comissariado de polícia", nem a do dinheiro, nem a de nenhuma das antigas instituições. Nada disso. Os novos organismos do poder não dispunham nem de armas, nem de dinheiro, nem de antigas instituições. Podeis imaginar, Sr. Blank e Sr. Kisewetter, que a sua força nada tinha de comum com os antigos meios de violência, nada de comum com "segurança reforçada", a não ser a segurança reforçada do povo contra a opressão dos organismos policiais e outros do antigo poder?

Em que se apoiava então essa força? Apoiava-se na massa popular. Eis o que distingue *fundamentalmente* este novo poder de todos os organismos anteriores do antigo poder. Estes eram os organismos do poder duma minoria sobre o povo, sobre a massa dos operários e dos camponeses. Aqueles eram os organismos do poder do povo, dos operários e dos camponeses sobre uma minoria, sobre um punhado de opressores policiais, sobre um punhado de nobres e de funcionários privilegiados. Tal é a diferença entre a ditadura *sobre* o povo e a ditadura do *povo revolucionário*, fixai bem, Sr. Blank e Sr. Kisewetter! Ditadura duma minoria, o antigo poder não podia manter-se a não ser por expedientes de polícia, pelo afastamento das massas populares da participação no poder, do controlo do poder. O antigo poder desconfiava sistematicamente das massas, temia a luz, mantinha-se pela mentira. Ditadura da imensa maioria, o novo poder só podia manter-se e mantinha-se graças à confiança da imensa massa, porque chamava toda a massa a participar no poder da maneira mais livre, mais larga e mais poderosa. Nada de escondido, nada de oculto, nada de regulamentado, nada de formal. És um operário? Queres lutar para libertar a Rússia do jugo dum punhado de opressores policiais? És nosso camarada. Escolhe o teu deputado, já sem demora; escolhe-o como entenderes, nós o acolheremos com satisfação e com alegria como membro igual em direitos do nosso Soviete dos deputados operários, do Comité camponês, do Soviete dos deputados soldados, etc. É um poder que age à luz do dia, sob os olhos das massas, acessível às massas, emanando directamente das massas, é o organismo directo e sem intermediário das massas populares, é a expressão da sua vontade. Tal era o novo poder, ou, mais exactamente, o seu embrião, porque a vitória do antigo poder pisou rapidamente os jovens rebentos da nova planta.

Perguntareis talvez, Sr. Blank e Sr. Kisewetter, o que vinham fazer aqui a "ditadura" e a "violência"? Tem a imensa massa necessidade de usar de violência contra um punhado? Dezenas de centenas de milhões de homens podem exercer a ditadura sobre milhares, sobre dezenas de milhar?

É a questão que põem geralmente as pessoas que vêem empregar pela primeira vez a palavra ditadura numa acepção nova para elas. Está-se habituado a ver só o poder policial e a ditadura policial. Parece-lhes estranho que possa haver um poder sem polícia, que possa haver uma ditadura não policial. Dizeis que milhões de homens não precisam de violência contra milhares? Enganai-vos, e enganai-vos porque não considerais o fenómeno no seu desenvolvimento. Esqueceis que o poder não cai das nuvens, mas que surge, desenvolve-se paralelamente ao antigo, contra ele, na sua luta contra ele. Sem violência para com os opressores que detêm nas suas mãos os meios e os organismos do poder, não é possível livrar deles o povo.

Eis, Sr. Blank e Sr. Kisewetter, um pequeno exemplo muito simples que vos permitirá assimilar esta alta sabedoria inacessível ao intelecto dum cadete, sabedoria "que lhe faz vertigem". Imaginai Avramov torturando e martirizando Spiridonova. Spiridonova tem por si, digamos, dezenas ou centenas de homens não armados. Avramov tem por si um punhado de cossacos. Que teria feito o povo, se Spiridonova tivesse sido martirizada noutro lugar que não num cárcere? Teria recorrido à violência contra Avramov e seu séquito. Teria sacrificado talvez alguns combatentes abatidos por Avramov, mas teria pela força desarmado Avramov e os cossacos, não sem matar logo ali, muito provavelmente, alguns desses homens, se é permitido chamar-lhes assim. Quanto aos outros, tê-los-ia atirado para qualquer prisão para pôr termo aos seus excessos e para os apresentar perante a justiça do povo.

Como vedes, Sr. Blank e Sr. Kisewetter, quando Avramov e os seus cossacos martirizam Spiridonova, é a ditadura militar e policial que se exerce sobre o povo. Quando o povo revolucionário (capaz de lutar contra os opressores, e não somente de exortar e de pregar, de exprimir pesares, de reprovar, de choramingar e lamentar-se, não pequeno-burguês limitado, mas revolucionário) usa de violência contra Avramov e os seus pares, há a ditadura do povo revolucionário. É realmente a *ditadura*, porque é o poder do povo sobre Avramov, poder que nenhuma lei limita (um pequeno-burguês seria talvez contra o facto de arrancar pela força Spiridonova a Avramov: porque, enfim, é "ilegal"! E há uma lei que autorize a matar Avramov? Não inventaram alguns ideólogos pequeno-burgueses uma teoria de não resistência ao mal pela violência? A noção científica de ditadura aplica-se a um poder que nada limita, que nenhuma lei, nenhuma regra absolutamente refreia e que assenta directamente na violência. A noção de ditadura *não é mais do que isto*; fixai-o bem, senhores cadetes. Em seguida, vemos, pelo exemplo que demos, que se trata realmente da ditadura do *povo*, porque o povo, a massa da população, que não tomou ainda corpo e que está reunida "por acaso" num local determinado, entra em liça por si mesma e naturalmente, faz justiça, castiga, exerce o poder, funda um novo direito revolucionário. Enfim, trata-se realmente da ditadura do povo *revolucionário*. Porquê do povo revolucionário, e não de todo o povo? Porque na massa do povo, que sofre constantemente e da maneira mais cruel as proezas dos Avramov, há os que estão despedaçados fisicamente, aterrorizados, deprimidos moralmente, por exemplo, pela teoria da não resistência ao mal pela violência, ou muito simplesmente deprimidos, não por uma teoria, mas pelos preconceitos, os costumes, a rotina das pessoas indiferentes, aqueles a quem se chama espíritos vulgares, os pequenoburgueses, que preferem afastar-se da luta aguda, passar adiante ou mesmo esconder-se (as pancadas não escolhem onde cair!). Eis porque não é todo o povo que exerce a ditadura, mas somente o povo revolucionário, que porém não tem medo algum do conjunto do povo, que lhe dá a conhecer os móbeis e os pormenores dos seus actos, que convida *todo* o povo a participar não só na gestão do Estado, mas no próprio poder e na própria organização do Estado.

Assim, este simples exemplo contém *todos os elementos* da noção científica de "ditadura do povo revolucionário", e a de "ditadura militar e policial". E este simples exemplo, acessível mesmo a um sábio professor cadete, permite-nos passar a fenómenos mais complexos da vida social.

Uma revolução, no sentido limitado e primeiro da palavra, é precisamente um período da vida do povo durante o qual o ódio acumulado desde séculos contra as proezas dos Avramov rebenta não em palavras, mas em *actos*, em actos não de pessoas isoladas, mas de *massas populares de milhões de homens*. O povo acorda e levanta-se para se libertar dos Avramov. O povo liberta dos Avramov as inúmeras Spiridonova da vida russa, emprega a violência contra os Avramov, toma o poder sobre os Avramov. Claro que isto não se faz duma maneira tão simples e "duma só vez", como no exemplo citado e simplificado por nós para uso do sr. professor Kisewetter; esta luta do povo contra os Avramov, esta luta no sentido limitado e primeiro da palavra, esta evicção dos Avramov pelo povo exige meses e anos de "tempestade revolucionária". Esta evicção dos Avramov pelo povo constitui justamente o conteúdo real do que se chama a grande revolução russa. Do ponto de vista dos métodos da criação histórica, esta evicção realiza-se pelas formas que acabamos de descrever ao falar da tempestade revolucionária, a saber: conquista da liberdade política pelo povo, isto é, da liberdade a que se opunham os Avramov; criação dum novo poder revolucionário pelo povo, dum poder dirigido contra os Avramov, para eliminar, desarmar, pôr fora de poderem fazer mal esses cães raivosos, todos esses Avramov, esses Durnovo, esses Dubassov, esses Min, etc.

Está bem que o povo empregue meios de luta tão ilegais, irregulares, irracionais, não sistemáticos, que a conquista da liberdade, a instauração dum novo poder revolucionário que não é formalmente reconhecido por ninguém, exerça a violência contra os opressores do povo? Sim, está muito bem. É a expressão suprema da luta popular contra a liberdade. É o advento duma grande época em que os sonhos de liberdade dos melhores homens da Rússia se tornam *realidade*, a obra das massas populares e não de heróis isolados. Está tão bem como a libertação pela multidão (no nosso exemplo) de Spiridonova das garras de Avramov, o seu desarmamento pela força e a sua redução à impotência.

Mas é aqui que abordamos o ponto central dos pensamentos reservados e dos temores dos cadetes. Um cadete é precisamente o ideólogo da pequena burguesia porque reporta sobre a política, sobre a libertação do povo, sobre a revolução, o ponto de vista do homem da rua que, no nosso exemplo das torturas infligidas por Avramov a Spiridonova, teria tentado reter a multidão, ter-lhe aconselhado a não violar a lei, a não se apressar a libertar a vítima das mãos de um torcionário que age em nome do poder legal. Decerto, no nosso exemplo, esse espírito vulgar teria sido simplesmente um monstro moral, mas, aplicado ao conjunto da vida social, a monstruosidade moral do pequeno-burguês é, repetimos, uma qualidade de modo algum individual mas social, condicionada talvez pelos preconceitos – solidamente arraigada nos espíritos – da ciência do direito burguês e filisteu.

Porque considera o Sr. Blank não precisar de ser provado o facto de, durante a "tempestade", todos os princípios marxistas terem sido esquecidos? Porque deforma o marxismo e faz dele brentanismo,[3] considerando como não marxistas "princípios" como os da conquista da liberdade, da criação do poder revolucionário, do recurso à violência pelo povo. Este ponto de vista transpira em todo o artigo do Sr. Blank, e não só no seu, mas também nos de todos os cadetes, de

3 Brentano (1844-1931): Economista alemão, partidário do chamado socialismo de Estado. Procurava alcançar a igualdade social no capitalismo mediante reformas e a conciliação dos interesses dos operários e dos capitalistas. [N. T.]

todos os autores do campo liberal e radical que hoje cantam os elogios de Plékhanov pelo seu amor aos cadetes, até e incluindo os bernsteinianos de *Biez Zaglavia*, Prokopovitch, Kuskova e *tutti quanti*.

Examinemos como nasceu este ponto de vista e porque tinha ele de nascer.

Nasceu directamente da concepção bernsteiniana ou, para falar duma maneira mais geral, oportunista da social--democracia da Europa Ocidental. Os erros desta concepção, que os "ortodoxos" desmascararam sistematicamente e em toda a linha no Ocidente, são actualmente importados na Rússia "subrepticiamente" com outro molho e outro pretexto. Os partidários de Bernstein admitiam e admitem o marxismo, *com exclusão* do seu aspecto directamente revolucionário. Consideram a luta parlamentar não como um dos meios de luta, particularmente válido em certos períodos determinados da história, mas como a forma principal e quase única da luta, tornando inúteis a "violência", a "conquista", a "ditadura". É esta deformação vulgar, pequeno-burguesa do marxismo que hoje implantam na Rússia os Srs. Blank e outros liberais que cantam louvores a Plékhanov. Fizeram de tal maneira sua esta deformação, que nem sequer julgam necessário provar que as ideias e os princípios marxistas foram esquecidos durante o período da tempestade revolucionária.

Porque tinha este ponto de vista de aparecer? Porque corresponde pertinentemente à situação de classe e aos interesses da pequena burguesia. A ideologia da sociedade burguesa "depurada" admite *todos* os métodos de luta da social-democracia, *salvo precisamente aqueles que o povo revolucionário emprega em período de "tempestade"* e que a social-democracia revolucionária aprova e ajuda a aplicar. Os interesses da burguesia exigem a participação do proletariado na luta contra a autocracia, mas somente uma participação que não elimine inteiramente os antigos organismos do poder policial, da autocracia e da servidão. A burguesia quer conservar estes organismos submetendo-os somente ao seu controlo directo; são-lhe necessários *contra o proletariado,* porque a sua destruição total facilitaria demasiado a luta proletária. Eis porque os interesses da burguesia, como classe, exigem que a ditadura do povo revolucionário seja tornada impossível. A burguesia diz ao proletariado: luta contra a autocracia, mas não toques nos antigos organismos do poder, de que eu preciso. Luta "no plano parlamentar", isto é, nos limites que eu te fixarei, de acordo com a monarquia; luta por intermédio de organizações, não de organizações como os comités centrais de greve, os Sovietes de deputados operários, soldados, etc., mas de organizações que a lei, editada por mim de acordo com a monarquia, reconhece, delimita e torna inofensivas para o Capital.

Compreende-se assim porque fala a burguesia com desprezo, com desdém, com cólera, com ódio, do período de "tempestade", mas com êxtase, com arrebatamento, com o amor infinito da pequena burguesia... pela reacção, do período constitucional defendido por Dubassov. É sempre a mesma marca distintiva, constante e invariável dos cadetes: o desejo de se apoiar no povo e o temor da sua iniciativa revolucionária.

Compreende-se também que teme a burguesia mais do que o fogo o recomeço da "tempestade", porque ignora e escamoteia os elementos duma nova crise revolucionária, porque mantém e espalha no povo as ilusões constitucionais".

As bases económicas da extinção do Estado[1]

O estudo mais avançado desta questão foi feito por Marx na sua *Crítica do Programa de Gotha* (carta a Bracke, de 5 de maio de 1875, apenas impressa em 1891 na *Neue Zeit,* IX, 1, e de que apareceu uma edição russa). A parte polémica desta obra notável, que constitui uma crítica do lassallianismo,[2] atirou por assim dizer para a sombra a parte positiva da obra, a saber: a análise da correlação entre o desenvolvimento do comunismo e a extinção do Estado.

1. *Como Marx põe a questão*

Se se comparar superficialmente a carta de Marx a Bracke, de 5 de maio de 1875, e a carta de Engels a Bebel, de 28 de março de 1875, examinada mais acima, pode parecer que Marx é muito mais "estadista" do que Engels, e que é muito marcada a diferença entre as concepções destes dois autores sobre o Estado.

Engels convida Bebel a acabar com o palavreado acerca do Estado a banir completamente do programa a palavra Estado, para a substituir pela de "comunidade"; chega a declarar que a Comuna não era já um Estado no sentido próprio. Entretanto, Marx fala do "Estado futuro da sociedade comunista",

1 Lénine, *O Estado e a Revolução*, cap. V. *Obras completas*, t. XXV.

2 Lassalle (1825-1864): socialista pequeno-burguês alemão que desempenhou papel positivo no movimento operário. A sua posição oportunista em relação a alguns problemas políticos foi criticada por Marx e Engels. [N. T.]

isto é, parece admitir a necessidade do Estado mesmo em regime comunista.

Mas esta maneira de ver seria fundamentalmente errada. Um exame mais atento mostra que as ideias de Marx e de Engels sobre o Estado e a sua extinção concordam perfeitamente, e que a expressão citada de Marx se aplica precisamente ao Estado em vias de *extinção.*

É certo que não se pode pensar em determinar o momento dessa "extinção" *futura,* tanto mais que ela constituirá necessariamente um processo de longa duração. A diferença aparente entre Marx e Engels explica-se pela diferença dos assuntos tratados e dos fins prosseguidos por cada um deles. Engels propunha-se demonstrar a Bebel duma maneira impressiva, incisiva, em grandes traços, todo o absurdo dos preconceitos correntes (partilhados em grande parte por Lassalle) sobre o Estado. Marx só aflorou *esta* questão porque um outro assunto retinha a sua atenção: a evolução da sociedade comunista.

Toda a teoria de Marx é uma aplicação ao capitalismo contemporâneo da teoria da evolução sob a sua forma mais consequente, mais completa, mais reflectida e mais substancial. Concebe-se pois que Marx tenha tido de encarar o problema da aplicação desta teoria à falência *próxima* do capitalismo como à evolução *futura* do comunismo *futuro.*

A partir de que *dados* se pode pôr a questão da evolução futura do comunismo futuro?

A partir do facto de que o comunismo *procede* do capitalismo, desenvolve-se historicamente a partir do capitalismo, resulta da acção duma força social *engendrada* pelo capitalismo. Não se encontra em Marx a sombra duma tentativa de inventar utopias, de arquitectar vãs conjecturas sobre o que não se pode saber. Marx põe a questão do comunismo como um naturalista poria, por exemplo, a da evolução duma nova variedade biológica, uma vez conhecida a sua origem e determinada a direcção para onde a levam as suas modificações.

Antes de mais, Marx afasta a confusão trazida pelo programa de Gotha às questões das relações entre o Estado e a Sociedade.

"... A "sociedade actual", escreve ele, é a sociedade capitalista que existe em todos os países civilizados, mais ou menos expurgada dos elementos medievais, mais ou menos modificada pela evolução histórica particular a cada país, mais ou menos desenvolvida. O "Estado actual", pelo contrário, muda com a fronteira. É no Império prusso-alemão diferente do que é na Suíça, na Inglaterra diferente do que é nos Estados Unidos. O "Estado actual" é pois uma ficção.

"No entanto, os diversos Estados dos diversos países civilizados, apesar da múltipla diversidade das suas formas, têm todos de comum assentarem no terreno da sociedade burguesa moderna, mais ou menos desenvolvida do ponto de vista capitalista. É isso que faz que certos caracteres essenciais lhes sejam comuns. Neste sentido, pode-se falar de "Estado actual", tomado como expressão genérica, por contraste com o futuro em que a sociedade burguesa, que lhe serve agora de raiz, terá deixado de existir.

"Sendo assim, põe-se a questão: que transformação sofrerá o Estado numa sociedade comunista? Por outras palavras: que funções sociais se manterão análogas nas funções actuais do Estado? Só a ciência pode responder a esta questão; e não é juntando de mil maneiras a palavra povo com a palavra Estado que se fará avançar o problema o salto duma pulga...".

Depois de ter assim ridicularizado todas as palavrinhas sobre o "Estado popular", Marx mostra como se deve pôr a questão e formula, de certa maneira, uma prevenção indicando que não se pode dar uma resposta científica a não ser com base em dados científicos solidamente estabelecidos.

O primeiro ponto muito exactamente estabelecido por toda a teoria da evolução, pela ciência em geral – ponto que os utopistas esqueciam e que esquecem hoje os oportunistas que temem a revolução socialista –, é que historicamente deve sem dúvida existir um estádio particular ou uma etapa particular de *transição* do capitalismo para o comunismo.

2. *A transição do capitalismo para o comunismo*

"... Entre a sociedade capitalista e a sociedade comunista – prossegue Marx – coloca-se o período de transformação revolucionária daquela nesta. A que corresponde um período de transição política em que o Estado não poderá ser outra coisa que a *ditadura revolucionária do proletariado...*".

Esta conclusão assenta, em Marx, na análise do papel desempenhado pelo proletariado na sociedade capitalista actual, nos dados relativos ao desenvolvimento dessa sociedade e à inconciliabilidade dos interesses opostos do proletariado e da burguesia.

Antigamente, a questão punha-se assim: o proletariado deve, para obter a sua libertação, derrubar a burguesia, conquistar o poder político, estabelecer a sua ditadura revolucionária.

Agora, a questão põe-se de um modo um pouco diferente: a passagem da sociedade capitalista, que evolui para o comunismo, à sociedade comunista, é impossível sem um "período de transição política"; e o Estado desse período só pode ser a ditadura revolucionária do proletariado.

Quais são portanto as relações entre essa ditadura e a democracia?

Vimos que o *Manifesto comunista* aproxima simplesmente estas duas noções uma da outra: "transformação do proletariado em classe dominante" e "conquista da democracia". Tudo o que precede permite determinar mais exactamente as modificações por que passa a democracia quando da transição do capitalismo para o comunismo. A sociedade capitalista, considerada nas suas condições de desenvolvimento mais favoráveis, oferece-nos uma democracia mais ou menos completa em república democrática. Mas esta democracia está sempre confinada no quadro estreito da exploração capitalista e, por este facto, é sempre, quanto ao fundo, uma democracia para a minoria, unicamente para as classes possuidoras, para os ricos. A liberdade, em sociedade capitalista, é sempre mais ou menos o que foi nas repúblicas da Grécia antiga: uma liberdade para os proprietários de escravos. Em consequência da exploração capitalista, os escravos assalariados de hoje estão tão esmagados pela necessidade e pela miséria que "se desinteressam da democracia", "se desinteressam da política", e, no decurso ordinário, pacífico, dos acontecimentos, a maioria da população encontra-se afastada da vida política e social.

A justeza desta afirmação é talvez mais bem ilustrada pela Alemanha, porque foi precisamente neste país que a legalidade constitucional se manteve com uma constância e uma duração surpreendentes durante perto de meio século (1871-1914), e porque a socialdemocracia soube, durante esse período, fazer muito mais do que em outros países para "tirar proveito da legalidade" e organizar os operários num partido político numa proporção mais considerável do que em qualquer parte do mundo.

Que proporção é pois essa – a mais alta que se observa na sociedade capitalista – dos escravos assalariados politicamente conscientes e activos? Um milhão de membros do partido social-democrata para 15 milhões de operários assalariados! Três milhões de sindicalizados para 15 milhões!

Democracia para uma ínfima minoria, democracia para os ricos, é esse o democratismo da sociedade capitalista. Se se observar mais de perto o mecanismo da democracia capitalista, ver-se-á por toda a parte, nos "pequenos" (pretensamente pequenos) pormenores da legislação eleitoral (condições de residência, exclusão das mulheres, etc.), no funcionamento das instituições representativas, nos obstáculos efectivos ao direito de reunião (os edifícios públicos não são para os "miseráveis"!), na organização puramente capitalista da imprensa quotidiana, etc., etc., – ver-se-á restrição sobre restrição ao democratismo. Essas restrições, eliminações, exclusões, esses obstáculos para os pobres parecem pequenos, sobretudo aos olhos daqueles que nunca sentiram eles próprios a necessidade nem jamais conheceram perto a vida das massas das classes oprimidas (e é o caso de nove décimos, senão de noventa e nove centésimos dos publicistas e homens políticos burgueses) – mas, totalizadas, essas restrições excluem, eliminam os pobres da política, da participação activa na democracia.

Marx captou perfeitamente este *traço essencial* da democracia capitalista quando disse na sua análise da experiência da Comuna: autorizam-se os oprimidos a decidir periodicamente, para um certo número de anos, qual será, entre os representantes da classe dos opressores, aquele que os representará e pisará a pés no Parlamento!

Mas a marcha em frente, a partir desta democracia capitalista – inevitavelmente mesquinha, rechaçando sornamente os pobres, e por consequência hipócrita e mentirosa – não leva simplesmente, directamente e sem choques "a uma democracia cada vez mais perfeita", como afirmam os professores liberais e os oportunistas pequeno-burgueses. Não. A marcha em frente, isto é, para o comunismo, faz-se passando pela ditadura do proletariado; e não se pode fazer doutra maneira, porque não há outras classes nem outros meios que possam *quebrar a resistência* dos capitalistas exploradores.

Ora, a ditadura do proletariado, isto é, a organização da vanguarda dos oprimidos em classe dominante para abater os opressores, não se pode limitar a um simples alargamento da democracia. *Ao mesmo tempo* que um alargamento considerável da democracia, *tornada pela primeira vez* democracia para os pobres, democracia para o povo e não para os ricos, a ditadura do proletariado traz uma série de restrições à liberdade para os opressores, os exploradores, os capitalistas. A estes devemos abatê-los a fim de libertar a Humanidade da escravidão assalariada; é preciso quebrar-lhes a resistência pela força; e é evidente que onde há repressão há violência, não há liberdade, não há democracia.

Engels exprime-o admiravelmente na sua carta a Bebel, em que dizia, como o leitor se lembra: "... enquanto o proletariado precisar ainda do Estado, não é para a liberdade, mas para organizar a repressão contra os seus adversários. E no dia em que se torne possível falar de liberdade, o Estado deixa de existir como tal".

Democracia para a imensa maioria do povo e repressão pela força, isto é, exclusão da democracia para os exploradores, os opressores do povo; tal é a modificação por que passa a democracia quando da *transição* do capitalismo para o comunismo.

É só na sociedade comunista, quando a resistência dos capitalistas está definitivamente quebrada, que os capitalistas desapareceram e que não há mais classes (isto é, não há mais distinções entre os membros da sociedade quanto às suas relações com os meios sociais de produção), é então *somente* que "o Estado deixa de existir e *se torna possível falar de liberdade*". Somente então se tornará possível e será aplicada uma democracia verdadeiramente completa, verdadeiramente sem nenhuma excepção. Somente então a democracia começará a *extinguir-se* pela simples razão de que, libertados da escravidão capitalista, dos horrores, das selvajarias, dos absurdos, das ignomínias sem número da exploração capitalista, os homens *se habituarão* gradualmente a respeitar as regras elementares da vida em sociedade conhecidas desde séculos, repetidas durante milénios em todas as prescrições morais, a respeitá-las sem violência, sem constrangimento, sem submissão, *sem esse aparelho especial* de coerção que se chama: o Estado.

A expressão "o Estado *extingue-se*" é muito feliz, porque exprime ao mesmo tempo a gradação do processo e a sua espontaneidade. Só o hábito pode produzir um tal efeito e traduzi-lo-á certamente, porque nós verificamos milhares de vezes em redor de nós com que facilidade os homens se habituam a observar as regras necessárias à vida em sociedade quando não há exploração, quando não há nada que excite a indignação, que suscite o protesto e a revolta, que necessite a *repressão*.

Desta maneira, na sociedade capitalista temos apenas uma democracia truncada, miserável, falsificada, uma democracia unicamente para os ricos, para a minoria. A ditadura do proletariado, período de transição para o comunismo, estabelecerá pela primeira vez uma democracia para o povo, para a maioria, paralelamente à repressão necessária duma minoria de exploradores. Só o comunismo é capaz de realizar uma democracia realmente completa; e quanto mais completa ela for, mais depressa se tornará supérflua e se extinguirá por si mesma.

Por outras palavras: temos, em regime capitalista, o Estado no sentido próprio da palavra, uma máquina especial de opressão duma classe por outra, da maioria pela minoria. Concebe-se que, para ser levada a termo, a repressão sistemática exercida contra uma maioria de explorados por uma minoria de exploradores, exige uma crueldade, uma ferocidade extrema na repressão, mares de sangue através dos quais a Humanidade prossegue o seu caminho sob o regime da escravidão, da servidão e salariato.

Em seguida, no período de *transição* do capitalismo para o comunismo, a repressão é *ainda* necessária, mas é já exercida contra uma minoria de exploradores por uma maioria de explorados. O aparelho especial, a máquina especial de repressão, o "Estado", é *ainda* necessário, mas é já um Estado transitório, não é mais o Estado propriamente dito, porque a repressão exercida contra uma minoria de exploradores pela maioria dos escravos assalariados *de ontem* é coisa relativamente fácil, tão simples e tão natural que custará muito menos sangue do que a repressão das revoltas de escravos, de servos e de operários assalariados, custará muito menos caro à Humanidade. É compatível com a extensão da democracia a uma tão grande maioria da população que a necessidade duma *máquina especial* de repressão começa a desaparecer. Os exploradores não estão naturalmente em condições de domar o povo sem uma máquina muito complicada, destinada a preencher essa tarefa; ao passo que o *povo* pode domar os exploradores mesmo com uma "máquina" muito simples, quase sem "máquina", sem aparelho especial, pela simples *organização das massas armadas* (como, diremos por antecipação, os Sovietes dos deputados operários e soldados).

Finalmente, só o comunismo torna o Estado absolutamente supérfluo, porque não há então *ninguém* a domar "ninguém" no sentido de nenhuma classe; não há mais luta sistemática contra uma parte determinada da população. Não somos utopistas e não negamos que sejam possíveis e inevitáveis excessos *individuais;* também não negamos que seja necessário reprimir *esses* excessos. Mas, em primeiro lugar, não é preciso para isso uma máquina especial, um aparelho especial de repressão; o povo armado encarregar-se-á ele próprio desse trabalho tão simplesmente, tão facilmente como uma multidão qualquer de homens civilizados, mesmo na sociedade actual, separa pessoas que se batem ou não permite que se maltrate uma mulher. Em seguida, sabemos que a causa social profunda dos excessos que constituem uma violação das regras da vida em sociedade, é a exploração das massas, votadas *à* necessidade, *à* miséria. Uma vez afastada esta causa principal, os excessos começarão infalivelmente a *extinguir-se.* Com que rapidez e gradação, ignoramo-lo; mas sabemos que eles se extinguirão. E, com eles, o Estado *extinguir-se-á* por sua vez.

Sem se lançar na utopia, Marx definiu mais em pormenor o que se pode definir *agora* desse futuro, a saber: a diferença entre a fase (o grau, a etapa) inferior e a fase superior da sociedade comunista.

3. *Primeira fase da sociedade comunista*

Na *Crítica do Programa de Gotha,* Marx refuta minuciosamente a ideia de Lassalle segundo a qual o operário, em regime socialista, receberá o produto "não amputado" ou "o produto integral do seu trabalho". Mostra que da totalidade do produto social é preciso deduzir: um fundo de reserva, um fundo destinado a aumentar a produção, um fundo destinado ***à*** substituição das máquinas "usadas", etc. Depois, dos objectos de consumo é preciso ainda deduzir: um fundo para as despesas de administração, as escolas, os hospitais, os hospícios de velhos, etc.

Em vez da fórmula nebulosa, obscura e geral de Lassalle ("ao operário o produto integral do seu trabalho"), Marx estabelece com lucidez como a sociedade socialista deverá gerir os assuntos. Marx empreende a análise *concreta* das condições de vida numa sociedade onde o capitalismo não existirá, e exprime-se assim:

> Aquilo de que aqui tratamos [no exame do programa do partido operário], é de uma sociedade comunista não tal como se *desenvolveu* nas bases que lhe são próprias, mas, pelo contrário, tal como acaba de *sair* da sociedade capitalista; uma sociedade, por consequência, que, sob todos os aspectos, económico, moral, intelectual, tem ainda os estigmas da antiga sociedade de cujos flancos proveio.

É esta sociedade comunista que acaba de sair dos flancos do capitalismo e tem em todos os domínios os estigmas da velha sociedade, que Marx chama a "primeira fase" ou fase inferior da sociedade comunista.

Os meios de produção não são já propriedade privada de indivíduos. Pertencem a toda a sociedade. Cada membro da sociedade, executando uma certa parte do trabalho socialmente necessário, recebe da sociedade um certificado que refere a quantidade de trabalho que forneceu. Com esse certificado, recebe nos armazéns públicos de objectos de consumo uma quantidade correspondente de produtos. Por consequência, feita a dedução da quantidade de trabalho destinada ao fundo social, cada operário recebe da sociedade tanto quanto lhe deu.

Reinado da "igualdade", dir-se-á.

Mas quando, falando desta ordem social (a que se chama habitualmente socialismo e que Marx denomina de primeira fase do comunismo), Lassalle diz que há "partilha equitativa", "direito igual de cada um ao produto igual do trabalho", engana-se e Marx explica porquê.

O "direito igual", diz Marx, temo-lo aqui, com efeito, mas é *ainda* o "direito burguês" que, como todo o direito, *pressupõe a desigualdade*. Todo o direito consiste na aplicação duma regra *única* a pessoas *diferentes*, a pessoas que, de facto, não são nem idênticas, nem iguais. Por isso, o "direito igual" equivale a uma violação da igualdade, a uma injustiça. De facto, cada um recebe, para uma parte igual de trabalho social fornecido, uma parte igual do produto social (com as deduções indicadas mais acima).

Ora, os indivíduos não são iguais: um é mais forte, o outro mais fraco; um é casado, o outro não; um tem mais filhos, o outro tem menos, etc.

"... Para trabalho igual – conclui Marx – e, por consequência, para igual participação no fundo social de consumo, um recebe efectivamente mais do que o outro, um é mais rico do que o outro, etc. Para evitar todos estes inconvenientes, o direito deveria ser não igual, mas desigual".

A primeira fase do comunismo não pode portanto ainda realizar a justiça e a igualdade; subsistirão diferenças quanto à riqueza, e diferenças injustas; mas *a exploração* do homem será impossível, porque ninguém poderá apoderar-se, a título de propriedade privada, dos *meios de produção,* fábricas, máquinas, terra, etc. Refutando a fórmula confusa e pequeno-burguesa de Lassale sobre a "igualdade" e a "justiça" *em geral,* Marx mostra o *curso do desenvolvimento* da sociedade comunista, *obrigada* a começar por destruir unicamente essa "injustiça" que é a apropriação dos meios de produção por indivíduos, mas *incapaz* de destruir logo a outra injustiça: a repartição dos objectos de consumo "segundo o trabalho" (e não segundo as necessidades).

Os economistas vulgares, e entre eles os professores burgueses, incluindo o "nosso" Tugan, fazem constantemente aos socialistas a acusação de esquecer a desigualdade dos homens e "sonhar" com a supressão dela. Esta acusação, como se vê, prova simplesmente a extrema ignorância dos ideólogos burgueses. Marx tem rigorosamente em conta não só a inevitável desigualdade dos homens entre si, mas também o facto de que a transformação dos meios de produção em propriedade comum da sociedade inteira (o "socialismo" no sentido habitual da palavra) *não suprime* por si só os defeitos da repartição e a desigualdade do "direito burguês", que *continua a reinar,* uma vez que os produtos são repartidos "segundo o trabalho".

"... Mas – prossegue Marx –, esses defeitos são inevitáveis na primeira fase da sociedade comunista tal como ela acaba de sair da sociedade capitalista, após um longo e doloroso parto. O direito não pode nunca ser mais elevado do que o estado económico e o grau de civilização que lhe corresponde...".

Assim, na primeira fase da sociedade comunista (a que ordinariamente se chama socialismo), o "direito burguês" é abolido *não* completamente, mas apenas em parte, somente na medida em que a revolução económica foi feita, isto é, somente no que se refere aos meios de produção. O "direito burguês" reconhece a propriedade privada dos indivíduos. O socialismo faz daqueles uma propriedade *comum*. É *nesta medida*, nesta medida apenas, que o "direito burguês" se acha abolido.

Subsiste no entanto na sua outra parte, na qualidade de regulador da repartição dos produtos e da repartição do trabalho entre os membros da sociedade. "Quem não trabalha não deve comer": este princípio socialista está *já* realizado; "para quantidade igual de trabalho, quantidade igual de produtos": este outro princípio socialista está *já* realizado também. No entanto, não é ainda o comunismo e não elimina ainda o "direito burguês" que, para homens desiguais e para uma quantidade desigual (desigual de facto) de trabalho, atribui uma quantidade igual de produtos.

É um "inconveniente", diz Marx; mas é inevitável na primeira fase do comunismo, porque não se pode, sem cair na utopia, pensar que depois de terem derrubado o capitalismo os homens aprendam logo a trabalhar para a sociedade *sem normas jurídicas de qualquer espécie*; de resto, a abolição do capitalismo *não dá logo* as premissas económicas duma *tal* mudança.

Ora, não há outras normas que as do "direito burguês". Por isso subsiste a necessidade dum Estado encarregado, ao mesmo tempo que protege a propriedade comum dos meios de produção, de proteger a igualdade do trabalho e a igualdade na repartição dos produtos.

O Estado extingue-se, porquanto não há mais capitalistas, não há mais classes e, por consequência, não há *classe* a *domar*.

Mas o Estado não desapareceu ainda inteiramente uma vez que continua a proteger o "direito burguês" que consagra a desigualdade de facto. Para que o Estado se extinga completamente, é preciso o advento do comunismo integral.

4. *Fase superior da sociedade comunista*

Marx prossegue:

> Numa fase superior da sociedade comunista, quando tiver desaparecido a escravizante subordinação dos indivíduos à divisão do trabalho, e com ela a oposição entre o trabalho intelectual e o trabalho manual; quando o trabalho não for apenas um meio de viver, mas se tornar na primeira necessidade vital; quando, com o desenvolvimento múltiplo dos indivíduos, as forças produtivas tiverem aumentado também e todas as fontes da riqueza colectiva jorrarem com abundância, só então o horizonte limitado do direito burguês poderá ser definitivamente ultrapassado e a sociedade poderá escrever na sua bandeira: "De cada um segundo as suas capacidades, a cada um segundo as suas necessidades!

Só agora podemos apreciar toda a justeza das observações de Engels esmagando com os seus sarcasmos implacáveis esse absurdo acasalamento das palavras "liberdade" e "Estado". Enquanto o Estado existir, não há liberdade. Quando houver liberdade, não haverá Estado.

A base económica da extinção total do Estado é o comunismo chegado a um tão alto grau de desenvolvimento que toda a oposição desaparece entre o trabalho intelectual e o trabalho manual e, por consequência, desaparece uma das principais fontes da desigualdade *social* contemporânea, fonte que a socialização dos meios de produção, a expropriação dos capitalistas não pode de modo algum secar logo.

Essa expropriação tornará *possível* um avanço gigantesco das forças produtivas. E vendo como o capitalismo, desde já, *trava* consideravelmente esse avanço, e quanto progresso se poderia realizar graças à técnica moderna já adquirida, temos o direito de afirmar, com uma certeza absoluta, que a expropriação dos capitalistas provocará necessariamente um desenvolvimento prodigioso das forças produtivas da sociedade humana. Mas qual será a rapidez desse desenvolvimento, quando chegará ele a uma ruptura com a divisão do trabalho, à supressão da oposição entre o trabalho intelectual e o trabalho manual, à transformação do trabalho em "primeira necessidade vital", é o que não sabemos *nem podemos* saber.

Por isso apenas temos o direito de falar da extinção inevitável do Estado, sublinhando a duração desse processo, a sua dependência da rapidez com que se desenvolverá a *fase superior* do comunismo, e deixando completamente em suspenso a questão dos prazos ou das formas concretas dessa extinção. Porque os dados que nos permitiriam resolver tais problemas *não existem.*

O Estado poderá extinguir-se completamente quando a sociedade tiver realizado o princípio: "De cada um segundo as suas capacidades, a cada um segundo as suas necessidades", isto é, quando os homens se tiverem tão bem habituado a respeitar as regras fundamentais da vida em sociedade, e o seu trabalho se tiver tornado tão produtivo que trabalharão voluntariamente *segundo as suas capacidades.* "O horizonte limitado do direito burguês", que obriga a calcular com a dureza dum Shylock: "Não teria eu trabalhado mais meia hora do que o vizinho? Não teria eu recebido um salário inferior ao dele?" – esse horizonte limitado será então ultrapassado. A repartição dos produtos não exigirá então mais o racionamento pela sociedade dos produtos entregues a cada um; cada um retirá-los-á livremente "segundo as suas necessidades".

Do ponto de vista burguês, é fácil tratar um regime social semelhante de "pura utopia", e troçar dos socialistas que prometem a cada cidadão o direito de receber da sociedade, sem qualquer controlo do seu trabalho, o que quiser de trufas, de automóveis, de pianos, etc. É a troças desta natureza que se limitam hoje ainda a maior parte dos "sábios" burgueses, que revelam assim a sua ignorância e a sua mentalidade de defensores interessados do capitalismo.

A ignorância, porque não ocorreu ao espírito de nenhum socialista "prometer" o advento da fase superior do Comunismo; quanto à *previsão* do seu advento pelos grandes socialistas, ela supõe uma produtividade do trabalho diferente da de hoje, e o *desaparecimento* do homem médio *de hoje* capaz, como os seminaristas de Pomialovski, de desperdiçar "por gosto" as riquezas públicas e de exigir o impossível.

Enquanto se espera o advento da fase "superior" do comunismo, os socialistas reclamam da sociedade *e do Estado* que exerçam o controlo *mais rigoroso* sobre a medida de trabalho e a medida de consumo; mas esse controlo deve *começar* pela expropriação dos capitalistas, pelo controlo dos operários sobre os capitalistas, e deve ser exercido não pelo Estado dos funcionários, mas pelo Estado dos *operários armados.*

A defesa interessada do capitalismo pelos ideólogos burgueses (e seus caudatários, como os Tsérétéli, os Tchernov e C.ª) consiste precisamente em *escamotear,* por meio de discussões e de frases sobre um futuro longínquo, a questão de actualidade candente da política *de hoje:* a expropriação dos capitalistas, a transformação de *todos* os cidadãos em trabalhadores e empregados dum grande "cartel" *único,* a saber: o Estado todo, e a subordinação absoluta de todo o trabalho de todo esse cartel a um Estado verdadeiramente democrático, *ao Estado dos Sovietes dos deputados operários e soldados.*

No fundo, quando um sábio professor, e depois dele o filisteu, e depois dele os Tsérétéli e os Tchernov falam das utopias insensatas, das promessas demagógicas dos bolcheviques, da impossibilidade de "instaurar" o socialismo, pensam precisamente nesse estádio ou nessa fase superior do comunismo que ninguém prometeu nunca nem mesmo teve o desígnio de "instaurar", porque, duma maneira geral, é impossível "instaurá-lo".

Abordamos aqui a questão da distinção científica entre socialismo e comunismo, aflorada por Engels na passagem anteriormente citada sobre a impropriedade da designação de "social-democratas". Do ponto de vista político, a diferença entre a primeira fase, ou fase inferior, e a fase superior do comunismo será certamente considerável, com o tempo; mas hoje, em regime capitalista, seria ridículo dar-lhe importância, e só talvez alguns anarquistas poderiam pô-la no primeiro plano (se é que existem ainda entre os anarquistas pessoas que nada aprenderam depois da metamorfose "plékhanoviana" dos Kropotkine, dos Grave, dos Cornélissen e outras "estrelas" do anarquismo em social-chauvinistas ou em anarquistas-das-trincheiras, segundo a expressão de Gay, um dos raros anarquistas que conservaram honra e consciência).

Mas a diferença científica entre socialismo e comunismo é clara. Aquilo a que se chama comummente socialismo, chamou Marx a "primeira" fase, ou fase inferior, da sociedade comunista. Na medida em que os meios de produção se tornem propriedade *comum*, a palavra "comunismo" pode aplicar-se igualmente aqui, desde que não se esqueça que *não* é o comunismo integral. O grande mérito das explicações de Marx é aplicar, ainda aqui, de maneira consequente, a dialéctica materialista, a teoria da evolução, e considerar o comunismo como qualquer coisa que se desenvolve *a partir* do capitalismo. Em vez de se agarrar a definições "imaginadas", escolásticas e artificiais, a estéreis querelas de palavras (que é o socialismo? que é o comunismo?), Marx analisa aquilo a que se poderia chamar os graus da maturidade económica do comunismo.

Na sua primeira fase, no seu primeiro grau, o comunismo *não* pode ainda, do ponto de vista económico, estar completamente amadurecido, completamente liberto das tradições ou dos vestígios do capitalismo. Daí esse fenómeno interessante que é a manutenção do "horizonte limitado do direito *burguês*", em regime comunista, na primeira fase deste.

Claro que o direito burguês, no que diz respeito à repartição dos objectos de *consumo*, supõe necessariamente um *Estado burguês*, porque o direito nada é sem um aparelho capaz de obrigar à observação das suas normas.

Daqui se segue que em regime comunista subsistem, durante um certo tempo, não só o direito burguês, mas também o Estado burguês – sem burguesia!

Pode isto parecer um paradoxo ou simplesmente um jogo dialéctico do espírito, frequente acusação feita ao marxismo por aqueles que nunca se deram ao trabalho de estudar, pouco que fosse, a sua eminentemente profunda substância.

Na realidade, a vida mostra-nos a cada passo, na natureza e na sociedade, vestígios do passado subsistindo no presente. E não foi duma maneira arbitrária que Marx inseriu no comunismo uma parcela do direito "burguês"; não fez mais do que verificar o que, economicamente e politicamente, é inevitável numa sociedade vinda *dos flancos* do capitalismo.

A democracia tem uma importância enorme na luta que a classe operária conduz contra os capitalistas para a sua libertação. Mas a democracia não é de modo algum um limite que não se possa atravessar; não é mais do que uma etapa no caminho do feudalismo ao capitalismo e do capitalismo ao comunismo.

Democracia quer dizer igualdade. Concebe-se o alcance imenso que se liga à luta do proletariado pela igualdade e à palavra de ordem igualdade, desde que se compreenda esta última exactamente, no sentido da supressão das *classes*. Mas democracia significa somente igualdade *formal*. E quando estiver realizada a igualdade de todos os membros da sociedade *em relação* à posse dos meios de produção, isto é, a igualdade do trabalho, a igualdade do salário, ver-se-á erguer-se inevitavelmente perante a Humanidade a questão dum novo progresso a realizar para passar da igualdade formal à igualdade real, isto é, à realização do princípio: "De cada um segundo as suas capacidades, a cada um segundo as suas necessidades". Por que etapas, por que medidas práticas a Humanidade se encaminhará para esse objectivo supremo, não sabemos nem podemos saber. Mas o que importa é ver a imensa mentira contida na ideia burguesa corrente de que o socialismo é qualquer coisa de morto, de imobilizado, de dado de uma vez para sempre, quando na realidade é *só* com o socialismo que começará em todos os domínios da vida social e privada um movimento de progressão rápida, efectivo, com um carácter verdadeiramente de massa e em que participará primeiro a *maioria,* depois a totalidade da população.

A democracia é uma forma do Estado, uma das suas variedades. É pois, como todo o Estado, a aplicação organizada, sistemática, do constrangimento aos homens. Isto, por um lado. Mas, por outro lado, significa o reconhecimento oficial da igualdade entre os cidadãos, do direito igual para todos de determinar a forma do Estado e administrá-lo. Daqui se segue portanto que num certo grau do seu desenvolvimento, a democracia, antes de mais, une o proletariado, a classe revolucionária anticapitalista, e permite-lhe quebrar, reduzir a migalhas, fazer desaparecer da superfície da terra a máquina de Estado burguesa, seja ela burguesa republicana, o exército permanente, a polícia, a burocracia, mas que não é menos uma máquina de Estado, sob a forma das massas operárias armadas, depois, progressivamente, do povo inteiro participando na milícia.

Aqui, "a quantidade muda-se em qualidade": chegado a este grau, o democratismo sai do quadro da sociedade burguesa e começa a evoluir para o socialismo. Se *todos* participam realmente na gestão do Estado, o capitalismo não pode mais manter-se. E o desenvolvimento do capitalismo cria, por sua vez, as *premissas* necessárias para que "todos" *possam* realmente participar na gestão do Estado. Essas premissas são, entre outras, a instrução já realizada por alguns dos países capitalistas mais avançados, depois "a educação e a formação na disciplina" de milhões de operários pelo aparelho socializado, enorme e complexo, do correio, dos caminhos de ferro, das grandes usinas, do grande comércio, dos bancos, etc.

Com tais premissas *económicas*, pode-se muito bem, após ter derrubado os capitalistas e os funcionários, substituí-los imediatamente, de um dia para o outro, pelo *controlo* da produção e da repartição, pelo *registo* do trabalho e dos produtos, pelos operários armados, por todo o povo armado. (Não se deve confundir a questão do controlo e do registo com a do pessoal possuidor duma formação científica, que compreende os engenheiros, os agrónomos, etc.; esses senhores, que trabalham hoje sob as ordens dos capitalistas, ainda trabalharão melhor amanhã sob as ordens dos operários armados).

Registo e controlo são *essenciais* para "pôr a caminho" e para o funcionamento regular da sociedade comunista na sua *primeira* fase. Aqui, *todos* os cidadãos se transformam em empregados assalariados do Estado constituído pelos operários armados. *Todos* os cidadãos se tornam empregados e operários de *um só* "cartel" do povo inteiro, do Estado. O todo é obter que eles forneçam um esforço igual, observem exactamente a medida do trabalho e recebam um salário igual. O registo e o controlo neste domínio foram extremamente simplificados pelo capitalismo, que os reduziu às operações mais simples de vigilância e de inscrição e à entrega de recibos correspondentes, tudo coisas ao alcance de quem quer que saiba ler e escrever e conheça as quatro regras de aritmética.[3]

Quando a *maioria* do povo proceder por si mesma e por toda a parte a esse registo, a esse controlo dos capitalistas (transformados agora em empregados) e dos senhores intelectuais que tiverem conservado as suas práticas capitalistas, então esse controlo será verdadeiramente universal, geral, nacional, e ninguém poderá subtrair-se-lhe, seja de que maneira for, "não haverá mais nada a fazer".

A sociedade inteira não será mais do que um único escritório e uma única oficina, com igualdade de trabalho e igualdade de salário.

Mas esta disciplina "de oficina" que o proletariado, após ter vencido os capitalistas e derrubado os exploradores, alargará a toda a sociedade, não é de modo algum o nosso ideal nem o nosso objectivo final; é somente um *escalão* necessário para desembaraçar radicalmente a sociedade das vilanias e das ignomínias da exploração capitalista, *e assegurar* a marcha *contínua* para a frente.

---

3 Quando o Estado reduz as suas funções essenciais a um registo semelhante e a um controlo deste género efectuado pelos próprios operários, deixa de ser um "Estado político"; as "funções públicas perdem o seu carácter político e transformam--se em simples funções administrativas". (Ver acima, cap. IV, § 2. "A polémica de Engels com os anarquistas").

Desde o momento que todos os membros da sociedade, ou pelo menos a sua imensa maioria, aprenderam a gerir *eles próprios* o Estado, tomaram os assuntos nas suas mãos, "organizaram" o controlo sobre a ínfima minoria dos capitalistas, sobre os senhores desejosos de conservar as suas práticas capitalistas e sobre os operários profundamente corrompidos pelo capitalismo – desde esse momento, a necessidade de qualquer administração em geral começa a desaparecer. Quanto mais completa for a democracia, mais perto está o momento em que se tornará supérflua. Quanto mais democrático for o "Estado" constituído pelos operários armados e que "não é já um Estado no sentido próprio", mais depressa começa a extinguir-se *todo* o Estado.

Com efeito, quando *todos tiverem aprendido* a administrar e administrarem efectivamente a produção social, quando todos procederem ao registo e ao controlo dos parasitas, dos filhos de papá, dos trapaceiros e outros "guardiães das tradições do capitalismo" – subtrair-se a esse registo e a esse controlo exercido pelo povo inteiro será certamente duma dificuldade tão incrível e duma tão excepcional raridade, provocará verosimilmente um castigo tão pronto e tão rude (os operários armados têm um sentido prático da vida; não são pequenos intelectuais sentimentais e certamente não permitirão que se brinque com eles) que a *necessidade de observar* as regras, simples mas essenciais, de toda a sociedade humana se tornará muito rapidamente um *hábito*.

Então abrir-se-á de par em par a porta que permitirá passar da primeira fase da sociedade comunista à sua fase superior e, por consequência, à extinção completa do Estado.

O "trabalho comunista"[1]

[*Nota: em plena guerra civil, os comunistas dos caminhos de ferro de Moscovo-Kazan tomam a iniciativa de jornadas de trabalho voluntário e colectivo.*]

[...] Citei com o máximo de pormenores, *in extenso*, as informações respeitantes aos sábados comunistas, porque esse é, sem dúvida, um dos aspectos mais importantes da obra de construção comunista, a que a nossa imprensa não dá uma atenção suficiente e que nem todos nós apreciámos suficientemente.

Menos palavreado político, e mais atenção aos factos da edificação comunista mais simples, mais vivos, tirados da vida e verificados pela vida; esta palavra de ordem, todos nós, os nossos escritores, agitadores, propagandistas, organizadores, etc., devemos repeti-la para nós próprios incansavelmente.

É natural e inevitável que a seguir à revolução proletária o que nos preocupe mais seja a tarefa principal e essencial: vencer a resistência da burguesia, vencer os exploradores, reprimir as suas conspirações (tal como a "conspiração dos esclavagistas" para entregar Petrogrado, em que estiveram metidos, desde os Cem-Negros e os cadetes até aos mencheviques e aos socialistas-revolucionários, inclusive). Mas, paralelamente a esta tarefa, uma outra se impõe que não é menos necessária – e cada vez com mais força – aquela, mais

1 Extractos de Lénine, *A grande iniciativa*, 1919, *Obras completas*, t. XXV.

substancial, da edificação positiva do comunismo, da criação de novas relações económicas, duma sociedade nova.

Como tive ocasião de apontar muitas vezes, entre outras no meu discurso de 12 de março no Soviete dos deputados de Petrogrado, a ditadura do proletariado não é unicamente a violência exercida contra os exploradores, e nem sequer essencialmente a violência. O fundamento económico dessa violência revolucionária, o penhor da sua vitalidade e do seu êxito, é oferecer e realizar o proletariado um tipo superior de organização social do trabalho em comparação com o capitalismo. Eis o fundo da questão. Eis a fonte e o penhor da vitória completa e inelutável do comunismo.

A organização feudal do trabalho social assentava na disciplina do cacete, na ignorância e no embrutecimento extremos dos trabalhadores, despojados e amesquinhados por um punhado de grandes latifundiários. A organização capitalista do trabalho social assentava na disciplina da fome: e a grande massa dos trabalhadores, apesar dos progressos realizados pela cultura e pela democracia burguesa, continuava a ser, nas repúblicas civilizadas e democráticas mais adiantadas, uma massa ignorante e embrutecida de escravos assalariados ou de camponeses oprimidos, despojados e amesquinhados por um punhado de capitalistas. A organização comunista do trabalho social, de que o socialismo constitui o primeiro passo, assenta e assentará cada vez mais na disciplina consciente e livremente consentida dos próprios trabalhadores que sacudiram o jugo dos grandes latifundiários assim como dos capitalistas.

Essa nova disciplina não cai do céu, não é fruto de piedosos votos; deriva das condições materiais da grande produção capitalista, e unicamente dessas condições. É impossível sem elas. Ora, o portador dessas condições materiais ou o seu artífice é uma classe histórica bem definida, formada, organizada, cimentada, educada, instruída, aguerrida pelo grande capitalismo. Esta classe é o proletariado.

A ditadura do proletariado, se traduzirmos esta expressão latina científica, este termo histórico e filosófico, numa língua mais simples, significa:

Só uma classe determinada, a saber, os operários das cidades e, em geral, os operários de usina, os operários industriais, é capaz de dirigir a massa dos trabalhadores e dos explorados na luta para derrubar o jugo do capital, no próprio decorrer desse derrubamento, na luta para conservar e consolidar a vitória, na obra de criação duma ordem social nova, socialista; na luta para suprimir totalmente as classes. (Notemos entre parêntesis: a distinção científica entre socialismo e comunismo é simplesmente que o primeiro termo significa a primeira fase da nova sociedade saindo do capitalismo; a segunda, é a fase seguinte, superior, dessa sociedade).

O erro da Internacional amarela "de Berne" é que os seus chefes só em palavras reconhecem a luta de classe e o papel dirigente do proletariado, receando ir até ao fundo do seu pensamento, precisamente até à conclusão inevitável, particularmente terrível e absolutamente inaceitável para a burguesia. Têm medo de convir que a ditadura do proletariado é *também* uma fase da luta de classe, inevitável enquanto as classes não forem abolidas, que muda de formas e se torna particularmente encarniçada e particularmente específica depois do derrubamento do capital. Depois de ter conquistado o poder político, o proletariado não cessa a luta de classe; continua-a até à supressão das classes, mas, bem entendido, noutras condições, sob uma outra forma, por outros meios.

E que é a "supressão das classes"? Todos aqueles que se dizem socialistas reconhecem esse objectivo final do socialismo, mas nem todos, longe disso, reflectem na sua significação. Chama-se classes a vastos grupos de homens que se distinguem pelo lugar que ocupam num sistema historicamente definido de produção social, pela sua relação (quase sempre fixada e consagrada pelas leis) com os meios de produção, pelo seu papel na organização social do trabalho, portanto pelos modos de obtenção e importância da parte de riquezas sociais de que dispõem. As classes são grupos de homens em que cada grupo pode apropriar-se do trabalho do outro, por causa do lugar diferente que ocupa numa estrutura determinada, a economia social.

É claro que, para suprimir inteiramente as classes, é preciso não só derrubar os exploradores, os grandes latifundiários e os capitalistas, não só abolir a *sua* propriedade: é preciso ainda abolir *toda* a propriedade privada dos meios de produção; é preciso apagar tanto a diferença entre a cidade e o campo como entre os trabalhadores manuais e intelectuais. É uma obra de longo fôlego. Para a realizar, é preciso dar um grande passo em frente no desenvolvimento das forças produtivas; é preciso vencer a resistência (muitas vezes passiva, singularmente tenaz e singularmente difícil de quebrar) dos numerosos vestígios da pequena produção; é preciso vencer a força enorme do hábito e da rotina, ligada a esses vestígios.

Supor que todos os "trabalhadores" estão igualmente aptos para este trabalho seria uma hipótese absolutamente vazia de sentido ou uma ilusão de socialismo antediluviano, pré-marxista. Porque esta capacidade não é dada, surge historicamente e *unicamente* das condições materiais da grande produção capitalista. No princípio da estrada que leva do capitalismo ao socialismo, *só* o proletariado possui essa capacidade. Está em situação de realizar a tarefa grandiosa que lhe incumbe, primeiramente porque é a classe mais forte e mais avançada das sociedades civilizadas; em segundo lugar, porque nos países mais evoluídos constitui a maioria da população; em terceiro lugar, porque nos países capitalistas atrasados, como a Rússia, a maioria da população é composta por semiproletários, isto é, pessoas que vivem regularmente uma parte do ano como proletários, que procuram constantemente a sua subsistência efectuando, numa certa parte, um trabalho assalariado nas empresas capitalistas.

Aqueles que pretendem resolver o problema da transição do capitalismo para o socialismo por meio de lugares-comuns sobre a liberdade, a igualdade, a democracia em geral, a igualdade da democracia do trabalho, etc. (como o fazem Kautsky, Martov e outros heróis da Internacional amarela de Berne), não fazem mais do que revelar a sua natureza de pequeno-burgueses, de filisteus, de pessoas limitadas que, no plano ideológico, se arrastam servilmente a reboque da burguesia. A solução justa deste problema apenas pode ser dada pelo estudo concreto das relações específicas entre a classe que conquistou o poder político, a saber, o proletariado, e a massa não proletária, assim como a semiproletária, da população laboriosa; essas relações não se formam em condições imaginárias, harmoniosas, "ideais", mas nas condições reais da furiosa resistência oposta pela burguesia em todos os domínios.

A imensa maioria da população e, com maior razão, da população laboriosa de qualquer país capitalista, incluindo a Rússia, sentiu mil vezes, à sua custa e à custa dos seus próximos, o jugo do capital, a pilhagem a que este se entrega, os maus tratos de toda a espécie. A guerra imperialista, isto é, a chacina de dez milhões de homens com o único fim de saber a que capital, o inglês ou o alemão, deve caber o primeiro lugar na pilhagem do mundo inteiro, agravou prodigiosamente, multiplicou, agudizou essas provações, incitou as pessoas a tomarem consciência delas. Daí a simpatia inevitável que experimenta a enorme maioria da população, particularmente a massa dos trabalhadores, pelo proletariado que, com uma audácia heróica, com uma implacabilidade revolucionária, sacode o jugo do capital, derruba os exploradores, reprime a sua resistência, abre, à custa de sangue, o caminho para a criação duma nova sociedade, onde não haverá mais lugar para os exploradores.

Por maiores, por inevitáveis que sejam as flutuações e os recuos pequeno-burgueses das massas não proletárias ou semiproletárias da população trabalhadora para a "ordem" burguesa, sob a "asa" da burguesia, essas massas não podem impedir-se de reconhecer o prestígio moral e político do proletariado, que não só doma os exploradores e quebra a sua resistência, mas também edifica novas relações sociais, superiores, uma disciplina social mais elevada: disciplina dos trabalhadores conscientes e unidos, sobre os quais nenhum jugo pesa e que não conhecem outro poder que o da sua própria união, da sua própria vanguarda mais consciente, audaciosa, unida, revolucionária e firme.

Para vencer, para criar e consolidar o socialismo, o proletariado deve realizar uma dupla tarefa: em primeiro lugar, arrastar pelo heroísmo indefectível da sua luta revolucionária contra o capital a massa dos trabalhadores e dos exploradores; arrastá-la, organizá-la, dirigi-la com vista a deitar abaixo a burguesia e quebrar inteiramente a sua resistência; em segundo lugar, levar consigo a massa dos trabalhadores e dos explorados, assim como as camadas pequeno burguesas, na via da nova construção económica, do estabelecimento de relações sociais novas, duma nova disciplina do trabalho, duma nova organização do trabalho que alie a última palavra da ciência e da técnica capitalista à união maciça dos trabalhadores conscientes, artífices da grande produção socialista.

Esta última tarefa é mais difícil do que a primeira, porque, em caso algum, poderá ser preenchida com um impulso heróico e isolado; exige o heroísmo mais prolongado, perseverante e difícil, do trabalho de massa *quotidiano*. Mas esta tarefa é também mais essencial, porque, em última análise, a fonte de energia mais profunda para vencer a burguesia, e o único penhor da solidez e da intangibilidade dessas vitórias, não pode ser senão um novo modo de produção social, superior, a substituição da produção capitalista e pequeno-burguesa pela grande produção socialista.

Os "sábados comunistas" têm um imenso alcance histórico, porque são a prova da iniciativa voluntária e consciente dos operários para aumentar a produtividade, adoptar uma nova disciplina do trabalho, criar condições socialistas na economia e na vida.

J. Jacoby, um dos raros, seria mesmo justo dizer: um dos raríssimos democratas burgueses da Alemanha, que, após as lições de 1870-1871, passara não ao chauvinismo ou ao nacional-liberalismo, mas ao socialismo, disse que a fundação dum sindicato operário tem um valor histórico maior que o da batalha de Sadowa. É exacto. A batalha de Sadowa decidia quem, das duas monarquias burguesas, a austríaca ou a prussa, teria o primado para fundar o Estado capitalista nacional alemão. A fundação dum sindicato operário era um pequeno passo para a vitória mundial do proletariado sobre a burguesia. Igualmente podemos dizer que o primeiro "sábado comunista", organizado a 10 de maio de 1919 pelos ferroviários da linha Moscovo-Kazan, em Moscovo, tem um valor histórico maior do que qualquer vitória de Hindenburg ou de Foch ou dos Ingleses na guerra imperialista de 1914-1918. As vitórias dos imperialistas: é a chacina de milhões de operários em proveito dos milionários anglo-americanos e franceses; é a selvajaria dum capitalismo agonizante, repleto e apodrecendo em pé. O "sábado comunista" dos ferroviários da rede Moscovo-Kazan é uma das células da sociedade nova, socialista, que anuncia a libertação de todos os povos do jugo capitalista e das guerras.

Os senhores burgueses e os seus lacaios, incluindo os mencheviques e os socialistas-revolucionários, que têm o hábito de se considerar como os representantes da "opinião pública", ironizam, bem entendido, com as esperanças dos comunistas, tratando-as de "baobá num vaso de reseda"; ironizam com o número ínfimo de "sábados comunistas" em relação aos inúmeros casos de roubo, de preguiça, de baixa de rendimento, de deterioração de matérias-primas, de produtos, etc. Nós responderemos a esses senhores: se os intelectuais burgueses pusessem a sua ciência à disposição dos trabalhadores e não dos capitalistas russos e estrangeiros para restabelecer o poder, a revolução seria mais rápida e pacífica. Mas trata-se duma utopia, porque a questão decide-se pela luta de classes; ora, a maior parte dos intelectuais tendem para a burguesia. Não é com a ajuda dos intelectuais, mas apesar da sua oposição (pelo menos na maior parte dos casos) que o proletariado vencerá, afastando os intelectuais burgueses inveterados, transformando, reeducando, submetendo os hesitantes, conquistando progressivamente uma parte cada vez maior deles. Troçar a propósito das dificuldades e das falhas da revolução, semear o pânico, preconizar o retorno atrás, tais são as armas e processos de luta de classe de que usam os intelectuais burgueses. O proletariado não se deixará enganar.

Mas se se considerar o fundo da questão, alguma vez se viu na história que um novo modo de produção tenha resultado à primeira, sem uma longa série de falhas, de erros, de recidivas? Meio século após a queda da servidão, os campos russos conservavam ainda muitos vestígios dela. Meio século após a abolição da escravatura na América, ainda os negros estavam reduzidos quase por toda a parte ao estado de meia escravidão. Os intelectuais burgueses, incluindo os mencheviques e os socialistas-revolucionários, continuam fiéis a si próprios; servem o capital e desenvolvem a sua argumentação hipócrita: antes da revolução proletária taxavam-nos de utopismo; e agora exigem que façamos desaparecer com uma rapidez fantástica as sobrevivências do passado!

Mas nós não somos utopistas e sabemos o que valem realmente os "argumentos" burgueses: sabemos também que depois da revolução os vestígios do passado predominarão necessariamente nos costumes, durante um certo tempo, sobre os germes do novo. Quando o novo acaba de nascer, o antigo é sempre, por um certo tempo, mais forte do que ele; é sempre assim, na natureza como na vida social. Os sarcasmos a propósito da fragilidade dos germes do novo; o cepticismo fácil do clã intelectual, etc., tudo isso não é mais, em suma, do que processo burguês de luta de classe contra o proletariado, defesa do capitalismo contra o socialismo. Devemos estudar minuciosamente os germes do novo, testemunhar-lhe o máximo de atenção, favorecer o seu crescimento de todas as maneiras e "cuidar" desses fracos rebentos. Alguns perecerão inevitavelmente. Não se poderá garantir que os "sábados comunistas" desempenhem um papel particularmente importante. Não é essa a questão. Trata-se de encorajar todos os germes do novo, quaisquer que sejam; a vida escolherá os mais viáveis. Se um sábio japonês, para ajudar a Humanidade a vencer a sífilis, teve a paciência de experimentar 605 preparações antes de encontrar a 606ª que respondia às condições requeridas, aqueles que pretendem resolver um problema mais árduo, vencer o capitalismo, devem ter suficiente perseverança para experimentar centenas e milhares de novos processos, modos, meios de luta, a fim de apurar os melhores deles.

Se os "sábados comunistas" são tão importantes, é porque são lançados não por operários colocados em condições excepcionalmente favoráveis, mas por operários das diversas profissões, incluindo não especializados, serventes colocados nas condições *ordinárias*, isto é, *as mais difíceis*. Conhecemos todos muito bem a causa essencial da queda da produtividade, observada não só na Rússia, mas no universo inteiro: ruína, pauperização, irritação e fadiga provocadas pela guerra imperialista, doença e subalimentação. Esta última, pela sua importância, ocupa o primeiro lugar. A fome é a causa. Ora, para suprimir a fome, é preciso aumentar a produtividade na agricultura, nos transportes e na indústria. Encontramo-nos por consequência diante de um círculo vicioso: para aumentar o rendimento é preciso escapar à fome, e para escapar à fome é preciso aumentar o rendimento.

Sabe-se que, na prática, estas condições são levantadas pela ruptura do círculo vicioso, pela modificação da mentalidade das massas, pela iniciativa heróica de certos grupos, iniciativa que, em virtude dessa modificação, desempenha muitas vezes um papel decisivo. Os serventes e ferroviários de Moscovo (falo naturalmente da maioria, e não dum punhado de especuladores, de administradores e outros guardas brancos) são trabalhadores que vivem em condições terrivelmente difíceis. Sofrem de subalimentação crónica, e agora, antes da nova colheita, em consequência do agravamento geral da crise alimentar, é a fome simplesmente. Pois bem, são esses operários famintos, martelados pela odiosa propaganda contra-revolucionária da burguesia, dos mencheviques e dos socialistas-revolucionários, que organizam "sábados comunistas", fornecem horas suplementares *sem nenhuma retribuição* e realizam *um aumento considerável da produtividade*, embora estejam fatigados, extenuados, esgotados pela fome. Não é este o maior heroísmo? Não é isto o princípio duma viragem de alcance histórico?

A produtividade é, em última análise, o que há de mais importante, de essencial para a vitória da nova ordem social. O capitalismo criou uma produtividade desconhecida sob a servidão. O capitalismo pode ser definitivamente vencido e sê-lo-á porque o socialismo cria uma produtividade nova, muito mais elevada. Tarefa muito difícil e muito longa, mas *já iniciada*, é ela o essencial. Se, no verão de 1919, na faminta Moscovo, operários que têm fome, depois de quatro anos de guerra imperialista e dezoito meses de guerra civil ainda mais duros, puderam iniciar esta obra grandiosa, quais serão os progressos futuros quando tivermos ganho a guerra civil e conquistado a paz?

O comunismo é uma produtividade superior à do capitalismo, é a produtividade de operários benévolos, conscientes, associados, que utilizam os meios técnicos modernos. Os "sábados comunistas" são infinitamente preciosos, como *princípio efectivo do comunismo;* trata-se duma coisa extremamente rara, porque estamos num estádio em que "apenas damos *os primeiros passos* para a transição do capitalismo ao comunismo" (como o diz com inteira razão o programa do nosso Partido).

O comunismo começa onde os *simples operários* velam com abnegação, levando a cabo um rude labor, pelo aumento da produtividade, por *cada* pud *de trigo, de carvão, de ferro* e dos outros produtos, que não são distribuídos aos trabalhadores pessoalmente, nem aos seus "próximos", mas aos seus "parentes afastados", isto é, ao conjunto da sociedade, às dezenas e às centenas de milhões de homens reunidos primeiro num só Estado socialista, depois na União das Repúblicas soviéticas.

Karl Marx, em O *Capital,* troça da ênfase e da grandiloquência da grande carta democrática burguesa das liberdades e direitos do homem, toda essa fraseologia sobre a liberdade, a igualdade, a fraternidade *em geral,* que cega os pequenos burgueses e os filisteus de todos os países, até aos vis heróis actuais da vil Internacional de Berne. A essas declarações pomposas opõe-se a maneira simples, modesta, prática e quotidiana como o proletariado coloca a questão: redução pelo Estado do dia de trabalho, eis uma amostra. A justeza e a profundidade da observação de Marx surgem-nos com tanto maior clareza e evidência quanto mais se desenvolve a revolução proletária. O que distingue as "fórmulas" do comunismo autêntico e a fraseologia pomposa, subtil e solene dos Kautsky, dos mencheviques e dos socialistas-revolucionários, assim como os seus chefes "irmãos" de Berne, é que elas reduzem tudo às *condições de trabalho*. Um pouco menos de palavreado sobre a "democracia do trabalho", sobre a "liberdade, a igualdade, a fraternidade", a "soberania do povo", e assim sucessivamente: nos nossos dias, o operário e o camponês consciente distinguem nestas frases empoladas a velhacaria do intelectual burguês tão facilmente como um homem experiente sabe, observando a fisionomia e a aparência impecáveis dum "senhor muito bem", descobri-lo imediatamente, sem erro: "É um patife, sem dúvida nenhuma".

Menos frases pomposas e mais trabalho simples, *quotidiano*. Preocupemo-nos mais com cada *pud* de carvão e de trigo; que esse *pud* de trigo e de carvão indispensáveis ao operário faminto e ao camponês esfarrapado lhes cheguem *não por traficâncias*, pelas vias capitalistas, mas graças ao trabalho consciente, benévolo, heróico e cheio de abnegação de simples trabalhadores, como por exemplo os serventes e os ferroviários da linha Moscovo-Kazan.

Devemos reconhecer que traços do palavreado próprio dos intelectuais burgueses na maneira de abordar os problemas da revolução se manifestam a cada momento e por toda a parte, mesmo nas nossas fileiras. A nossa imprensa, por exemplo, não faz guerra bastante a esses vestígios podres do passado, à democracia burguesa podre; não apoia bastante os germes simples, modestos, quotidianos mas vivos, do comunismo autêntico.

Vejamos a situação da mulher. Nenhum partido democrático no mundo, em nenhuma das repúblicas burguesas mais adiantadas, fez, durante dezenas de anos, neste aspecto, a centésima parte do que nós realizámos no nosso primeiro ano de poder. Aniquilámos verdadeiramente, de alto a baixo, as leis ignóbeis sobre a desigualdade da mulher, os entraves ao divórcio, as formalidades abjectas que o rodeiam, o não reconhecimento dos filhos naturais, a investigação de paternidade, etc., leis cujos vestígios são numerosos em todos os países civilizados, para vergonha da burguesia e do capitalismo. Temos mil razões de estar orgulhosos do que fizemos neste domínio. Mas *quanto mais* desentulhamos o terreno da ferragem das velhas leis e instituições burguesas, mais claramente vemos que são apenas trabalhos de desentulho prévios, e não ainda a construção propriamente dita.

A mulher continua a ser *a escrava doméstica* apesar de todas as leis emancipadoras, pois *as pequenas tarefas domésticas* sobrecarregam-na, sufocam-na, embrutecem-na, humilham-na, acorrentando-a à cozinha e aos filhos, desperdiçando os seus esforços num labor absurdamente improdutivo, mesquinho, enervante, embrutecedor e esmagador. A verdadeira *emancipação da mulher*, o verdadeiro comunismo só começam onde e quando se trava a luta de massa (dirigida pelo proletariado, senhor do poder) contra essa pequena economia doméstica ou antes a sua *refundição maciça* em grande economia socialista.

Na prática, preocupamo-nos nós suficientemente com este problema que, do ponto de vista teórico, é indiscutível para cada comunista? Evidentemente que não. Mostramos nós suficiente solicitude pelos *germes* do comunismo que, desde já e aqui, se manifestam neste domínio? Uma vez mais, não e não. Os refeitórios públicos, as creches, os jardins de infância são amostras desses germes, meios simples, comuns, desprovidos de pompa, de grandiloquência, de solenidade, e que, *de facto*, são susceptíveis de *emancipar a mulher*, de diminuir e suprimir de facto a sua desigualdade em relação ao homem, quanto ao seu papel na produção social e na vida pública. Estes meios não são novos; foram criados (tal como em geral todas as condições materiais do socialismo) pelo grande capitalismo: mas, sob o seu reinado, eram, primeiramente, coisa rara; em segundo lugar, o que é particularmente importante, ou empresas *mercantis*, com os piores aspectos da especulação, do lucro, da mentira, da contrafacção, ou uma "acrobacia da beneficência burguesa", que a elite operária odiava e com razão desprezava.

É fora de dúvida que estas instituições se tornaram muito mais numerosas entre nós e *começam* a mudar de carácter. É fora de dúvida que existem entre as operárias e as camponesas muito mais *organizadoras de talento* do que temos conhecimento, pessoas que sabem organizar praticamente as coisas, fazendo participar nelas um grande número de militantes e um número ainda maior de interessados, sem a abundância de frases, de agitação, de querelas, de palavreados acerca dos planos, dos sistemas, etc., de que "sofrem" constantemente os "intelectuais" ultrajantemente presunçosos ou os "comunistas" precoces. Mas nós *não tratamos* como devíamos estes germes do novo.

Veja-se a burguesia. Como ela sabe orquestrar admiravelmente bem a publicidade para o que *lhe* é útil! Como as empresas "modelos", aos olhos dos capitalistas, são gabadas nos milhões de exemplares dos *seus* jornais; como se sabe fazer das instituições burguesas "modelos" um objecto de orgulho nacional! A nossa imprensa não se preocupa, ou quase não, com descrever os melhores refeitórios ou creches, insistir todos os dias para que certos deles sejam transformados em estabelecimentos modelos, elogiá-los, explicar com pormenores que economia de trabalho humano, que comodidades para os interessados, que economia de produtos, que emancipação da escravidão doméstica para a mulher, que melhoria das condições de higiene se obtêm com um *trabalho comunista exemplar*, resultados que podem ser obtidos e alargados a toda a sociedade, a todos os trabalhadores.

Produção modelo, "sábados comunistas" modelos, solicitude e honestidade exemplares na produção e na repartição de cada pud de trigo; refeitórios modelos, asseio exemplar de tal casa operária, de tal bloco de imóveis: tudo isto deveria reter dez vezes mais a atenção e os cuidados da nossa imprensa, assim como de *cada* organização operária e camponesa. São os germes do comunismo; tratá-los é o nosso primeiro dever, de todos nós. Por grave que seja a situação do abastecimento e da produção, não é menos verdade que nestes dezoito meses de poder bolchevique, o nosso avanço *em toda a frente* é inegável: o armazenamento de trigo passou de 30 milhões de *puds* (de 1 de agosto de 1917 a 1 de agosto de 1918) a 100 milhões (de 1 de agosto de 1918 a 1 de maio de 1919); as culturas hortícolas foram aumentadas, o défice das semeaduras diminuído, os transportes ferroviários melhoram apesar das dificuldades imensas provocadas pela crise do combustível, etc. Sobre este fundo geral e com o apoio do poder de Estado proletário, os germes do comunismo não se estiolarão: crescerão e florescerão para se tornarem no comunismo integral. [...]

LEIA TAMBÉM:

A filosofia de Marx tornou-se uma clássica introdução à obra de Karl Marx desde a primeira tiragem, há três décadas. Se seu objetivo inicial era familiarizar os alunos de ciências humanas com conceitos complexos, sua importância hoje deve-se mais do que à clareza como obra introdutória; a colocação do problema da filosofia em Marx em seu contexto histórico e teórico vai além, avançando para renovadas perspectivas de leitura.

Étienne Balibar, expoente do círculo althusseriano e autor de livros fundamentais como *Sobre a ditadura do proletariado* e *Cinco estudos do materialismo histórico*, empreende aqui uma inflexão para pensar a filosofia em Marx, como se num exercício para averiguar o que seria válido no universo intelectual marxiano.

O resultado da busca desses dois objetivos — por um lado, tornar acessíveis temas e problemas filosóficos que foram tratados por Marx ou que podem ser colocados a partir de sua obra; e, por outro, propor a avaliação do seu legado na esteira da dissolução do bloco socialista — é um texto rico em referências e abordagens originais.

Esta nova edição, revista e ampliada, inclui um novo prefácio com o balanço da tradição a que se filia Balibar, um novo ensaio final em que o foco é na VI *Tese sobre Feuerbach* e o prefácio de Alysson Leandro Mascaro. A tradução é de Clóvis Marques.

Este livro foi composto com as fontes Baskerville e Minion Pro.
O papel do miolo é o Pólen Natural 80g/m².

A Gráfica Viena concluiu esta impressão para a Da Vinci Livros
em novembro de 2025, mês em que comemoramos os
103 anos de nascimento de José de Sousa Saramago.